JN063352

クローズアップ

事業・組織戦略と税務

――新時代の企業組織を考える――

酒井克彦 [編著・監修]
Sakai Katsuhiko

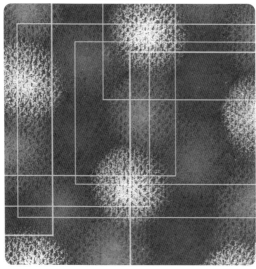

財経詳報社

はしがき

　我が国の中小企業経営者の年齢が高齢化していることは多くの識者の指摘や報道の示すところである。しかしながら，他方で，かかる中小企業の後継者が不足しているのも事実である。経営者が不足しているというべきか，あるいはミスマッチが起きているのかは評価の分かれるところではあるが，中小企業の生き残り戦略の一つに組織の見直しがあるということには多くの賛同を得られるであろう。すなわち，硬直的なビジネスモデルのままの承継では，社会・経済の急激な変容に対応できないため，事業の整理を行い，必要に応じて，事業縮小，事業売却，スピンオフを行う必要性が従来以上にも増してきたともいい得るのである。

　そこで，中小企業では，場合によっては事業承継と組織再編の両面での検討が求められることになるのである。もっとも，組織の見直しとはいっても，組織再編を行うにはいくつかハードルがある。

　例えば，そのハードルの一つに法制度や租税制度の難解さがあろう。そこで，中小企業の経営者は専門家に頼らざるを得ないことになる。

　他方，中小企業からサポートを求められるであろう専門家にとって，戦略的な組織再編に係る法制度や租税制度への無理解は致命的である。ともすると，組織再編税制は大企業のみを対象とした制度であるという観念があるかもしれない。そのような先入観が専門家の側にあるとすれば，早期に考えを改めるべきであろう。

　本書は，アコード租税総合研究所の数年間の研究活動として中心的に取り上げてきた「戦略的組織改革」について，特に税制への理解を中心にまとめたものである。

　具体的には，第一章「売り手における税務」では，事業を売却する際のスキームを概説した上で，それぞれの売却スキームに係る課税関係を解説するとともに，事業売却に係る税務上の論点や株式交付制度，役員退職金について論じ

ている。

　第2章「買い手における税務」では，M&Aにおける非常に重要なプロセスの1つである，デューデリジェンスについて詳細な解説を行っている。そこでは，財務デューデリジェンスや税務デューデリジェンスの目的，手法，範囲などを確認し，実務上の留意点について検討を加えている。そのほか，企業買収を巡る各種論点やインセンティブプランと税務についても解説している。

　第3章「廃業の税務」では，会社の解散及び清算手続を経て清算結了に至るいわゆる自主廃業を中心に，税務上の諸問題について検討を加え，破産・特別清算等のいわゆる倒産に係る税務の取扱いについても言及している。

　第4章「新規事業戦略と税務」では，新規事業と親和性の高い租税特別措置法の各種特例，具体的には，いわゆるエンジェル税制，オープンイノベーション税制，中小企業経営強化税制，中小企業投資促進税制，中小企業経営資源集約化税制を取り上げ，それぞれの制度の内容を確認している。

　第5章「事業承継」では，事業承継に係る税務上の論点として，個人から個人に事業を引き継ぐケース，個人から法人へ非上場株式の譲渡を行うケース，会社の後継者が相続・贈与により承継を受けるケースにおける，それぞれ低額譲受けの問題，非上場株式の評価問題，いわゆる法人版事業承継税制の適用要件等について解説を加えたほか，相続税・贈与税の一体化の議論についても触れている。

　第6章「事業・組織戦略の資金手当て」では，中小企業の資金繰りの問題を取り上げ，生命保険（事業保険）の活用方法や税務上の取扱いを確認した上で，ケーススタディとして，中小企業の資金繰り，事業承継，M&A等と事業保険の関係について検討している。

　第7章「重要裁判例」では，事業・組織再編に係る重要租税判例である，いわゆるヤフー事件，IBM事件のほか，マイルストンペイメント方式により支払われた金員の所得区分が争われた事例を取り上げ，それぞれの事案の概要を確認した上で，論点について詳細な検討を加えている。

　本書を通じて，戦略的組織再編に関する理解を深め，実務に役立ててもらえれば幸甚である。

　本書は，小職の提案のもと，財経詳報社の宮本社長のご尽力を得て出版する

ことができたものである。アコード租税総合研究所の研究活動に対するご協力に深く感謝申し上げたい。また，エヌエヌ生命のみなさんには，事業承継・組織再編税制検討委員会の開催に当たり，多大なるお力添えをいただいた。この場を借りて御礼申し上げたい。最後に，アコード租税総合研究所事務局長の佐藤総一郎氏，同主任研究員の臼倉真純税理士には本書の校正作業などに力を注いでいただいた。また，秘書の手代木さんには今回も表紙のアイデアをご提供いただいた。ここに御礼申し上げる。

令和5年12月

酒井　克彦

事業承継・組織再編税制検討委員会名簿

- ・座　長：酒井　克彦　　中央大学法科大学院教授・アコード租税総合研究所所長
- ・研究員：菅原　英雄　　税理士・アコード租税総合研究所研究顧問
- 　　　　　多賀谷　博康　税理士・アコード租税総合研究所会員
- 　　　　　平松　直樹　　税理士・アコード租税総合研究所会員
- 　　　　　松岡　章夫　　税理士・アコード租税総合研究所研究顧問
- 　　　　　臼倉　真純　　税理士・アコード租税総合研究所主任研究員
- 　　　　　高橋　宜男　　エヌエヌ生命保険株式会社
- 　　　　　村井　志郎　　エヌエヌ生命保険株式会社

事業承継・組織再編税制検討委員会活動実績

- ・第 1 回：令和 2 年 8 月26日（水）14時
- ・第 2 回：令和 2 年 9 月24日（木）15時
- ・第 3 回：令和 2 年10月23日（金）10時
- ・第 4 回：令和 2 年11月11日（水）10時
- ・第 5 回：令和 2 年12月11日（水）15時
- ・第 6 回：令和 3 年 1 月27日（水）10時
- ・第 7 回：令和 3 年 4 月 6 日（火）10時
- ・第 8 回：令和 3 年 5 月18日（火）10時
- ・第 9 回：令和 3 年 6 月 8 日（火）10時
- ・第10回：令和 3 年 7 月 6 日（火）10時
- ・第11回：令和 3 年 8 月10日（火）15時
- ・第12回：令和 3 年 9 月21日（火）15時
- ・第13回：令和 3 年10月12日（火）10時
- ・第14回：令和 3 年11月 9 日（水）10時
- ・第15回：令和 3 年12月 7 日（火）10時

・第16回：令和 4 年 1 月11日（火）10時
・第17回：令和 4 年 4 月18日（月）13時
・第18回：令和 4 年 6 月 6 日（火）14時
・第19回：令和 4 年 7 月 5 日（火）10時
・第20回：令和 4 年 9 月21日（水）10時
・第21回：令和 4 年10月17日（月）15時
・第22回：令和 4 年11月11日（金）15時
・第23回：令和 4 年12月15日（金）10時
・第24回：令和 5 年 1 月10日（火）10時
・第25回：令和 5 年 4 月17日（月）15時

目　次

第1章　売り手における税務

第2章 買い手における税務

第3章　廃業の税務

第4章　新規事業戦略と税務

第5章 事業承継

第6章　事業・組織戦略の資金手当て

第7章　**重要裁判例**

凡　例

　本書では，本文中は原則として正式名称を用い，主に（　）内において下記の略語を使用している。

　また，読者の便宜を考慮し，判決・条文や文献の引用において，漢数字等を算用数字に変え，必要に応じて3桁ごとにカンマ（,）を入れるとともに，「つ」等の促音は「っ」等と小書きしている。

　なお，引用文献や判決文等の下線ないし傍点は，特に断りのない限り，筆者が付したものである。

〔法令・通達等〕

民　　……民法	のための施策を実施する
会　　……会社法	ために必要な財源の確保
通　　法……国税通則法	に関する特別措置法
徴　　法……国税徴収法	所 基 通……所得税基本通達
所　　法……所得税法	法 基 通……法人税基本通達
所　　令……所得税法施行令	評 基 通……財産評価基本通達
法　　法……法人税法	措　　通……租税特別措置法（山林所
法　　令……法人税法施行令	得・譲渡所得関係）の取
法　　規……法人税法施行規則	扱いについて
消　　法……消費税法	経営者保証ガイドライン
消　　令……消費税法施行令	……経営者保証に関するガイ
措　　法……租税特別措置法	ドライン研究会「経営者
措　　令……租税特別措置法施行令	保証に関するガイドライ
地　　方……地方税法	ン」（平成25年12月）
一般社団・財団法	M&A ガイドライン
……一般社団法人及び一般財	……中小企業庁「中小 M&A
団法人に関する法律	ガイドライン〔第2版〕」
会　　更……会社更生法	（令和5年9月）
復興財源確保法	評価ガイドライン
……東日本大震災からの復興	……日本公認会計士協会「企

業価値評価ガイドライン」（平成25年7月3日改正）

事業再生ガイドライン
　　……中小企業の事業再生等に関する研究会「中小企業の事業再生等に関するガイドライン」（令和4年3月）

〔判例集・雑誌〕

民　　集……最高裁判所民事判例集
集　　民……最高裁判所裁判集民事
行　　集……行政事件裁判例集
訟　　月……訟務月報
税　　資……税務訴訟資料
判　　時……判例時報
判　　タ……判例タイムズ
金　　法……金融法務事情
銀　　法……銀行法務21
シュト……シュトイエル
ジュリ……ジュリスト
商　　事……旬刊商事法務

税　　弘……税務弘報
税　　通……税経通信
税　　法……税法学
曹　　時……法曹時報
租　　税……租税法研究
判　　評……判例評論
法　　協……法学協会雑誌
法　　教……法学教室
法　　セ……法学セミナー
ひろば……法律のひろば
民　　商……民商法雑誌

〔文　献〕

金子・租税法……金子宏『租税法〔第24版〕』（弘文堂2022）

清永・税法……清永敬次『税法〔新装版〕』（ミネルヴァ書房2013）

谷口・講義……谷口勢津夫『税法基本講義〔第7版〕』（弘文堂2021）

水野・大系……水野忠恒『大系租税法〔第4版〕』（中央経済社2023）

日本公認会計士協会東京会・財務デュー・ディリ……日本公認会計士協会東京会『財務デュー・ディリジェンスと企業価値評価』（清文社2015）

村井・事業保険の基礎……村井志郎著＝エヌエヌ生命監修『事業保険の基礎』（財経詳報社2022）

酒井・裁判例〔法人税法〕……酒井克彦『裁判例からみる法人税法〔3訂版〕』（大蔵財務協会2019）

酒井・事業承継税制……酒井克彦編著・監修『クローズアップ事業承継税制』（財経詳報社2020）

酒井・ブラッシュアップ……酒井克彦『ブラッシュアップ租税法』（財経詳報社2011）

酒井・プログレッシブⅠ……酒井克彦『プログレッシブ税務会計論Ⅰ〔第2版〕』（中央経済社2018）

酒井・プログレッシブⅡ……酒井克彦『プログレッシブ税務会計論Ⅱ〔第2版〕』
　　（中央経済社2018）
酒井・保険税務……酒井克彦編著・監修『クローズアップ保険税務』（財経詳報社
　　2017）
酒井・論点研究……酒井克彦『所得税法の論点研究』（財経詳報社2011）

序論─中小企業にとっての戦略的組織再編

(1) はじめに

　中小企業の業況感が好転していないという指摘がある。厳しい経済社会環境下において，中小企業の生き残りは従来にも増して厳しい状況にあるといっても過言ではなかろう。この点は中小企業の業況判断にも如実に表れている。

図表1　業況判断 DI の推移

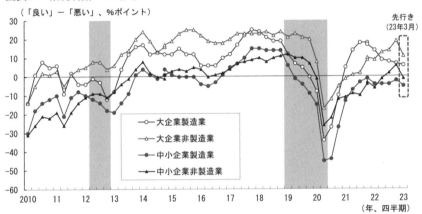

（「良い」－「悪い」、%ポイント）

先行き
（23年3月）

大企業製造業
大企業非製造業
中小企業製造業
中小企業非製造業

（年、四半期）

（出所）三菱 UFJ リサーチ＆コンサルティング経済レポート・藤田隼平「日銀短観（2022年12月調査）結果」1頁
　　　（2022年12月14日）（https://www.murc.jp/wp-content/uploads/2022/12/tankan_res_2212_01.pdf
　　　〔令和5年10月28日訪問〕）より

　90年代以降，中小企業の企業活動の低調さは顕著であった。その後も日銀短観における業況判断 DI（「良い」と回答した企業の割合─「悪い」と回答した企業の割合，%）を見ると，大企業の動きに比べて，中小企業の景況感の改善テンポが非常に遅いことが分かる（図表1）。

　政府の中枢からは中小企業の淘汰の必要性が強く指摘される中にあって，中小企業には逆風が吹いているといってもよいように思われる。かような状況下で，中小企業がいかに生存競争を勝ち抜くかは，企業の積極的な組織戦略の成否に関わっているのではなかろうか。

　本書の序論として，本書が検討の中心に据える組織再編の必要性の意味について考えることとしよう。

⑵　デービッド・アトキンソン氏の主張

　イギリス人経営者で，菅義偉内閣の際には政府の成長戦略会議の委員にも起用されたデービッド・アトキンソン氏 (David Mark Atkinson)[1]は，日本経済30年の低迷は「中小企業神話」の妄信が引き起こしたとする。ここでは，アトキンソン氏の著書『国運の分岐点』（講談社＋α新書2019）を参照して，同氏の主張をみてみよう。

　アトキンソン氏は，「中小企業が日本の生産性が低い原因」だと述べる。日本の高度経済成長を支えてきたと考えられてきた中小企業が，なぜ生産性が低い原因なのか。同氏は，次のように述べ，「日本人は中小企業崇拝を止めるべき」と主張する。

　すなわち，「今まで日本は右肩上がりで人口が増加する中で，著しい経済成長を遂げてきました。しかし，その成功に関する正しい検証，要因分析が行われてきたとはとてもいえません。」とし，日本は，1人当たりGDPが世界28位（2018年，IMF）と，先進国の中でも生産性が低く，日本では中小企業が全体の99.7％を占めている点を指摘する。

　「規模の経済」という言葉からも分かるように，企業が大きくなればなるほど効率が上がり，生産性は高くなるとし，「これは大原則であり，地球が丸いのと同じくらい当たり前のこと」であって，「全世界どこを見ても，中小企業で働く労働人口の割合が高くなればなるほど，その国の生産性は低くなっています。そして，規模の大きい企業の多い国では女性の活躍も活発になり，中小企業が多い国では女性が活躍しにくくなっていることがわかっています。」というのである。

　また，日本に中小企業が激増した問題の根源について，アトキンソン氏は，昭和38年に制定された「中小企業基本法」にあるという。すなわち，同法が中小企業の定義を非常に小さいものとし，現行法では，人員的には製造業が300人以下，卸売りが100人以下，小売りは50人以下，サービス業が100人以下であり，同法が優遇策を手厚くすることによって，昭和39年から爆発的に非常に小さい企業が増えたと指摘する。その上で，「それによって小さい会社で働く労

働者の比率が高くなり，今の非効率的で，生産性の低い産業構造ができたのです。」と主張する。

　中小企業の生産性の低さが高度経済成長期には問題にならなかった理由は，人口が増加し続けている時代であったからであり，「人口増加が止まった途端に，一気にその隠れた問題が全部表面化して，今の失われた30年へと突入し〔た〕」という。

　そして，「私は，人口減少社会の中で生産性を上げるためには最低賃金を上げるべきだと３年間述べてきましたが，その主張に強固に反対する勢力がいます。それが中小企業の経営者です。『最低賃金を上げると倒産する』というのが彼らの主張です」とする。

　中小企業の統廃合こそ日本経済の生産性を高める道であるが，「もちろん私もすべての中小企業がダメだと言いたいわけではありません。かといって，すべての中小企業が良いというのもおかしい。ですから，これからは『ふるい』にかける必要があります。」とし，「いい中小企業とは生産性が高く，成長している企業です。一方で，成長していない中小企業は他の会社と合併したり，吸収されたりという統廃合の道を選ぶしかありません。」と断じ，「現在，跡継ぎのいない中小企業がたくさんあり，経済産業省は跡を継いでくれる人を探す第三者承継支援を行っています。しかし，私としては余計なことはやめて，合併してくれる企業を探すことが一番大切だと思います。」と主張するのである。

(3)　シュンペーター仮説

　20世紀前半のオーストリアの経済学者であるヨーゼフ・シュンペーター（Joseph Alois Schumpeter）の議論を契機に，その後，イノベーションに関する実証分析が数多く試みられた。その研究対象の１つが，イノベーションと企業規模との関係を論じた，いわゆる「シュンペーター仮説」である。

　　✍　以下の記述内容は，本庄裕司「イノベーティブな中小企業とは—機械・電機・情報系
　　企業を対象としたアンケート調査にもとづく実証分析—」（日本政策金融公庫 HP：
　　https://www.jfc.go.jp/n/findings/pdf/study200711_01.pdf〔令和５年３月１日訪問〕）
　　に大きく拠っている。

シュンペーターが動的なものとして資本主義を唱え（Herbert K. Zassenhaus〔西部邁＝松原隆一郎＝八木甫訳〕「資本主義・社会主義・民主主義—『ヴィジョン』と『理論』」

『シュムペーターのヴィジョン』300頁（ホルト・サウンダース・ジャパン1983））[2]，創造的破壊論を展開したことはつとに有名である。シュンペーターは，「資本主義のエンジンを起動させ，それを動かし続ける基本的な推進力は，資本主義的企業の創造にかかっている」と述べている（菊地均『シュンペーターの資本主義論』178頁（日本経済評論社2015））[3]。また，「大規模組織が経済進歩，とりわけ総生産量の長期的拡大の最も強力なエンジンになっており，また，理想とする効率的なモデルを構築するためには完全競争は効果的でない」として独占企業や大企業の果たす役割を論じており，この議論をもとにシュンペーター仮説が派生したと考えられている。シュンペーター仮説とは，一般的に，市場支配力が大きい企業ほど，あるいは規模の大きい企業ほど，イノベーションの担い手になりやすいと解釈されることが多い（本庄・前掲稿2頁）。シュンペーターは，競争の作用の仕方について，旧来の経済学者の問題関心に批判を展開し，「いかにも教科書的なものとは別の資本主義の現実において重要なのは，このような競争〔筆者注：生産方法，特に産業組織形態の不安定な条件下での固定的な類型内における競争〕ではなく，新商品，新技術，新供給資源，<u>新組織形態</u>（例えば支配単位の巨大規模化）から来る競争である，―この競争は，費用や品質の点における決定的な優位を占めるものであり，かつまた現存企業の利潤や生産量の多少をゆるがすという程度のものではなく，その基礎や生存自体をゆるがすものである。したがって，この種の競争は他のものに比してはるかに効果的である。」とする（菊地・前掲書179頁）。

> ✍ シュンペーターは，経済の動態を可能ならしめる発展の形態と内容とを与える「新結合の遂行」の概念を次の5つの場合を含むとした（濱﨑正規『シュムペーター体系の研究』134頁（ミネルヴァ書房1996））。
> ① 新しい財貨，新しい品質の財貨の製造
> ② 新しい生産方法の導入
> ③ 新しい販路の開拓
> ④ 新しい資源の獲得
> ⑤ <u>新しい組織―独占的地位の形成あるいは破壊のような―の達成</u>

また，小田切宏之一橋大学名誉教授は，「企業規模の大きい企業ほど比例的以上に研究開発を行う」，「集中度の高い産業ほど，また，マーケット・シェアの大きい企業ほど，研究開発を盛んに行う」とした2つの仮説を「シュンペーター仮説」と呼んでいる（小田切宏之『新しい産業組織論』179頁（有斐閣2001））。

　寡占ないし独占的経済においても成立し得る企業者による革新たる創造的破壊[4]たるシュンペーター仮説が成り立つ理由として，研究開発における規模の経済と範囲の経済が挙げられる。イノベーションを実現するための研究開発に規模の経済や範囲の経済が存在すれば，規模の大きい企業ほど研究開発に対して費用を含めて優位性を持つことになる。また，研究開発には不確実性が伴うこと，加えて，情報の非対称性によって資本市場が必ずしも完全でないことから，内部金融（自己金融）を通じて資金を調達しやすい大企業の方が研究開発を有利に進めやすいとも考えられている。もっとも，規模の経済性の議論の裏側には規模の不経済性も所在しており，むしろ適正規模論が中心的に展開されてきたともいい得る（瀧澤菊太郎「中小企業の存続と適正規模」末松玄六＝瀧澤編『適正規模と中小企業』281（有斐閣1967））[5]。

　仮に，シュンペーター仮説が成り立つとすれば，企業規模の大きい企業あるいはマーケット・シェアの大きい企業ほど，イノベーションを実現しやすいことになり，経済全体からみれば，むしろ独占的地位を占める大企業主導で研究開発に取り組む方が効率的であると示唆されるが，単に企業規模の拡大のみが指向されるべきであると考えるのも短絡的である。企業存続維持のために総合的な経営資源の融合による経営戦略の策定が重要視されているが，ここにいう経営資源の融合とは必ずしも企業規模拡大を意味しているわけではない（佐竹隆幸「中小企業形態の再検討」同『中小企業政策論―持続可能な経営と新しい公共―』32頁（関西学院大学出版2021））。利潤極大化の先に見えてくるであろう，市場における最適規模の指向であり，大幅な需要増大を見込むことができない経済衰退期における中小企業規模が合理的に模索されるべきとの文脈である。

⑷　中小企業庁の指摘

　その一方で，たとえ規模が小さくてもイノベーションを実現している企業は少なくなく，中小企業の方が研究開発やイノベーションに優位性を持つ可能性は残る。やや古いデータではあるが，中小企業白書〔2003年版〕によれば，製造業を対象として全要素生産性上昇率で生産性を測定した場合，大企業よりも中小企業の方が生産性は高いことを示している（中小企業庁編『中小企業白書〔2003年版〕』79頁（ぎょうせい2003））。また，同白書では，米国中小企業白書の報告として，46の技術系・工学系・商業系の新聞から調査した362の産業において8,074件の

イノベーションが認められ，そのうち，55％は中小企業によるイノベーションと推定されることを紹介している。

　規模の小さい企業ほど研究開発が有利になる理由として，組織内でのイノベーションに対するモチベーション及びコミュニケーションの迅速性などから，小さな組織の方が肥大化した官僚的な組織よりも迅速に意思決定しやすいなど，中小企業の方が研究開発やイノベーションに有利な側面も十分にあり得る（安田武彦＝高橋徳行＝忽那憲治＝本庄裕司『テキスト　ライフサイクルから見た中小企業論』（同友館2007））。

(5)　中小企業の役割
ア　中小企業の役割と欧米の動き

　上記のとおり，中小企業の存在自体に対する批判的な見解が寄せられている点に注目すると，中小企業に対する期待よりもその弊害が上回っていると観察されるべきなのかもしれない。他方，かような見解もある中にあって，それでも中小企業にはそれ相応の役割が期待されているのも事実であろう。

　中小企業白書〔2000年版〕は，21世紀の中小企業の役割を次のように指摘していたところである（中小企業庁編『中小企業白書〔2000年版〕』第3部2-1（2000））。

---

① 市場競争の苗床
② イノベーションの担い手
③ 魅力ある就業機会創出の担い手
④ 地域経済社会発展の担い手

　まず，第1に「市場競争の苗床」としての役割である。多様な中小企業が市場の圧倒的多数を占めるプレイヤーとして新たな市場を創造し，市場競争の活性化を促すことが期待されている。

　第2に「イノベーションの担い手」を挙げている。中小企業が市場のニーズに応えて多様な財・サービスを提供し，また従来の下請制度に変わる新たな分業体制を形成していくことである。その際，大企業との関係は「イコールパートナー」であることが求められる。

　第3の役割は「魅力ある就業機会創出の担い手」である。新たな雇用機会の

多くは中小企業の創業や成長によってもたらされるとしている。

　第4の役割として，「地域経済社会発展の担い手」が挙げられている。中小企業は産業集積の中核をなしており，地域経済社会の活性化の牽引力となることが求められている。平成11年の中小企業基本法の改正は日本経済における中小企業の位置付けに対する認識の見直しを示しており，旧法における中小企業は大企業と比して弱者であるという認識を改め，日本経済を活性化させる重要な切り札であるという認識を示したといえるだろう。

　これらは，20～25年ほど前の中小企業白書と中小企業基本法の認識ではあるものの，現在においても，日本の経済構造は本質的には変わっていないことを考えると，依然として中小企業には多くの期待が寄せられるところであろう。さすれば，問題関心としては，いかに中小企業を減らすかという見解への同調ではなく，中小企業に求められる役割を意識した上で，必要とされる中小企業をいかに残すかという点に向かうべきだということになりはしないであろうか。

　もっとも，繰り返しにはなるものの，規模の過小化から来る既存経営資源には限界があり，資金，資本設備，人材，技術情報などでも長期的には大企業に対して優位に立つことが困難な状況を生み，特に経済衰退期に至ると競争力を失い，存立基盤衰退化傾向がみられることになるのも事実である（佐竹隆幸「中小企業存立論・経営論・政策論の有機的展開—異質多元性についての再検討—」同『中小企業存立論—経営の課題と政策の行方—』273頁（ミネルヴァ書房2008））。

　そこで求められるのは，企業組織変革であったり，企業間関係の形成による中小企業の存立維持の模索である（佐竹・前掲稿273頁）。

イ　社会変革期における企業維持

　ここにこそ，中小企業の体力増強策としての組織再編が論じられる素地があるというべきである。すなわち，そこには，社会的にあるいは市場規模として必要とされる中小企業規模をいかに維持するかという問題が所在する。

　経済社会の変革期においては，従来のやり方が常に社会に適合しているとはいえない。むしろ，不断の見直しと変革こそが企業活動を維持するためには必須の作業であるというべきであろう。すなわち，効率性の見地からみて，無駄な作業工程なり無駄な組織はないかという見直しである。組織の在り方はこのままでよいのか，十分にガバナンスは機能しているかといった検証作業を行うかような視角こそが，CX（コーポレート・トランスフォーメーション）という視座で

ある。

　必要とあらば，組織のある部門を切り離す必要があるかもしれないし，ある組織部門を強化するために同業者の当該部門を買収する必要があるかもしれない。かように，必要とされる組織変革のための建設的な議論が待っているのであり，かかる問題意識の下で，どのような変革努力が求められるのか，そのための知識はいかに獲得されるべきなのかという点に関心が置かれるべきなのである。ここでは，企業活動維持のための攻めの組織変革が論じられる必要があろう。

　ここには，ひとり単独による企業規模の拡張論が模索されるべきとしているわけではない。数社からなる中小企業による集積を基盤にした企業間・業種間の提携によって，経営者そのものが保有している経営に関する専門的知識や競争への対応法，広範な経験の蓄積に裏打ちされた技術革新，信頼形成メカニズムを前提にした受注可能性領域の拡大，利用可能な資源の蓄積による創業や事業転換といった経営革新の可能性の高さ，事業環境を通じたさらなるネットワークといった企業コラボレーションの拡大などを図るための企業間連携（佐竹・前掲稿273頁）を形成することも含意されるべきであろう。

ウ　中小企業における M&A の状況〜本書の問題関心

　中小企業白書〔2021年版〕が指摘するとおり，（株）レコフデータの調べによると，M&A 件数は近年増加傾向で推移しており，令和元（2019）年には4,000件を超え，過去最高となった。直近の令和2（2020）年は新型コロナウイルス感染症流行の影響もあり前年に比べ減少したが，3,730件と高水準となっている（中小企業庁編『中小企業白書〔2021年版〕』Ⅱ-358（2021））。これらはあくまでも公表されている件数であるが，M&A については未公表のものも一定数存在することを考慮すると，我が国における M&A は更に活発化していることが推察される。

　図表2は，大企業をも含めた M&A の件数の推移ではあるが，全体として M&A 件数が増加傾向にあることが判然とする。

　中小企業に特化してみるには，やはり中小企業白書〔2021年版〕が示す図表3が参考となろう。

　中小企業における M&A の取組みが顕著に増加していることが分かるが，このような現象の背景には経営者の意識の変化もあるようである（図表4参照）。

図表2　M&A 件数の推移

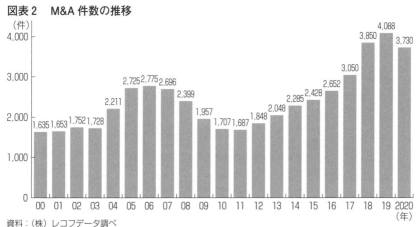

資料：（株）レコフデータ調べ
（出所）中小企業庁編『中小企業白書〔2021年版〕』（2021）より

図表3　事業引継ぎ支援センターの相談社数，成約件数の推移

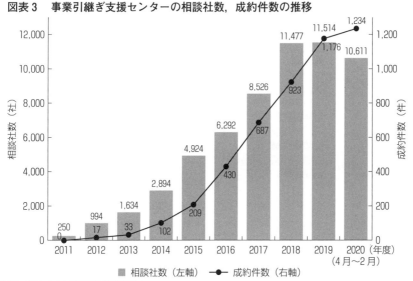

資料：（独）中小企業基盤整備機構調べ
（注）1．事業引継ぎ支援センターは，2011年度に7か所設置され，2013年度：10か所（累計），2014年度：16か所（累計），2015年度：46か所（累計），2016年度：47か所（累計）となり，2017年度に現在の48か所の体制となった。
　　　2．2020年度は2020年4月から2021年2月末までの中間集計値である。
（出所）中小企業庁編『中小企業白書〔2021年版〕』（2021）より

10

図表4 経営者年齢別，10年前と比較した M&A に対するイメージの変化

（1）買収することについて

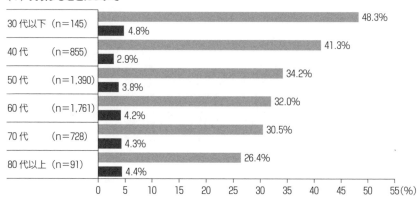

（2）売却（譲渡）することについて

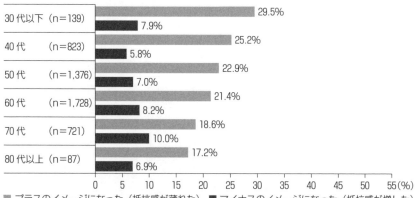

■ プラスのイメージになった（抵抗感が薄れた）　■ マイナスのイメージになった（抵抗感が増した）

資料：（株）東京商工リサーチ「中小企業の財務・経営及び事業承継に関するアンケート」
（注）M&A に対するイメージの変化について，「変わらない」と回答した者は表示していない。
（出所）中小企業庁編『中小企業白書〔2021年版〕』（2021）より

　このように，一般的に M&A 件数の増加傾向が見て取れるが，かかる傾向の理由には次の3つの関心が挙げられよう。すなわち，第1に，後継者不足問題の解決である。これは，事業承継問題として，特に近年大きく関心が寄せられているところである。第2に，自社事業の最適化が挙げられる。我が国が抱える少子高齢化問題による景気後退傾向に伴って，国内市場が縮小していくこと

が予想される中にあって，いかに事業を維持するかという視角での問題関心である。他者との競争を勝ち抜くための事業計画の見直しや企業体力の向上が極めて重要な問題となっているのである。業績不振の事業を売却することで体力維持を図るという戦略がその背後にある。そして，第3に，事業の拡大目的が挙げられる。前述したとおり，規模の経済を得るためには必然的に事業拡大が考えられる必要があるからである。

　上記3つの関心事項のうち，第1の問題は，既に当研究会が前書『クローズアップ事業承継税制』（財経詳報社2020）において取り上げたところである。そこで，本書では，第1の事業承継についての関心を維持しつつ，第2及び第3の観点に注力して戦略的組織再編を論じることとしたい。

エ　中小企業金融とオーバーボローイング

　もっとも，多くの中小企業が抱えている金融状況は必ずしも明るいものとは限らない。むしろ，いわばオーバーボローイング（☞オーバーボローイングとは）の状態であることが少なくないのが現実であろう。さりとて，金融上の理由のみで変革ができないこととなっては，企業維持ができないことを意味するかもしれない。

　そこで，金融的バックボーンを助けるものとしての生命保険契約を積極的に検討する意義が浮上するのである。多様なチャネルを活用した中小企業金融を模索することも，戦略的組織再編検討の1つであるといえよう。本書はこの点についても積極的な提案を行っている。

　✍　**オーバーボローイング（overborrowing）** とは，いわゆる借入超過の状態をいい，自己資本に比べて，他人資本（借入金や社債）に対する依存度が高く，資本構成が悪化している状態を指す。

〔注〕
(1)　小西美術工藝社社長。1965年，イギリス生まれ。オックスフォード大学「日本学」専攻。アンダーセンコンサルティング，ソロモンブラザーズを経て，1992年にゴールドマンサックス入社。日本の不良債権の実態を暴くレポートを発表し，注目を集める。1998年に同社 managing director（取締役），2006年に partner（共同出資者）となるが，マネーゲームを達観するに至り，2007年に退社。
(2)　シュンペーターの資本主義に係る長期的動向については，伊達邦春『シュンペーターの経済学』171頁（創文社1991）参照。
(3)　同書では，新消費財，新生産方法，新輸送方法，新市場の開拓，新産業組織の形態に

　　よってもたらされるものは，不断に古いものを破壊し新しいものを創造し，絶えず内部
　　から経済構造を革新化する産業上の突然変異と同じ過程が相続的破壊の中心にある。シ
　　ュンペーターにとっては，この創造的破壊の過程こそが，資本主義についての本質的事
　　実である（同書179頁）。金指基『J・A・シュムペーターの経済学』78頁（新評論1979），
　　同『シュムペーターの資本主義発展論』128頁（現代書館1972），同『シュムペーター再
　　考―経済システムと民主主義の新しい展開にむけて―』111頁（現代書館1996）も参照。
⑷　青木泰樹『シュンペーター理論の展開構造』32頁（御茶の水書房1987），Esben Sloth
　　Andersen〔小谷野俊夫訳〕『シュンペーター―社会および経済の発展理論―』331頁（一
　　灯舎2016）。
⑸　産業組織論の見地からの議論として，越後和典「規模の経済性について―予備的考
　　察―」同編『規模の経済性』 9 頁（新評論1969）。

第1章

売り手における税務

1　売り手における税務—概観

　法人が営む事業を売却する方法は，大別して，事業譲渡と株式譲渡に区別することができよう。さらに，株式譲渡では，会社分割をして，分割後の法人の株式を譲渡する場合もある。

> ✎　中小企業白書〔2018年版〕によれば，M&Aの実施形態として，事業譲渡が41％と最も多く，次いで株式譲渡が40.8％となっている（中小企業庁編『中小企業白書〔2018年版〕』311頁（2018））。

　これらについて，私法の視点から概観すると，次のように整理できる。

　まず，事業譲渡とは，①一定の事業目的のため組織化され，有機的一体として機能する財産の全部又は一部の譲渡であって，②譲渡会社がその財産によって営んでいた事業活動を譲受人に受け継がせることと解されている（最高裁昭和40年9月22日大法廷判決・民集19巻6号1600頁）。とはいえ，単に，譲渡会社が当該事業に関して有する資産や権利を譲受人に引き渡し，負債や義務を譲受人に引き受けてもらうという取引行為が一括して行われるにすぎない。したがって，民法の原則に従い，譲受人が譲渡会社の債務を引き受けるときは債権者の承諾が必要になるし（民472③），権利の譲渡について対抗要件が定められているとき（民177, 178, 467等）は，その要件を具備しなければ第三者に対抗できない（田中亘『会社法〔第4版〕』721頁（東京大学出版会2023））。

> ✎　なお，上記最高裁は，さらに③譲渡会社が競業避止義務を負担することになるものをいうと判示しているが，今日までの裁判例の立場は，事業譲渡の要件を上記①及び②と解している（田中・前掲書723頁）。

　次に，株式譲渡とは，株主がその保有する株式を譲受人に譲渡することをいう（会127）。これは，いわば会社の支配者が変わるのみで，原則として事業における権利義務関係はそのままであるため，事業譲渡における民法上の手続は不要である。

　さらに，会社分割とは，会社がその事業に関して有する権利義務の全部又は一部を他の会社に承継させることをいい，分割承継法人は，分割契約書又は分割計画書の定めに従って，分割法人の権利義務を承継する（会757, 764①）。した

がって，分割承継法人が分割法人の債務を承継したり，分割法人の契約上の地位を承継したりする場合にも，債権者や契約の相手方の個別の承諾は必要とされない。この点，債権者の承諾を得る必要がある事業譲渡とは異なる。もっとも，債権者保護の観点から，原則として債権者異議手続が必要とされている（会799①二，810①二）。

> 📝　会社法制定前における会社分割の対象は，会社の「営業の全部又は一部」である必要があったが，何が「営業」に当たるかは必ずしも明確ではなく，法的安定性を害するという批判があった。現行会社法では，「事業に関して有する権利義務の全部又は一部」が対象とされていることから，「事業」といえるものでなくても会社分割の対象にできることとなっている（相澤哲編著『立案担当者による新・会社法の解説』別冊商事法務295号181頁（2006））。

これらについて実務上の視点の1つとして，譲渡の対価を収受する者，換言すれば譲渡主体の違いによって，図表1のように区分することもできるであろう。すなわち，対価を譲渡会社で収受したいとすれば，事業譲渡か分社型分割後に分割承継法人株式の譲渡を検討することになり，対価を譲渡会社の株主が収受したいと考えれば，株式譲渡か分割型分割を検討するという視点である。

図表1　譲渡主体の違いによるスキームの区分

スキーム／譲渡主体	事業譲渡	会社分割			株式譲渡
		分社型分割	分割型分割		
		分割承継法人を譲渡	分割法人を譲渡	分割承継法人を譲渡	
譲渡会社	○	○	─	─	─
譲渡会社の株主	─	─	○	○	○

そこで，本章では，これらのスキームにより事業を譲渡するケースを想定し，それぞれの課税の取扱いを概観した上で，譲渡時の税務上の論点を取り上げる。さらに，令和元年度会社法改正で創設された株式を対価とするM&Aの手法である株式交付制度についても概観する。

ところで，現実には，法人のみならず個人事業主が事業譲渡をすることもあるし，法人の株主には個人も法人もいる。そこで本章では，所有と経営が分離

されていない多くの中小企業を念頭に置き，事業譲渡を論じる場合には，法人が他の法人へ事業譲渡するというモデル，株式譲渡を論じる場合には，法人の代表者でもある個人株主が，その所有する当該法人の株式を他の法人へ譲渡するというモデルを前提とし，所得課税を中心に記述することとする。

2 売却スキームと課税関係の概要

　ここでは，事業を売却する際のそれぞれの売却スキームに係る課税関係を概観しておきたい。

(1) 事業譲渡

　■で述べたとおり，事業譲渡は私法上「財産の…譲渡」と解されているが（要件①─🔍14頁参照），実際には多くの場合，有形資産のみならず，従業員や得意先の引継ぎ，営業や製造のノウハウ，立地条件といった無形資産の要素が事業譲渡の対価に含まれている。こうした要素は，いわば自然発生的に生じるのれん（又は営業権）といってよいであろう。当該のれん（又は営業権）は，買い手においては資産調整勘定として認識され60か月で償却される（法法62の8①④⑤）ことから資産性が認められる。これを売り手の視点から見れば，「有償…による資産の譲渡」に当たるといえるから，当該のれん（又は営業権）の譲渡による収入は，益金の額に算入される（法法22②）。

　　✐　自然発生の営業権を有償譲渡した場合の譲渡代金は，法人税法上益金を構成すると判示した裁判例として，福島地裁昭和46年4月26日判決（行集22巻11＝12号1733頁）[1]がある。

　　✐　消費税法上，営業権の譲渡も課税資産の譲渡等に含まれるものと解されている（消法2①十二，消令5八ヲ）。

(2) 株式譲渡

　個人株主が非上場株式を譲渡した場合には，譲渡益に対して所得税及び復興特別所得税並びに住民税が課され，その税率は20.315％（措法37の10①，復興財源確保法13，地法附35の2）の申告分離課税とされている。

　　✐　譲渡の対象となったのは，法人の代表者が保有する株式ではなく法人のタクシー営業であり，その譲渡代金が法人から代表者への賞与の支給であると認定された事例として，神戸地裁昭和53年2月27日判決（税資97号328頁）。

　一方，非上場株式の譲渡による損失が生じた場合には，当該損失の金額は他の非上場株式の譲渡による譲渡所得等の金額と内部通算はできるものの，非上

場株式等に係る譲渡所得等の金額の計算上生じた損失の金額があるときは，その損失は生じなかったものとみなされる（措法37の10①）。

　ただし，非上場株式等に係る譲渡損失の金額のうちに，特定中小会社の発行した株式で払込みにより取得したものを，その取得の日からその株式の上場等の日の前日までの間に，当該株式が株式としての価値を失ったことによる損失が生じた場合とされる清算結了等の一定の事実が発生したときは，その損失の金額については，一定の要件を満たす場合に限り，その年分の上場株式等に係る譲渡所得等の金額から控除することができる（措法37の13の3①④⑧）（いわゆるエンジェル税制については，🔍**17**参照）。また，その年分の上場株式等に係る譲渡所得等の金額から控除しきれないときは，所定の要件の下，その損失の生じた年の翌年以後3年間にわたって非上場株式等に係る譲渡所得等の金額及び上場株式等に係る譲渡所得等の金額から繰越控除できる（措法37の13の3⑦）。

　　✐　東京高裁平成27年10月14日判決（訟月62巻7号1296頁）[2]は，事業譲渡後に解散して清算することが予定されていた株式会社の株式を譲渡したことによる損失について，将来にわたって自益権や共益権を行使し得る余地がなくなっていたことから，当該株式に経済的価値は認められず，当該株式は，所得税法33条《譲渡所得》1項の規定する譲渡所得の基因となる「資産」には該当しないと判示した。

(3)　会社分割

　法人税法上，会社分割は，分割対価資産の交付を受けるのが分割法人か分割法人の株主かによって区分される。すなわち，分割法人が分割対価資産の交付を受ける分割は「分社型分割」とされ（法法2十二の十），分割法人の株主が交付を受ける分割は「分割型分割」とされている（法法2十二の九）。

　　✐　会社法制定前は，分社型分割に相当するものとして物的分割，分割型分割に相当するものとして人的分割がそれぞれ存在したが，会社法では人的分割が廃止された。もっとも，会社法では現物配当が認められるようになったことから，人的分割を「物的分割＋分割会社が受け取った株式の現物配当」と整理されたため，実質的に人的分割の制度は維持されている。

ア　分社型分割で分割承継法人株式を譲渡する場合における課税関係の概要

　分割によって分割法人が交付を受ける分割対価資産が分割期日において当該分割法人の株主等に交付されない場合の分割を分社型分割という（法法2十二のナイ）。なお，分割後にM&Aで分割承継法人株式を譲渡することから，分割法人と分割承継法人との間の支配関係が継続するとは見込まれないため，非適格

図表2　分社型分割後に分割承継法人株式を譲渡（非適格分社型分割）

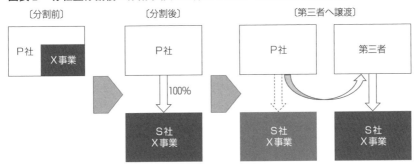

分割となる（法法2十二の十一，法令4の3⑤。図表2参照）。

　✐　分割対価資産として交付できる資産は，分割承継法人の株式に限らず，財産と評価できるあらゆるものとされている（森・濱田松本法律事務所編『M&A法体系〔第2版〕』687頁（有斐閣2022））。

　非適格分社型分割により，分割法人が分割承継法人に資産又は負債の移転をしたときは，その資産及び負債を分割時の時価により譲渡したものとして分割法人の所得金額を計算することとされている（法法62①）。

　✐　もっとも，消費税法上の「資産の譲渡等」には該当しないため，消費税の課税区分は不課税取引となる（消法2①八，消令2①四）。

　さらに，グループ法人税制の適用により，譲渡損益調整資産（☞譲渡損益調整資産とは）に該当する資産については，譲渡損益をいったん繰り延べる処理をするが（法法61の11①），その直後に分割承継法人株式を譲渡することにより完全支配関係がなくなるので，その繰り延べた譲渡損益は直ちに実現することとなる（法法61の11③）。すなわち，単独新設非適格分社型分割と当該分割により設立された分割承継法人の株式の譲渡が同一事業年度内に行われた場合には，実質的に，譲渡損益調整資産に係る譲渡損益は繰り延べられず，全て実現することになる。

　なお，分社型分割では，分割法人の株主に課税関係が生じない点で，分割型分割とは異なる。

　☞　**譲渡損益調整資産**とは，固定資産，土地（土地の上に存する権利を含み，固定資産に該当するものを除く。），有価証券，金銭債権，繰延資産のうち譲渡直前の簿価が1,000万

円以上であるものをいう（法法61の11①，法令122の12①）。

イ　分割型分割で分割承継法人株式を譲渡する場合における課税関係の概要

(ア)　分割法人の課税関係の概要

分割によって分割法人が交付を受ける分割対価資産の全てが分割期日において当該分割法人の株主等に交付される場合の分割を分割型分割という（法法2二十二の九イ）。なお，分割後に分割承継法人株式を譲渡することから，分割法人の株主と分割承継法人との間に当該分割法人の株主による完全支配関係が継続することが見込まれていないため（法令4の3⑥二ハ(1)），非適格分割となる（図表3参照）。

図表3　分割型分割後に分割承継法人株式を譲渡（非適格分割型分割）

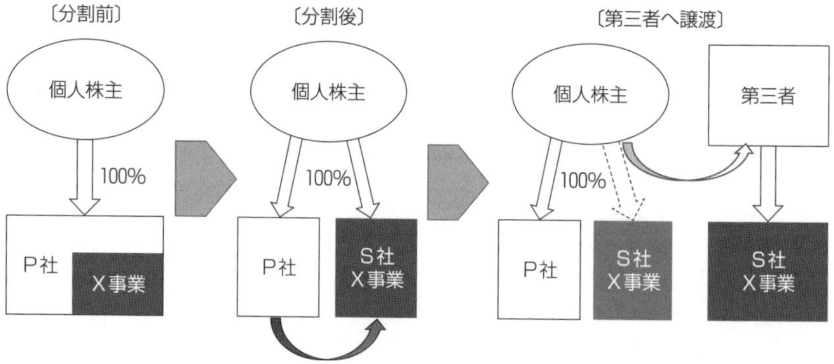

非適格分割型分割で，分割承継法人株式を譲渡する場合における分割法人の課税関係は，分社型分割における分割法人のそれと同様である。すなわち，非適格分割型分割により，分割法人が分割承継法人に資産又は負債の移転をしたときは，その資産及び負債を分割時の時価により譲渡したものとして分割法人の所得金額を計算することとされている（法法62①）。さらに，グループ法人税制の適用により，譲渡損益調整資産に該当する資産については，譲渡損益をいったん繰り延べる処理をするが（法法61の11①），その直後に分割承継法人株式を譲渡することにより完全支配関係がなくなるので，その繰り延べた譲渡損益は直ちに実現することとなる（法法61の11③）。すなわち，単独新設非適格分割型分割と当該分割により設立された分割承継法人の株式の譲渡が同一事業年度内

に行われた場合には，実質的に，譲渡損益調整資産に係る譲渡損益は繰り延べられず，全て実現することになる。

　なお，分割型分割では，次のように分割法人の株主に課税関係が生じる点で，分社型分割とは異なる。

㈠　株主の課税関係の概要

　分割承継法人株式及び金銭等の交付を受けた個人株主においては，みなし配当及び分割法人株式の譲渡損益を認識することになる。

(a)　みなし配当　　株主が非適格分割型分割により交付を受けた分割承継法人株式及び金銭等の額の合計額が分割法人の資本金等の額のうち，その交付の基因となった分割法人の株式に対応する部分の金額を超えるときは，その超える部分の金額は剰余金の配当等とみなされる（所法25①二，所令61②二）。非上場株式に係る配当所得は総合課税として超過累進税率の対象となる。

(b)　譲渡所得　　非適格分割型分割により分割承継法人株式及び金銭等の交付を受けた個人株主は，もともと保有していた分割法人株式のうち，分割型分割により移転した純資産価額に対応する部分を時価で譲渡したものとみなして譲渡損益の計算を行う（措法37の10③二，措通37の10-2）。この場合，譲渡対価の額からはみなし配当の金額が除かれ（措令25の8⑦二），譲渡原価の額は，分割直前の分割法人株式の帳簿価額に前期末の簿価純資産割合を乗じた価額となる。

ウ　分割型分割で分割法人株式を譲渡する場合における課税関係の概要

㈠　分割法人の課税関係の概要

　上記のとおり，分割によって分割法人が交付を受ける分割対価資産の全てが分割期日において当該分割法人の株主等に交付される場合の分割を分割型分割という（法法2十二の九イ）。なお，分割後に分割法人の株主と分割承継法人との間に当該分割法人の株主による完全支配関係が継続することが見込まれているため（法令4の3⑥二ハ(1)），適格分割となる。そして，分割法人が適格分割型分割により分割承継法人に資産又は負債を移転したときは，分割承継法人に対して当該資産又は負債を分割直前の帳簿価額による引継ぎをしたものとされるため（法法62の2②），分割法人に譲渡損益は生じないこととなる（図表4参照）。

図表 4　分割型分割後に分割法人株式を譲渡（適格分割型分割）

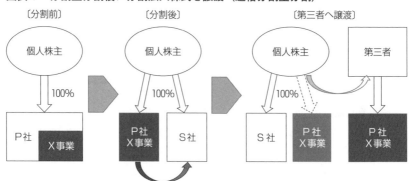

(イ)　株主の課税関係の概要

　分割型分割後に分割法人株式を譲渡した時点で，個人株主に譲渡所得が生じることとなる。その際に，もともと個人株主が有していた分割法人株式の帳簿価額の一部が分割承継法人株式の帳簿価額に付け替えられる。そのため，その付替え計算後の取得価額を取得費として譲渡所得を計算することになる。株式の譲渡所得に対する税率は，一律20.315％（所得税及び復興特別所得税15.315％，住民税 5 ％）となる（措法37の10①，復興財源確保法13，地法附35の 2 ）。

〔注〕
(1)　判例評釈として，真鍋薫・税務事例 4 巻11号18頁（1972）参照。
(2)　判例評釈として，我妻純子・税法576号169頁（2016），酒井克彦・商学論纂61巻 5 ＝
　　 6 号411頁（2020），浅妻章如・租税判例百選〔第 7 版〕84頁（2021），臼倉真純・国士舘
　　 法研論集19号71頁（2018）参照。

3　事業売却に対する税務上の論点

(1)　売却収入の計上時期

　M&A の実務では，①売却代金の総額を決めた上で，そのうち一定金額の支払が留保されるケース（エスクロー条項があるケース）や，②最低限の売却代金を決めた上で，売却後の一定期間経過後に，あらかじめ当事者間で合意しておいた条件の達成度合いに応じ追加的に売却代金が支払われるケース（アーンアウト条項があるケース）が見受けられる。

　そこで，M&A により個人が株式を譲渡する場合において，これらのケースを念頭に，その売却収入の計上時期に係る論点を整理したい。

ア　エスクロー条項がある場合の収入金額の計上時期

　エスクロー（Escrow）とは，売り手の補償責任の履行を担保するため，買い手が取得代金の一部を金融機関等に一定期間預託しておき，売り手に補償責任が生じた場合には，当該補償責任に対応する金額が買い手に払い戻され，それ以外の場合には一定期間経過後に譲渡代金の残額として売り手に払い出される仕組みである。

　このエスクロー条項がある場合の収入金額の計上時期が争点とされた事案として，国税不服審判所平成12年4月14日裁決（裁決事例集59号99頁）がある。

　この事案では，エスクロー条項が付された株式譲渡契約に基づいて株式を譲渡した請求人（個人）が，エスクロー資金相当額については支払に条件が付されており，その条件が成就するまでは金額が確定しない上に，買い手に譲渡代金請求権が生じないとして，エスクロー資金相当額は株券を引き渡した年分の譲渡所得に係る総収入金額には該当しないと主張し，さらに，エスクロー期間終了時にその金額が確定し管理支配できるようになることから，当該期間が終了した年分の総収入金額に該当すると主張した。

　これに対して，同審判所は，次のように説示し，株券の引渡しがあった年分に，その総額について売り手の権利が確定したというべきであるから，エスクロー資金に係る対価に相当する金額も含めて譲渡所得等に係る総収入金額を算定するとの判断を下した。

> 「所得税法第36条第1項は，その年分の各種所得金額の計算上，総収入金額に算入すべき金額はその年において収入すべき金額とする旨規定し，収入すべき権利の確定したときに収入金額に算入するという，いわゆる権利確定主義を原則とすることを明らかにしている。譲渡所得の総収入金額に収入すべき時期については，譲渡所得の基因となる資産の現実の支配を基準とし，これが相手方に移転する時期，すなわち資産の引渡しがあった日を収入すべき時期とするのが相当であり，この日をもって譲渡所得の実現の時として捉えるのが一般の取引の実態にも適合するものと解される。」

　すなわち，「将来発生するか否かが不確実な補償責任が現実のものとなった場合のことを想定し，このことを前提として，H社の株主らが本件エスクロー資金から受け取ることができる金額（エスクロー期間終了時における本件エスクロー資金の残額）が確定しない」とする請求人の主張については，所得税法36条（収入金額）1項の権利確定主義とは相容れないものとして排斥されている。

イ　アーンアウト条項がある場合の収入金額の計上時期

　アーンアウト（Earn Out）条項とは，一般的に，M&A等の場面において，買収価格の一部について，クロージング（取引完了。🔍**8**—57頁参照）時に確定的に支払われるものとせず，クロージング後一定期間経過後に，当事者間で合意された所定の経営指標等の達成度に応じて支払われるものとする契約条項をいい，買収対価を一括で支払わずに分割で支払うことができる利点がある。その意図は，高く売りたい売り手と安く買いたい買い手が買収対価に関して容易に合意できないような場合に，買収対価の一部について買収後における一定の目標達成と連動させることにより，売り手と買い手の間においてリスクの適切な分配を行い，買収対価に関する相互の見解の溝を埋め，取引をより成立させやすくする点にあると考えられている（森・濱田松本法律事務所編『M&A法体系〔第2版〕』239頁（有斐閣2022））。

　アーンアウト条項に基づく調整金が支払われた場合における当該調整金の収入すべき時期が争点とされた事例として，国税不服審判所平成29年2月2日裁決（裁決事例集未登載）がある。

　この事案において，請求人は，所得税法36条に規定する権利確定主義に照らし，「本件調整金額は，事後的に一定の条件が達成された場合に追加的に支払われる金額」であり，「その達成は容易でなかった」ことから，「本件調整金額の支払請求権について，停止条件を付していたものといえ，当該停止条件が成

就するまでは，その収受すべき権利は，法的な効力を有しておらず，私法上確定していたとはいえない。」と主張した。

　これに対して，同審判所は，次のように説示して，これまでの判例・通説が示してきた判断基準を踏まえた上で，当該条項に定められた一定の条件について，その達成が十分可能であったと評価して，後払いとされている本件調整金額を含めてクロージング日に譲渡所得が実現したと判断している。

> 「譲渡所得に対する課税は，資産の値上がりによりその資産の所有者に帰属する増加益を所得として，その資産が所有者の支配を離れて他に移転するのを機会に，これを清算して課税する趣旨のものであり，年々に蓄積された当該資産の増加益が所有者の支配を離れる機会に一挙に実現したものとみて課税する建前が採用されていることにも鑑みると，…，原則としてその所得の基因となる資産の引渡しがあった日の属する年に，当該譲渡所得に係る収入金額の全部が発生したものとして，これをその年において収入すべき金額と認めるべきものと解される。」

　もっとも，アーンアウト条項に基づく一般的な調整金は，通常満額が支払われることが想定されているものではないことに鑑みると，上記のような裁決には疑問も浮かぶ。

　この点について併せて考えたい事案として，いわゆるマイルストンペイメントによる特許関連収入の所得区分が争点とされた大阪高裁平成28年10月6日判決（訟月63巻4号1205号）[1]を挙げることができる（この判決については，🔍**25 31**参照）。同高裁は，当該特許関連収入の請求権が特許を受ける権利の持分を譲渡した後における医薬品開発の市場動向等によって左右されることから，当該譲渡に基因して生じたものということはできないとして譲渡所得該当性を否定し，また，資産の譲渡の対価としての性質を有することから一時所得該当性も否定し，雑所得であると判示した。

　かような判断根拠に照らすと，満額支払われることが想定されているものではないアーンアウト条項に基づく一般的な調整金については，譲渡後の対象会社の業績によって左右されることから，譲渡に基因して生じたものとはいえず，雑所得に該当するという判断もあり得よう。なお，上記判決では，所得区分だけが争点とされ，所得の帰属年度は争われなかったことから，雑所得の年度帰属については，特許権の譲渡があった年分ではなく，その後において特許関連収入が確定した年分に帰属するものと考えてよいものと解される。

ウ　小　括

これらの事案を整理すると，個人が株式を譲渡した場合における収入の計上時期は，権利確定主義に照らし，当該株式を相手方に引き渡した日の属する年分である点に異論はなかろう（所基通36-12）。問題は，その収入の一部が将来に支払われる場合において，株式の引渡しの年分における収入の計上金額である。

> 　酒井克彦教授は，権利確定主義について，必ずしも議論の一致があるわけではなく，所得の多様性を認識しながら，法的基準を出発点として，これに必要な修正を加えるという立場が妥当ではないかと論じられる（酒井・論点研究286頁）。

すなわち，①売却代金の総額を決めた上で，そのうち一定金額の支払が留保されるエスクロー条項があるケースでは，当該総額が引き渡した年分の収入金額に計上されることになろう。一方，②最低限の売却代金を決めた上で，売却後の一定期間経過後に，あらかじめ当事者間で合意しておいた条件の達成度合いに応じ追加的に売却代金が支払われるアーンアウト条項があるケースでは，当該条件の達成状況を勘案する必要があるが，原則として，当該最低限の売却代金のみが引き渡した年分の収入金額に計上され，追加的な売却代金であるアーンアウト対価は，その対価の支払が確定した年分の雑所得とされるものと解される。

> 　国税庁は，国税庁資産課税課「株式譲渡益課税のあらましQ＆A（平成31年1月）」112頁にて，同様の取扱いを示している。

(2)　売却に係る諸費用の必要経費性

事業又は株式を売却する際には，一般的には，仲介手数料，フィナンシャル・アドバイザー（🔍**8**—57頁参照）や弁護士・公認会計士・税理士などへの専門家費用が発生する。事業譲渡に係るこれらの費用を売り手法人が負担した場合には，当該費用の額は損金の額に算入される（法法22③二）。また，個人が株式譲渡をする際に要した仲介手数料も「〔その株式の〕譲渡に要した費用」（譲渡費用）に当たり，収入金額から控除できる（所法33③，所基通33-7(1)）。

これに対して，所得税の実務では，専門家費用が「譲渡に要した費用」に当たるか否かが問題になりやすい。例えば，M&Aにおいて，売り手が代表取締役を退任した上で株式を譲渡することは多く見受けられる。こうした場合に，後述するように，役員退職金の支給を受け，株主価値相当額から当該役員退職

金の額を減じた残額を株式の譲渡価額とすることがある。そこで，株式譲渡に伴い仲介業者に支払った成約報酬が譲渡費用に当たるか否が争点とされた国税不服審判所平成30年4月12日裁決（裁決事例集未登載）[2]を確認しておきたい。

　請求人は，代表取締役を務めるA法人の株式を譲渡したことに伴い仲介業者へ支払った成約報酬の全額を，譲渡所得の金額の計算上，株式の譲渡に要した費用として，所得税及び復興特別所得税（以下「所得税等」という。）の確定申告書を提出した。その成約報酬は，単純化すれば，株主価値相当額に一定の率を乗じて計算して算出されるものであった。

　これに対し，原処分庁は，当該成約報酬の一部は役員退職金に係るものであり，株式の譲渡に要した費用には当たらないとして更正処分等をした。

　審判所は，「譲渡費用に当たるかどうかは，一般的，抽象的に当該資産を譲渡するために当該費用が必要であるかどうかによって判断するのではなく，現実に行われた資産の譲渡を前提として，客観的に見てその譲渡を実現するために当該費用が必要であったかどうかによって判断すべきものである（最高裁平成18年4月20日第一小法廷判決・集民220号141頁）。」との判断基準を示した上で，本件の株式譲渡契約書において役員退職金の支給が取引実行条件ではなく単なる誓約条項であった点を踏まえ，「本件報酬のうち，本件役員退職金の支給に対応する報酬が本件株式の譲渡費用に当たるとはいえない。」と裁決した。

　もっとも，原処分庁が主張した本件成約報酬の額を本件報酬の算定基礎の金額に占める本件株式の譲渡価額の割合で按分することによって算出するのが合理的であるとの主張も，理由がないとして排斥されていることから，形式的にプロラタで按分することは妥当しないといえよう。

　M&Aの実務では，管見の限り，売り手と買い手の交渉過程で株主価値相当額を合意し，その上で役員退職金を支給する場合には，当該株主価値相当額から役員退職金額を控除して，その残額を株式譲渡価額とすることが多いと思われる。さらに，役員退職金の支給については，株式譲渡契約書にも取引実行条件として明記されることが通常であると思われる。他方で，仲介業者の成約報酬は，株主価値相当額に一定の率を乗じて算定する方式が多く見受けられる。かような実務を前提とすれば，役員退職金の支給があったとしても，それは株式譲渡を成立させるための条件にすぎず，あくまでも役員退職金を得るために報酬を支払うのではなく株式譲渡という取引を成約させるために仲介業者に報

酬を支払うのであるから，その報酬の全額が「譲渡を実現するために」必要で
あったとして譲渡費用に当たると解する余地もあるのではなかろうか。

　この裁決は非公表裁決のため，入手できた裁決書では金額が全てマスキング
されており，国税不服審判所長が譲渡費用として認定した金額が判然とせず，
成約報酬の全額が譲渡費用に当たらないとした判断の妥当性は評価できないた
め，実務上は不安が残る。

　なお，M&A の検討に際し，フィナンシャル・アドバイザリー契約又は仲介
契約を締結する場合，契約締結時点では譲渡スキームが確定していないことが
多いため，いったんは売り手法人を当事者として契約を締結することがある。
こうした場合に，のちに個人株主が株式譲渡をすることとなったときは，譲渡
所得の計算上，「譲渡に要した費用」が当該個人株主に帰属していることが必
要となる。そのため，売り手法人から当該個人株主に契約上の地位を変更して
おくことが必要と考えられる。

(3)　代表者からの借入金の清算

　中小企業では，代表者の私的資金の一部を運転資金として借り入れるケース
がよく見受けられる。株式譲渡により法人を売却する場合，その前提として代
表者からの借入金を清算することが求められることがしばしばある。もちろん
法人が有する資金で返済できるのであれば問題はないが，返済できない場合に
はどのような解決方法があるであろうか。これを解消する方法としては，債権
放棄，DES（Debt Equity Swap），債権譲渡が考えられる。

> ✍　中小企業庁編『中小企業白書〔2016年版〕』274頁（2016）は，金融機関以外からの借
> 入金として親会社や代表者からの借入金があるとした上で，「金融機関以外からの借入
> れも中小企業の重要な資金調達方法の一つであることが分かる。」と論じている。

ア　債権放棄

　民法上，債権者が債務者に対して債務を免除する意思を表示したときは，そ
の債権は消滅するとされている（民519）。したがって，債権者でもある代表者
が債務を免除する意思表示をしたとき，換言すれば，代表者がその有する債権
を放棄したときに，債務者側である法人では債務が消滅することとなる。

　代表者個人が法人に対して資金を貸し付ける場合において，当該法人から貸
付金利息を収受するときは，通常は役員としての業務執行上の必要性から行わ

れるものであり，貸金業等の事業として行われるものではないから，当該貸付金利息に係る収入は事業所得には当たらず，雑所得に該当するであろう。そして，この場合において，その貸付債権を放棄したことにより損失が生じたときは，当該損失の額は，雑所得の金額（金銭債権の譲渡による損失を控除する前の金額）を限度として，必要経費に算入される余地もあろう（所法51④）。

   🖉　もっとも，無利息貸付けの場合で他に雑所得の金額がない場合には，雑所得の収入金額がないため，債権放棄による損失を必要経費に算入することはできないと解される。この点について，国税不服審判所平成14年3月18日裁決（裁決事例集未登載）は，「本件貸付金に係る金銭の貸付けは無利息で行われており，ほかに当該貸付業務に係る総収入金額はなく，また，請求人には当該貸付業務に係るもの以外にも…雑所得の金額はないから，…，本件貸倒損失の金額については，同法第51条第4項の規定により，請求人の金銭の貸付けに係る雑所得の金額の計算上，…必要経費に算入することはできない。」と判示した。また，同趣旨の事件として，個人が法人に対する貸付金等の貸倒損失の必要経費算入の可否が争点とされた東京地裁平成16年9月14日判決（税資254号順号9745）[3]も，「雑所得に関して発生した損失は，所得税法51条4項の規定によって雑所得の枠内でのみ必要経費に算入することができるに過ぎないから，…雑所得の申告がない原告については，当該損失を控除する対象が存在せず，原告の所得から控除することはできないこととなる。」と判示している。

   🖉　東京地裁令和4年7月14日判決（判例集未登載）は，無利息・無担保で実施した貸付金の放棄に係る損失について，所得税法51条《資産損失の必要経費算入》4項にいう「雑所得を生ずべき業務の用に供され〔る資産〕」の「業務」とは「規模，継続性等の点で，事業と称するに至らない程度の独立的営利活動をいう。そして，ここでいう独立的営利活動が認められるためには，…客観的にみて利益の発生を期待し得る活動をしていることが必要である」ところ，「原告が独立的営利活動を行っていたことを認めることはでき〔ない〕」として雑所得を生ずべき業務の用に供される資産には当たらないとし，また「〔雑所得の〕基因となる資産」について「当該資産の抽象的性質からは雑所得を発生させる抽象的な可能性を有する資産であっても，当該資産の客観的性質に照らして雑所得を発生させる具体的可能性がない場合には，当該資産に『基因して』雑所得が発生する可能性がないのであるから」雑所得の基因となる資産には当たらないと判示した。

他方，法人側では債務免除益が発生し，これは「その他の取引で資本等取引以外のもの」として益金の額に算入され（法法22②），課税所得金額を構成することになる。したがって，M&Aの実務上は，法人において税負担をしてまで代表者からの借入金を清算すべきかどうかは検討の余地があろう。もっとも，繰越欠損金がある場合に，その欠損金額の範囲内で借入金を清算するケースは散見される。なお，会社更生法による更生手続や民事再生法による再生手続開始の決定その他一定の事由が生じた場合において，代表者から債務免除等を受けたときは，いわゆる期限切れ欠損金額（法令116の2，117）のうち当該債務免

除等の額に達するまでの金額は，青色欠損金に優先して損金の額に算入することとされており（法法59①②），実質的に課税関係が生じないように配慮されている。

イ　DES

㋐　DES と疑似 DES

DES（Debt Equity Swap）とは，債権者が，その有する債権を債務者である法人に現物出資し，当該法人の株式の交付を受けることをいい，債務の株式化ともいわれる。具体的には，代表者が有する法人に対する貸付金を当該法人に譲渡して，その対価として当該法人の株式の交付を受けるのである。

この場合における代表者個人の課税関係について概観してみる。まず，金銭債権である貸付金の譲渡による所得は，譲渡所得には当たらず（所基通33-1），雑所得に該当すると解されている。そして，金銭債権を現物出資した場合における雑所得の収入金額は，現物出資により取得した株式の時価相当額とされている（所法36②）。ここで，金銭債権の譲渡による損失が生じた場合には，当該損失の額は，雑所得の金額（金銭債権の譲渡による損失を控除する前の金額）を限度として，必要経費に算入される（所法51④）。

　　✍　所得税法上，現物出資により取得した株式の取得価額も当該株式の時価相当額とされている（所令109①六）。

次に，金銭債権の現物出資を受けた法人の課税関係について概観してみる。法人税法上，DES は，組織再編成の一形態とされ，適格現物出資（☞適格現物出資とは）か非適格現物出資かによって取扱いが異なるが，個人が法人に対して行う現物出資は非適格現物出資とされ，当該法人は出資された債権を時価で受け入れ，同額の資本金等の額が増加することとなる。その際，金銭債権と債務が同一法人に帰属することから，当該金銭債権が混同（民520）により消滅する。したがって，当該金銭債権の時価が債務の額面金額より低い場合には，当該法人においては債務消滅益が生じることとなり，実質的には，債権放棄を受けた場合と同様の課税関係が生じることとなる。

そこで，これを回避するために，法人が代表者に借入金を返済し，その資金をもって新株発行を行うことにより，現物出資という法形式を用いずに債務を株式化する方法が考えられる。会社法上は DES と同様の効果をもたらすこと

から，「疑似 DES」といわれることがある。すなわち，疑似 DES とは，新株発行の引受けによる増資と当該増資による払込資金を原資とした貸付金の回収という 2 つの法律行為の組み合わせといえよう。

　疑似 DES における個人の課税関係としては，金銭の払込みによる株式の取得と貸付金の回収が行われたのみであるため，何ら課税関係は生じない。

　他方で，当該法人においては，資本金等の額が増加することとなる。この場合，法人住民税均等割の課税標準額が増え，将来にわたって税負担が増えることがあるため，疑似 DES を採用するか否かは，買収法人の意向も踏まえて検討する必要がある。

☞　**適格現物出資**とは，次のいずれかに該当する現物出資をいう（法法 2 二の十四，法令 4 の 3 ⑩～⑮）。
①　現物出資法人と被現物出資法人との間に完全支配関係がある場合の現物出資
②　現物出資法人と被現物出資法人との間に支配関係がある場合の現物出資のうち，次の要件の全てに該当するもの
　(i)　現物出資法人の現物出資事業に係る主要な資産及び負債が被現物出資法人に移転していること。
　(ii)　現物出資法人の現物出資事業の従業者のおおむね100分の80以上が被現物出資法人の業務（被現物出資法人との間に完全支配関係がある法人等の業務を含む。）に従事することが見込まれていること。
　(iii)　現物出資法人の現物出資事業が被現物出資法人（被現物出資法人との間に完全支配関係がある法人等を含む。）において引き続き行われることが見込まれていること。
③　現物出資法人と被現物出資法人とが共同で事業を行うための現物出資で，次の要件の全てに該当するもの
　(i)　現物出資法人の現物出資事業と被現物出資法人のいずれかの事業とが相互に関連性を有すること。
　(ii)　関連するそれぞれの事業の売上金額，従業者数若しくはこれらに準ずるものの規模の割合がおおむね 5 倍を超えないこと又は現物出資法人の役員等のいずれかと被現物出資法人の特定役員のいずれかとが被現物出資法人の特定役員となることが見込まれていること。
　(iii)　②(i)～(iii)までの要件
　(iv)　現物出資により交付される被現物出資法人の株式の全部が現物出資法人により継続して保有されることが見込まれていること。

(イ)　疑似 DES と租税回避

　既述のとおり，個人が法人に対して DES を選択する場合には非適格現物出資とされることから，例えば，債務超過の会社に対して DES をする場合において，債権の時価が 0 である場合には，債権の額面相当額の資産損失が生じる

（所法51④）。他方で，疑似 DES を選択した場合には，何ら課税関係は生じない。このように，会社法上の現物出資という法形式（DES）を選択するのか，あるいは新株発行の引受けによる増資と当該増資による払込資金を原資とした貸付金の回収という2つの法律行為の組み合わせ（疑似 DES）を選択するのか，いずれを選択するかによって課税関係が異なる場合に，課税関係が生じない方を選択した場合，すなわち疑似 DES を選択した場合に，租税回避として否認される可能性はあるであろうか。

　疑似 DES に係る法人税法上の事案として，いわゆる日本スリーエス事件東京地裁平成12年11月30日判決（訟月48巻11号2785頁）[4]を確認しておきたい。本件では，日本スリーエス社が額面金額に比べ高額で増資を引き受けたことにより債務超過の子会社に資金を渡し，その資金を子会社貸付金の回収に充てた上で，当該増資の引受けにより取得した株式を訴外会社に譲渡することにより譲渡損失を損金算入したことから，本来損金算入できない貸倒損失を株式譲渡損失として損金算入した点が「法人税の負担を不当に減少させる結果となると認められるものがある」とされ，法人税法132条《同族会社等の行為又は計算の否認》を適用して更正処分が行われた事件である。同地裁は，債務超過の子会社の増資に際して，「発行価額（額面金額）に比して29倍あるいは100倍の価額で引き受けて払込みをすること」が，「通常の経済人を基準とすれば，不自然，不合理な経済行為」であると判示しているので，疑似 DES そのものが否定されたわけではない。

　DES と疑似 DES の選択によって課税関係が異なるからといって，そのことのみをもって疑似 DES の課税関係を否認することは許されないであろう。

> ✍ 現物出資である DES と金銭の払込みを伴う疑似 DES とでは，資金の流れが絡むか否かという点のみが異なっているにすぎず，かかる差異が課税上の違いを生み出すことについて疑問を呈する論稿として，太田洋＝伊藤剛志『企業取引と税務否認の実務』465頁（大蔵財務協会2015）参照。

ウ　債権譲渡

　債権放棄や DES を選択したときに債務免除益や債務消滅益を認識することとなる場合や，疑似 DES を選択したときに資本金等の額が増加することとなる場合には，これらを回避する方法として債権譲渡が検討される。

　債権の譲渡価額は時価によることはもちろんであるが，実務上，債権の時価

評価の方法が確立されているわけではないため，その譲渡価額の決定には困難が伴う。なお，当該時価が額面金額よりも低い場合には，買い手法人が当該債権を回収した際には債権回収益が生じることになるため，債権譲渡を採用するか否かは，買い手法人の意向も踏まえて検討する必要がある。

✍ 債権の時価評価については，日本公認会計士協会「『流動化目的』の債権の適正評価について（平成10年10月28日）」や，財産評価基本通達204《貸付金債権の評価》などが指針となる。

〔注〕
(1) 判例評釈として，佐藤修二・ジュリ1509巻10頁（2017）参照。
(2) 同裁決を取り扱ったものとして，渡辺充・税理63巻1号220頁参照。
(3) 判例評釈として，緒方砂保・税務事例40巻11号28頁（2008）。
(4) 判例評釈として，岩﨑政明・ジュリ1215号192頁（2002），同・租税30号169頁（2002），上西左大信・法人税精選重要判例詳解〔税通臨増〕256頁（2004）参照。控訴審は，東京高裁平成13年7月5日判決（税資251号順号8943）で棄却。

4　株式交付制度

　令和元年の会社法改正により，新たな組織再編行為として株式交付制度が創設され，令和3年3月1日に施行された。これは，買収等に際して，買い手である法人が自社の株式を対価として売り手である法人を子会社化するための手続である（会2三十二の二）。株式交換が売り手である法人の発行済株式の全部を買い手が取得する完全子会社化（すなわち，100％子会社化）の手続であるのに対して，株式交付は買い手との間で株式の譲り渡しの合意がなされた株主のみから取得して子会社化する（すなわち，50％超の保有割合とする）点で，両者は大きく異なる。

図表5

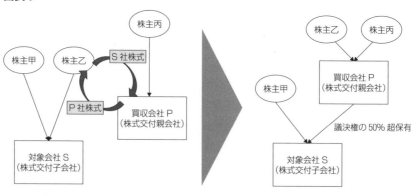

　買収会社の株式を対価として買収するということは，対象会社株式の現物出資を受けて買収会社株式を対象会社の株主に割り当てる法形式，すなわち現物出資ともいえるが，現物出資を実行しようとすれば，原則として検査役の調査が必要とされ（会207），かつ財産価額補塡責任（会212，213）が生じる可能性があることが実務上の障害となり，あまり利用されてこなかったと見受けられる。株式交付制度は，こうした現物出資規制が課されないことにより，株式対価M&Aを円滑に実行しやすくするために創設されたものである。

✍　なお，産業競争力強化法による会社法の特例では，主務大臣の計画認定を受ける必要があるものの，検査役の調査は不要とされ，財産価額補塡責任も負わなくてよいとされているが，「これまでの利用実績はない」（第200回国会法務委員会（令和元年11月19日）における松平浩一委員の質問に対する中原裕彦経済産業省大臣官房審議官（当時）の答弁）とのことである。

　また，株式交付による買収の事業上の利点は，例えば，手元資金や借入可能額を上回る大規模な事業再編をしたり，事業再編を行いつつ資金を設備投資や人材投資等といった M&A 以外の資金需要に活用したりすることができる点にある。

　こうした株式交付制度の利用を後押しするべく，令和3年度税制改正により，株式交付により株式を譲渡した売り手において，その譲渡した株式の譲渡損益に対する課税を繰り延べる特例が設けられた（措法37の13の4①，66の2①）。その際，自社株式に併せて金銭等を交付するいわゆる混合対価が認められているが，譲渡損益の繰延べは，対価として交付を受けた資産の価額のうち株式交付親会社の株式の価額が80％以上である場合に限るものとされており，株式交付親会社の株式以外の資産の交付を受けた場合には，株式交付親会社の株式の対応する部分の譲渡損益が繰り延べられる。

　なお，令和5年度税制改正により，令和5年10月1日以後に行われる株式交付について，株式交付後に株式交付親会社が同族会社（非同族の同族会社を除く。）に該当する場合には，この特例の適用対象から除かれる。したがって，多くの中小企業には，活用しにくい制度となろう。

5   M&A と役員退職金(1)

(1)   M&A と役員退職金─株主価値の一部を役員退職金に充てる方法

　株式譲渡の場面において，売り手の株主価値（🔍**8**─63頁参照）が1億円だったとしよう。この場合において，買い手は1億円で買収することもできるが，売り手が従前の取締役（＝個人株主自身）に対して役員退職金4,000万円を支給して株主価値を6,000万円に減ずることにより，より少ない資金で買収することができる。売り手から見れば，株主価値1億円を4,000万円は退職金として受け取り，6,000万円を株式譲渡所得として受け取ることになる。

図表6　株主価値の一部を役員退職金として支給

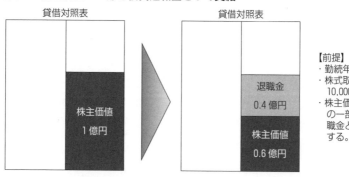

【前提】
・勤続年数35年
・株式取得費 10,000千円
・株主価値1億円の一部を役員退職金として支給する。

（単位：千円）

全額株式譲渡の場合			収入金額	控除額	差引所得金額	所得税額等	住民税	税額計	手取額
株主価値	1億円	役員退職金	–	–	–	–	–	–	–
		株式譲渡価額	100,000	10,000	90,000	13,784	4,500	18,284	81,717
		計	100,000						81,717

一部を役員退職金で支給した場合			収入金額	控除額	差引所得金額	所得税額等	住民税	税額計	手取額
株主価値	1億円	役員退職金	40,000	18,500	21,500	2,054	1,075	3,129	36,871
		株式譲渡価額	60,000	10,000	50,000	7,658	2,500	10,158	49,843
		計	100,000						86,714

　株主価値の一部を役員退職金に充てるとすると，退職所得控除や２分の１課税により税負担率を引き下げることで，株主価値の全てを株式譲渡により受け取るよりも手取り額を増やすことができる場合がある。これは，買い手にとっても買収資金が少なくて済むことから，双方にとってメリットが大きい。

(2)　M&A において頻出する役員退職金の論点

　M&A のクロージングに際して，売り手法人の役員は，その時点で退任することもあれば，引継ぎのため継続して役員に留まることもある。こうしたケースで問題になりやすいのが，分掌変更があった場合の役員退職金の損金性と，無報酬（あるいは著しく低額）だった役員に対する役員退職金額の相当性である。前者では，実質的に退職したと同様の事情があるかどうかが問題とされ，後者では，役員退職金額が過大か否かが問題とされる。

ア　分掌変更があった場合の役員退職金の損金性

(ア)　問題点の所在

　M&A において，クロージング後直ちに売り手法人の取締役が退任してしまうと，得意先との関係性が希薄になったり，ノウハウの承継や過去の業務の引継ぎに支障をきたしたりすることがある。こうしたことを防ぐため，クロージング後の一定期間は，売り手法人の取締役が退任せずに取締役の地位にとどまることを条件とするケースがある。

　かような必要性に迫られた状況下で，前述のとおり株主価値の一部を役員退職金として支給するスキームを選択したい場合，退職という事実がないことから，売り手法人の所得金額の計算上，役員退職金を損金算入できないという問題が生じる。

(イ)　実質的に退職したと同様の事情

　法人税法上，役員退職金の定義規定はないが，所得税法上の退職所得（所30①）の意義と同じと解されている（例えば，谷口勢津夫『税法基本講義〔第７版〕』458頁（弘文堂2021））。退職所得該当性が争われた事例として，いわゆる５年退職金事件最高裁昭和58年９月９日第二小法廷判決（民集37巻７号962頁）[2]がある。同最高裁は，所得税法30条《退職所得》にいう退職所得に該当するためには，①勤務関係の終了によって初めて生ずる給付であること，②長期間の勤務に対する報償ないし従来の労務の対価の一部の後払いの性質を有すること，③一時に支払

われること，が必要であるとし，さらに同法にいう「これらの性質を有する給
与」というためには，①ないし③の「各要件のすべてを備えていなくても，実
質的にみてこれらの要件の要求するところに適合」するものでなければならな
いと判示している。

　この「実質的にみてこれらの要件の要求するところに適合」という点から，
実際に役員を退任しないまでも，実質的に退職したと同様の事情がある場合に
支給した一時の給与は，役員退職金と理解してよいであろう。

　そして，役員の退職給与の損金性について，東京地裁平成29年1月12日判決
（税資267号順号12952。以下「東京地裁平成29年判決」という。）[3]は，次のように判示し
ている。すなわち，「役員の退職金は，役員としての在任期間中における継続
的な職務執行に対する対価の一部であって，報酬の後払いとしての性格を有す
ることから，役員の退職給与が適正な額の範囲で支払われるものである限り
（同条〔筆者注：法人税法34条〕2項参照），定期的に支払われる給与等（同条1項各号
参照）と同様の経費として，法人の所得の金額の計算上，損金の額に算入すべ
きものとする趣旨に出たものと解される。そして，同項括弧書きが損金の額に
算入しないものとする給与の対象から役員の退職給与を除外している上記の趣
旨に鑑みれば，同項括弧書きにいう退職給与とは，役員が会社その他の法人を
退職したことによって支給され，かつ，役員としての在任期間中における継続
的な職務執行に対する対価の一部の後払いとしての性質を有する給与であると
解すべきであり，役員が実際に退職した場合でなくても，役員の分掌変更又は
改選による再任等がされた場合において，例えば，常勤取締役が経営上主要な
地位を占めない非常勤取締役になったり，取締役が経営上主要な地位を占めな
い監査役になるなど，役員としての地位又は職務の内容が激変し，実質的には
退職したと同様の事情にあると認められるときは，その分掌変更等の時に退職
給与として支給される金員も，従前の役員としての在任期間中における継続的
な職務執行に対する対価の一部の後払いとしての性質を有する限りにおいて，
同項括弧書きにいう退職給与に該当するものと解するのが相当である。」とす
る。

　この点に関し，課税実務上，役員の分掌変更があった場合に「その役員に対
し退職給与として支給した給与」については，法人税基本通達9-2-32《役員の分
掌変更等の場合の退職給与》において，「その支給が，…その分掌変更等によりそ

の役員としての地位又は職務の内容が激変し、実質的に退職したと同様の事情
にあると認められることによるものである場合には、これを退職給与として取
り扱うことができる」とされている。そして、同通達は、「実質的に退職したと
同様の事情」として、次に掲げるような事実を例示している。

---

① 常勤役員が非常勤役員（常時勤務していないものであっても代表権を有する者及
び代表権は有しないが実質的にその法人の経営上主要な地位を占めていると認めら
れる者を除く。）になったこと。
② 取締役が監査役（監査役でありながら実質的にその法人の経営上主要な地位を占
めていると認められる者及びその法人の株主等で令第71条第1項第5号《使用人兼
務役員とされない役員》に掲げる要件の全てを満たしている者を除く。）になった
こと。
③ 分掌変更等の後におけるその役員（その分掌変更等の後においてもその法人の経
営上主要な地位を占めていると認められる者を除く。）の給与が激減（おおむね
50％以上の減少）したこと。
（注） 本文の「退職給与として支給した給与」には、原則として、法人が未払金等に
計上した場合の当該未払金等の額は含まれない。

✍ 法人税基本通達9-2-32が合法性の原則に反しないと判示したものとして東京地裁平成
27年2月26日判決（税資265号順号12613）がある。この事件では、分掌変更に伴う役員
退職金が分割支給された場合に、分掌変更があった事業年度ではなく、実際に分割支給
された翌事業年度に損金算入することが認められるか否かが争点とされたところ、同地
裁は、法人税基本通達9-2-28《役員に対する退職給与の損金算入の時期》の公正処理基
準該当性を論じ、翌事業年度の損金算入を容認した。

M&Aの実務では、上記③の数字だけが独り歩きして、役員給与を50％以上
減額すれば分掌変更に当たると誤解しているケースが散見されるが、重視すべ
きは、分掌変更等の後においても①及び②にいう「その法人の経営上主要な地
位を占めていると認められる者」に当たるかどうかである。

上記の東京地裁平成29年判決では、前代表取締役が代表権を後継者に譲り取
締役相談役となった後も毎日出社し、代表者会議へ出席したり、各会議の議事
録に押印したり、資金調達にも関与するなどして、退任前と変わらず経営上重
要な地位を占めていると認められ、「実質的に退職したと同様の事情」にあっ
たとは認められなかった。これに対して、原告は、たとえかような状態にあっ
たとしても、その分掌変更した事業年度末までには後継者に引継ぎも完了して
実質的に退職したと同様の事情にあった旨を主張したが、東京地裁は、「一般
管理費を損金の額に算入することができるか否かについて、債務の確定を基準

としているところ，本件金員は，H〔筆者注：元代表取締役〕が平成23年5月30日をもって原告の代表取締役を退任することに基づき，同日の取締役会の決議によってその金額が決定されたものであり，同年6月15日にHに支給され，同月30日付けで原告の退職金勘定に計上されたものであるから…，原告のHに対する本件金員の支払債務は，同月までには確定していたものと認められる。そのため，本件金員が法人税法34条1項括弧書き所定の『退職給与』に該当するか否かについても，本件金員の支払債務が確定した同月を基準として判断すべきものと解するのが相当である。」と判示した。

　こうした判断基準は，過去の裁判例からも多く看取できることから[4]，規範化していると考えられる。すなわち，「実質的に退職したと同様の事情」は，経営会議や幹部会議といった経営の意思決定に関与しているとされる会議への参加の有無，採用や給与など人事面への関与の有無，資金調達への関与の有無などの事実を総合勘案して判断されるといえよう。M&Aの条件交渉において，役員退職金額及びその支払時期，引継ぎの期間やその期間の業務内容及び報酬額を決めることが多いが，その際には，これらの点に留意し条件交渉を進めていく必要がある。

イ　無報酬又は著しく低額の役員報酬だった役員に対する役員退職金

㈎　役員退職金額の相当性

　役員退職金のうち「不相当に高額」な部分の金額は，所得金額の算定上，損金の額に算入されない（法法34②）。これは隠れた利益処分に対処しようとするものであるといわれている（金子・租税法409頁）。

　この「不相当に高額」であるかどうかについては，①退職した役員が法人の業務に従事した期間，②退職の事情，③同種・同規模の法人の役員退職給与の支給状況などに照らして総合的に判断することとなる（法令70二）。

> 　　金子宏東京大学名誉教授は，「あわせてその役員の当該法人に対する貢献度その他の特殊事情を考慮すべきである。」と論じられる（金子・租税法409頁）。

　法人税法はこのように規定しているが，実務に従事する者にとっては，抽象的で不明確な印象を受けるかもしれない。もっとも，租税法には「不相当に高額」以外にも，「相当の理由」（所法145二，150①三，法法123二，127①三），「相当の地代」（法令137）などの抽象的で不明確に見える概念が存在する。これらは不確定概念といわれている[5]。不確定概念は，一見抽象的で不明確に見えても法の

趣旨や目的に照らしてその意義を明確にし得ることから，つまるところ，法をどのように解釈するのかという問題であり，裁判所の審査に服する問題であるといわれている（金子・租税法85頁）。

　そこで，過去の裁判例を見てみると，同種・同規模の法人の役員退職金額と比較する方法は，主に功績倍率法と1年当たり平均額法の2つに大別される。実務上は，功績倍率法を採用している場合の方が多いように見受けられるが，果たして功績倍率法が優先するのであろうか，それともいずれか有利な方を採用してよいのであろうか。

> 　功績倍率法には，平均功績倍率法（類似法人の功績倍率の平均値を用いる方法）と最高功績倍率法（類似法人の功績倍率の最高値を用いる方法）とがある。平均功績倍率法が合理的であるとした事例として，名古屋地裁平成2年5月25日判決（判タ738号89頁），岡山地裁平成元年8月9日判決（税資173号432頁），札幌地裁平成11年12月10日判決（後述）などがある。また，最高功績倍率法が合理的であるとした事例として，東京地裁昭和55年5月26日判決（行集31巻5号1194頁）がある。

　これらの方法はいずれも法の趣旨に合致する合理的な方法であると判示した裁判例がある（前掲岡山地裁平成元年8月9日判決）。金子宏教授は，これら2つの方法のうち，納税者に有利な方法を適用すべきと論じられる（金子・租税法410頁）。実務家としては左袒したいところであるが，しかし，裁判例をみると，次に述べるとおり，1年当たり平均額法を採用できる場合は限定的で，功績倍率法に劣後していると解されるものも見受けられる。

(イ)　1年当たり平均額法が合理的とされる場合

　1年当たり平均額法とは，他の法人の役員の勤続年数1年当たりの平均退職金額に，当該役員の勤続年数を乗じて算出した金額と実際に支給された退職金額を比較する方法をいう（札幌地裁昭和58年5月27日判決・後述）。

　実務では，この方法は退職した役員に対する最終報酬月額が「低額」である場合や「無報酬」であった場合に採用されてきているように思われるが，そのような理解は正しいだろうか。

　例えば，札幌地裁昭和58年5月27日判決（行集34巻5号930頁）[6]は，「A〔筆者注：退職した役員〕に対する報酬が近年増額されず，本件類似法人における報酬の支給例と比較して低額であることから，平均功績倍率法によって得られた金額は本件類似法人における退職給与の額と比較して低額になるので，平均功績倍率法ではなく，原告にとって有利な1年当り平均額法を採用〔する〕」と判示

している。

　また，国税不服審判所昭和61年9月1日裁決（裁決事例集32号231頁）も，「最終報酬月額が役員の在職期間を通じての会社に対する貢献を適正に反映したものでないなどの特段の事情があり低額であるときは，最終報酬月額を基礎とする功績倍率法により適正退職給与の額を算定する方法は妥当でなく，最終報酬月額を基礎としない1年当たり平均額法により算定する方法がより合理的である。」との判断を示している。

　すなわち，1年当たり平均額法が合理的とされる場合とは，退職した役員に対する最終報酬月額が，ただ単に「低額」や「無報酬」である場合ではなく，その役員の会社に対する貢献度合いや同種・同規模法人の支給額と比較して「低額」である場合や，会社に対して貢献しているにもかかわらず「無報酬」である場合というのである。

　確かに，功績倍率法を採用しようにも最終報酬月額が低い場合には，功績倍率法により算出される退職金額も低額になる。しかし，その最終報酬月額が役員の会社に対する貢献度を適正に反映しているものであるならば，功績倍率法により算出される退職金額が低額といえども，それは退職金額として相当であるということになろう。したがって，実務上大切なポイントは，最終報酬月額がその役員の会社に対する貢献度合いを適切に反映しているかどうかを確認しなければならないということである。

　このことは裁判例でも裏付けられる。例えば，福岡高裁平成25年6月18日判決（税資263号順号12234）は，「最終報酬月額は，退職直前に当該役員の報酬が大幅に引き下げられたなどの特段の事情がないかぎり，役員在職中における法人に対する功績の程度を最もよく反映しているもの」であるとして，功績倍率法を優先して採用することを示唆している。

> ✍　札幌地裁平成11年12月10日判決（訟月47巻5号1226頁）も，「平均功績倍率法は，当該退職役員の当該法人に対する功績はその退職時の報酬に反映されていると考え，同種類似の法人の役員に対する退職給与の支給の状況を平均功績倍率として把握し，比較法人の平均功績倍率に当該退職役員の最終報酬月額及び勤続年数を乗じて役員退職給与の適正額を算定する方法であり，適正に算出された平均功績倍率を用いる限り，その判断方法は客観的かつ合理的であり，令72条〔筆者注：現行70条〕の趣旨に最もよく合致する方法であるというべきである。」と判示している。

　このようにしてみると，最終報酬月額が役員の会社に対する貢献度合いを適

切に反映している場合には功績倍率法を採用することとし，適切に反映していない場合には1年当たり平均額法を採用すると考えられるのである。

　なお，1年当たり平均額法は，必ずしも最終報酬月額が低い場合だけではなく，不相当に高額である場合にも適用されるという見解もある（勝野成紀「役員の退職金算定〜平均功績倍率法か1年当たり平均額法か」税理40巻2号53頁（1997））。確かに，功績倍率法により算定される役員退職金額を引き上げるためだけに最終報酬月額を増額改定するような場合においては，その最終報酬月額が役員在職中における法人に対する功績の程度を最もよく反映しているものとはいえないため，1年当たり平均額法を採用する方が妥当であろう。

　　✍　退職した役員に係る役員報酬が，従前は月額数万円だったところ，退職の3か月前に突如月額50万円に大幅な増額改定をした事例について，仙台高裁平成10年4月7日判決（税資231号470頁）は，「疑問を差しはさむ余地もあるが，それが事後的な作為の結果であると認めるに足りる証拠はないだけでなく，むしろ，以前が低きにすぎたきらいなしとしない」と判示した事件がある。こうした裁判所の判断プロセスからも，最終月額報酬の適正性の確認が常に必要ということが看取できる。

　　✍　最終報酬月額が役員在職中における法人に対する功績の程度を最もよく反映しているものとはいえない場合は，当該最終報酬月額を実額によらず修正額によることもある（高松地裁平成5年6月29日判決・行集44巻6＝7号541頁）。

ウ　「不相当に高額」の検討プロセス

㈠　「相当の額」の算定

　では，法人税法施行令70条《過大な役員給与の額》2号に示されている不相当に高額であるかどうかの判断要素について，1年当たり平均額法を採用したとして，実務的な検討プロセスを示していきたい。

　⒜　**退職した役員が法人の業務に従事した期間**　　実務上，役員の業務に従事した期間を算定するには，その期間の初日である役員の就任時期を確かめる必要がある。具体的には，初めて役員に選任されたときの株主総会議事録等や履歴事項全部証明書を閲覧するといった対応が求められる。一般的には期間の算定で迷うことは少ないと思われるが，この期間が争点とされた事例を素材として，ポイントを押さえておきたい。

　まず，取締役の就任以前においてみなし役員に該当していた期間を勤続年数に含めるかどうかが争われたところ，含めるべきであるとされた事例がある（国税不服審判所平成22年4月6日裁決・裁決事例集未登載）。法人税法は，会社法上の役員ではないものの実質的に法人の経営に従事している者を役員とみなして役

員退職給与の規定を適用することとしている（法法2十五，法法34②，法令7）。このことは取りも直さず，法人税法では，みなし役員であった期間は役員としての勤続期間と同一視するということである。したがって，当該みなし役員であった期間も役員としての勤続年数に含めるのである。

　この結論は解釈上当然の帰結といえるが，この裁決事例から学ぶべきことは，役員就任前にみなし役員であった期間が存在したかどうかを確認する手続を踏むべきということである。しかしながら，その方法は限られ，みなし役員であった期間の株主名簿等で株式等保有割合要件（法令71①五）を満たしていたことを確認したり，みなし役員であった期間の勘定科目内訳書（役員報酬手当等及び人件費の内訳書）にみなし役員として給与の支給があった旨の記載を確認したりするしかないのではなかろうか。

　　✍　みなし役員に該当していなかったことの立証責任は課税庁側にあるものの，納税者側で一定の主張・立証活動を行わない限り，事実上みなし役員に該当していなかったということが推定されるのではないかと思われる（仙台地裁平成6年8月29日判決（訟月41巻12号3093頁）は，貸倒損失の有無が争われる場合，課税庁側にその不存在を立証すべき責任があるが，納税者が貸倒損失となる債権の発生原因，内容，帰属及び回収不能の事実等について具体的に特定して主張し，貸倒損失の存在をある程度合理的に推認させるに足りる立証を行わない限り，事実上その不存在が推認されると判示した。みなし役員に係る立証責任もこれと同様に解されると考える。）。

　次に，いわゆる「法人成り」をした場合に，個人事業であった期間を法人の役員の業務に従事した期間に加算できるのかという論点もある。

　この点について，法人税基本通達9-2-39《個人事業当時の在職期間に対応する退職給与の損金算入》は，法人設立後相当期間経過後に個人事業当時から在職する使用人に対して退職金を支給したときは，その退職金の額を法人の損金の額に算入するとしている。その趣旨は，理論的には，個人経営時の在職期間に対応する使用人の退職給与は個人事業主の事業所得の必要経費に算入し，法人経営時の在職期間に対応する使用人の退職給与は法人の損金に算入すべきものであるが，個人事業主が使用人に対し個人事業の廃業時点でその在職期間分の退職給与を支払っている事例は稀であり，法人が個人経営時の在職期間に対応する分もまとめて退職給与を支給する事例が多いという実情に鑑み，法人設立後相当期間の経過後には，本来個人事業主の事業所得の計算上必要経費に算入すべき額を，便宜上，法人の損金の額に算入することを許容しようというものである

と解される（福島地裁平成 4 年10月19日判決・税資193号78頁）。

　こうした趣旨から，例えば個人事業主とその青色事業専従者が法人設立時に
それぞれ役員に就き，その後法人の役員を退職した場合には，個人事業主の事
業所得の必要経費として観念できない事業主本人と青色事業専従者への退職金
は，法人設立後相当の期間を経過した後でも当然に損金の額に算入できないと
いえよう。つまり，個人事業であった期間を役員の業務に従事した期間に加算
することはできないものと解される。

　　✎　この点を争った事件として，前掲高松地裁平成 5 年 6 月29日判決がある。同高裁は，
　　平均功績倍率法を適用する場合の在職年数については，法人設立以前の経営期間を加算
　　すると，設立前の経営期間がそのまま原告法人に対する功績として反映されることにな
　　る上，比較法人が法人設立以前の経営期間を在職年数に加算していないことから，適切
　　な比較が困難になるので，判定法人の業務に従事した期間とすべきであると判示した。

　(b)　**退職の事情**　　退職の事情とは，業務上の死亡退職かそれ以外の死亡退
職か，通常の退職なのかといった退職に至った事由のことである。

　退職の事情は，次に述べる同種・同規模の法人の役員退職金の支給状況と比
較する際に考慮されるため，明確にしておく必要がある。例えば，前述の札幌
地裁昭和58年 5 月27日判決は，「健康上の理由による退職と死亡による退職とは，
その退職の事情が異なる」として，病気を理由に退任した役員退職給与の額を
算出するため，課税庁が類似法人を選定する際に死亡退職を除外したことは相
当であると判示している。

　(c)　**同種・同規模の法人の役員退職金の支給状況**　　ここまで述べた 2 要素は
会社の中にある情報といえるが，比較対象となる同種・同規模の法人の役員退
職金の支給状況は，会社の外にある情報である。ゆえに，これを調査すること
は会計事務所や一般企業にとっては困難なことで，一般的にはデータベースを
活用することが現実的だと考える。

　しかし，管見の限り，入手できるデータベースとしては，TKC 全国会が発
行している TKC 経営指標（BAST）のうち『月額役員報酬・役員退職金
(Y-BAST)』[7]や日本実業出版社発行の『中小企業の「役員報酬・賞与・退職金」
「各種手当」支給相場』[8]といった程度で，情報源は決して豊富とはいえないが，
以下では，『月額役員報酬・役員退職金 (Y-BAST)』をもとに同種・同規模法人
を抽出していくための主な諸条件について，ポイントを踏まえながら見ていき
たい。なお，この『月額役員報酬・役員退職金 (Y-BAST)』に含まれる「役員退

図表7　役員退職金リスト

役員退職金リスト

業種名　：●●業　　　　　　役職名　：社長（理事長）
地域　　：全国　　　　　　　事業規模：
退職事由：通常・死亡　　　　勤続年数：　　　　　　　支給決議日　：

事業規模			役職名	退職事由	勤続年数	退職金支給額	受取保険金	退職時報酬月額	功績倍率	1年当り退職金	弔慰金
売上高	従業員数	剰余金									

職金リスト」は，最近6年間の退職金額が役職別に網羅されており，具体的には図表7に示すとおり，役職ごとに退職事由，勤続年数，退職金支給額という事項に加え，退職時の報酬月額や功績倍率，さらには1年当たり退職金の額までデータベース化されている。

　(A)　業　種　　条文では比較対象となる法人は同種の事業を営む法人であることが求められているが，業種区分が一致している度合いが問題となる。過去の裁判例によれば，日本標準産業分類の中分類が一致していれば合理的と判示しているものが多いと思われる（東京地裁平成29年10月13日判決（訟月65巻2号151頁），東京地裁平成25年3月22日判決（後述）など）。

　(B)　地　域　　条文では地域の同一性については定められていないが，裁判例を見ると，まずはその法人が所在する都道府県で比較対象法人があるかどうかが検討されている。それがない場合には，近隣の同一経済圏へと広げていくという段階を踏んでいる（大分地裁平成20年12月1日判決（税資258号順号11096），東京地裁平成25年3月22日判決（後述）など）。

　(C)　退職事由　　一般的には，死亡による退職は，それ以外の退職と比べて，役員退職金額が増額される要素といえよう。とはいえ，前述した札幌地裁昭和58年5月27日判決の「健康上の理由による退職と死亡による退職とは，その退職の事情が異なる」という判示に鑑みるに，実務上はどのように比較対象法人を抽出すればよいのであろうか。

　『月額役員報酬・役員退職金（Y-BAST）』では，通常の退職，業務上の死亡退職，それ以外の死亡退職の3区分しかない。仮に，健康上の理由による退職と

定年又は高齢を理由とした退職とでは退職の事情が異なるとされるのであれば，健康上の理由による退職と類似の支給状況を探すのは至難な作業であろう。したがって，実務的にはかかる3区分以外の事由を勘案することは厳しいといわざるを得ない。

(D) 事業規模　事業規模が類似する法人を抽出する基準として，売上高が自社と比べて2分の1以上2倍以下とするいわゆる「倍半基準」が合理性を有し一般に承認されているものとされている（前掲大分地裁平成20年12月1日判決，東京地裁平成22年6月8日判決（税資260号順号11449），熊本地裁平成25年1月16日判決（税資263号順号12127），東京地裁平成25年3月22日判決（後述）など。もっとも，必ずしも倍半基準に限定されるものではなく，個別に設定している事案もある。）。

売上高以外の基準として，所得金額や総資産価額も適切であろうが，とりわけ所得金額のデータを入手するのは納税者にとっては困難であろう。『月額役員報酬・役員退職金（Y-BAST）』では，事業規模を抽出する要素として売上高のほかに従業員数・剰余金を示しているが，これらを考慮することにより事業規模が類似する法人を一層絞り込めるのであれば抽出する基準に加えてよいと考える。

(E) 相当額の計算　これまで述べてきた基準により抽出された同種・同規模法人の1年当たり退職金額を用いて次の算式により相当額を計算する。

役員退職金相当額＝同種・同規模法人の1年当たり平均額【※】×勤続年数

【※】同種・同規模法人の1年当たり平均額＝ $\dfrac{\text{同種・同規模法人の1年当たり退職金額の合計}}{\text{同種・同規模法人の数}}$

✍　算式について，田辺総合法律事務所ほか『役員報酬をめぐる法務・会計・税務〔第3版〕』275頁（清文社2016）を参照。

(d) 補論　もっとも，この『月額役員報酬・役員退職金（Y-BAST）』の抽出の仕方が適切ではなかったと判断された事案もあることから，この点には注意が必要であろう。例えば，東京地裁平成25年3月22日判決（税資263号順号12175）は功績倍率法が用いられた事案であるが，甲信越地域で製造業を営む原告が比較対象を抽出した基準が適切でないとして，原告の主張が斥けられている。

具体的には，同地裁は，「本件TKCデータ同業類似法人についてみても，そ

もそも本件 TKC データは，税理士及び公認会計士からなる任意団体である
TKC 全国会が各会員に対して実施したアンケートの回答結果から構成されて
おり，その対象法人は TKC 全国会の会員が関与しているものに限られている
上，原告が用いた抽出基準は，その抽出対象地域について何ら限定することな
く全国としており，また，基幹の事業についても『日本標準産業分類・大分
類・K―不動産業，物品賃貸業』及び『同・J―金融業，保険業』とするもの
であって，そもそも原告の基幹事業であるとは認められない『金融業，保険
業』が基幹の事業であることを条件としている上，中分類ないし小分類の存在
を考慮しておらず，被告が用いた抽出基準に比べ，その対象地域及び業種の類
似性の点において劣るものといわざるを得ない。」と判示する。

　この判示からも明らかなように，業種及び地域の抽出を正確に行うことはも
とより，退職の事由や規模の類似性についても，比較対象として適切なデータ
を慎重に抽出することが必要といえよう。もっとも，業種によっては十分なデ
ータを入手できない場合があることも事実である。十分なデータを入手できな
い場合には何らかの代替策を検討せざるを得ないであろうが，何をもって代替
するかについては実務上困難を極めるといわざるを得ない。

　　✍　増田英敏教授は，類似業種・類似法人の役員給与との比較を重視することについて，
　　「被告国側だけが有する類似業種・類似法人の役員給与の水準を，原告納税者は具体的
　　に知りえる情報ソースを持たないのであるから，補完的な基準に位置付けるべきであ
　　る。」と論じられる（増田・TKC 税研情報26巻2号29頁（2017））。

⑷　実際の支給額と「相当の額」との比較

　会社法上，役員退職金額の決定は，各株式会社の自治に委ねられており，株
主総会の決議等によって決めることとされている（会361①）。したがって，功績
倍率法や1年当たり平均額法によって算定した法人税法上の役員退職金として
の相当額をそのまま支給しなければならないということはない。

　一方で，法人税法では公平な課税という観点から，役員退職金額のうち不相
当に高額な部分は損金の額に算入されない。

　では，最終的に，実際に支給する役員退職金額と法人税法上の相当額とを比
較して，実際に支給する役員退職金額の方が高かった場合に，その高い部分が
損金不算入とされてしまうのであろうか。

　これについては，そのように硬直的に判断するのは妥当ではなく，それらの

金額の乖離の程度に加えて，退職した役員の職務や功労の内容，程度，勤続年数のほか退職金が支給されるに至った事情等も総合的に考慮して判断すべきであろう（東京地裁平成9年8月8日判決・判時1629号43頁参照）。例えば，前述の札幌地裁昭和58年5月27日判決は，1年当たり平均額法によって算定した金額に，退職した役員の勤続年数が同種・同規模法人における役員の勤続年数よりも若干長いことを加味して，その10％を加算した額が相当の額であると判示している。

エ　小　括

　このように見てくると，功績倍率法も1年当たり平均額法も依拠するデータベースは同じであるため，同種・同規模法人の支給データを抽出してくるプロセスはおおむね同じといってよいであろう。そうすると，実務上は，功績倍率法と1年当たり平均額法の両方を検討し，最終報酬月額が会社への貢献度を反映した適切な金額である場合には功績倍率法を採用し，反映していない場合には1年当たり平均額法を採用するというように検討を進めるのがよさそうである。

　そして，何よりも重要なことは，同種・同規模法人の支給データを抽出する基準について，ここで紹介した視点を考慮に入れて丁寧に検討していくことである。さらに，将来の税務調査に備えて，その抽出基準及び抽出したデータから算出した「相当の額」の算定プロセスや実際の支給額と比較検討した結果を記録して残しておくことが求められよう。

〔注〕
⑴　本節は，多賀谷博康「1年当たり平均額法—同業他社の情報の収集」税通73巻9号48頁（2018）に加筆・修正を加えたものである。
⑵　判例評釈として，金子宏・判時1139号179頁（1985），谷口勢津夫・租税判例百選〔第3版〕58頁（1992），酒井・ブラッシュアップ174頁など。この最高裁昭和58年9月9日第二小法廷判決の判断は，その後のいわゆる10年退職金事件最高裁昭和58年12月6日第三小法廷判決（訟月30巻6号1065頁）においても踏襲されている。
⑶　判例評釈として，林仲宣・ひろば71巻5号70頁（2018），同＝山本直毅・税理63巻15号222頁（2020）。控訴審は東京高裁平成29年7月12日判決（税資267号順号13033），上告審は最高裁平成29年12月5日第三小法廷決定（税資267号順号13093）で，いずれも納税者の主張は排斥されている。
⑷　例えば，東京高裁平成17年9月29日判決（訟月52巻8号2602頁），札幌地裁平成28年4月15日判決（税資266号順号12843），大阪高裁平成18年10月25日判決（税資256号順号

10553）など。なお，実質的に退職したと同様の事情があるとされた事件として，東京地裁平成20年6月27日判決（判タ1292号161頁）がある。判例評釈として，越田圭「判批」酒井克彦編著監修『税理士業務に活かす！通達のチェックポイント―法人税裁判事例精選20―』122頁（第一法規2017）参照。

⑸　不確定概念については，酒井克彦『「相当性」をめぐる認定判断と税務解釈』23頁（清文社2013）が詳しく論じているので，参照されたい。

⑹　判例評釈として，武田昌輔・税務事例18巻5号16頁（1986），品川芳宣・商事994号36頁（1993），鎌田泰輝・税理28巻9号107頁（1985）など参照。

⑺　これは，TKC会員事務所の関与先企業の月額役員報酬と役員退職金について調査した結果をまとめたものであるが，令和3年版の『月額役員報酬・役員退職金』（TKC全国会）は，全国の103,625企業，195,871人の役員報酬データを収録している。この『月額役員報酬・役員退職金』は，TKC全国会に加盟する職業会計人（税理士・公認会計士）が，その関与先である中小企業の役員の役員報酬月額及び役員退職金について，綿密に調査し，まとめたものであるとされている。

⑻　同書によれば，アンケート調査のうち回答のあった204社についてデータを掲載している。1年当たり退職金額については，明示的に掲載されていないが，役員在任期間と退職金額が掲載されているため計算することができる。

6　M&A 保険―表明保証保険

　M&A 取引では，一般的に買収契約書に「表明保証条項」が規定される。これは譲渡対象法人に偶発債務や法的瑕疵が存在しないことなどを売り手が保証する規定であり，その保証内容に反する事実が判明した場合には，売り手が買い手に損害賠償等の補償をすることになる。

　ところが，表明保証する範囲，違反した場合の補償限度額，補償請求可能期間等について両当事者が折り合わないときは，M&A 取引そのものの成立が阻害されてしまう。

　こうした問題を解決し M&A をスムーズに進める方策の 1 つとして，買収後に売り手の表明保証条項の違反により買い手が損害を被った場合に補償される M&A 保険（表明保証保険）が販売されている。従前は大型 M&A のみが対象であったが，最近では中小規模案件にも適用される保険が販売されているので，リスクの度合いに応じて活用を検討すべきであろう。

　この表明保証保険には，買い手が保険契約者となる「買主用表明保証保険」と売り手が保険契約者となる「売主用表明保証保険」の 2 つがあるが，販売されている保険の多くは前者である。実際に買収後に損害を被るのは第一次的には買い手だからであろう。なるほど，たとえ買い手が十分なデュー・ディリジェンス（Due Diligence：DD）（デュー・ディリジェンスについては，🔍**8**参照）を実施してもなおリスクを完全に把握しきれない可能性があるため，そのリスクを軽減できる表明保証保険は，M&A の実行を後押ししてくれるものといえよう。

　もっとも，保険会社に表明保証保険を引き受けてもらうためには引受審査を経なければならず，当該保険会社に対して DD レポートを開示したり，データルームへのアクセス権限を付与したりするなど保険会社に対しても十分な情報開示が求められる。加入する場合には，時間的に余裕を持ったスケジュールが必要となろう。なお，保険料や保険金額も個別案件ごとに決められるようである。したがって，保険料と潜在的なリスクの発生可能性との比較衡量において，加入するか否かを決めることになると考えられる。

第2章

買い手における税務

7　買い手における税務─概観

　法人が事業を取得する方法としては，第1章で解説したとおり，株式の取得を通じて株主の権利（会105）を取得する手法と，対象となる事業を事業譲渡又は会社分割（会2二十九，三十）等の手法を用いて取得する方法の2つがある。取得手法については，買収対象となる事業の簿外債務，事業運営に必要となる許認可，買い手の取得割合や売り手の税負担などを勘案し，売り手と買い手が合意の上決定されることになるが，一般的にはそれぞれ図表1のような特徴が認められる。

　M&Aにおける事業の買い手（取得主体）としては法人又は個人が考えられる。事業の取得時から将来の株式譲渡でのExit（☞Exitとは）を想定している場合

図表1

取得手法	事業面	法務面	税務面
株式の取得	買収対象法人の組織や商号，人的な資源を活用できるが，取得する事業を選択する場合には事前に売り手による再編が必要である[注1]。	買収対象法人が保有する契約や許認可を承継できるが，簿外債務も継承される[注2]。	買収対象法人の繰越欠損金を継続して使用できる（法法57）[注3]。
事業の取得	取得する事業（資産及び負債）を選択できる。買収対象法人に帰属する商号等は継承されない。	買収対象法人の簿外債務を除外できるが，契約や許認可については承継の手続又は再取得の必要がある。	取得する事業の時価純資産と対価の差額については，"税務上ののれん（資産調整勘定等）"に該当し，60か月の期間按分にて損金又は益金として計上する（法法62条の8）。

（注1）　分割型分割（法法2①十二の九）を行い，買収対象から除外される事業を分割後に分割法人株式を譲渡する方法などが用いられる。
（注2）　締結している契約（例えば，賃貸借契約，取引基本契約，フランチャイズ契約等）について，企業の株主の異動や支配権の変動等により当該契約の相手方に解除権が発生すること等を定めていることをチェンジ・オブ・コントロール（COC）条項といい，COC条項がある場合には，契約の相手方の合意等が必要となる（M&Aガイドライン20頁）。
（注3）　後述する特定株主によって支配された欠損等法人の欠損金の繰越しの不適用（法法57の2）等により制限される場合がある。

には，対象企業の企業価値の増加分（譲渡益）に生じる税負担を考慮する必要がある。この点，個人の場合，分離課税の譲渡所得として課税されることから，法人の場合と比較して相対的に税負担が低くなる傾向にあるため，個人により取得を行う事例も少なくないと思われるが，本書では中小企業における事業戦略を主題としていることから，法人による株式又は事業の取得を前提として税務上の諸問題を取り上げる。以下では，企業調査（Due Diligence：以下「デュー・ディリジェンス」という。）の考え方を整理した上で，買い手の目線に立った税務上の取扱いについて焦点を当てることとする。

☞　**Exit** とは，株式を取得した創業者や買収したファンドなどが株式を売却し，利益を手にすることをいう。「イグジット」又は「エグジット」という。

✎　分離課税の譲渡所得の税率は国税と地方税で20.315%（復興特別所得税を含む。）である。

8　デュー・ディリジェンス

(1)　概　要

　買収対象となる事業を取得する手法は，株式を取得する方法と異なり，簿外債務を承継しないことから，買収時のデュー・ディリジェンスの対象も異なる。通常，過去の租税債務は，事業のみを取得する場合には，事業を譲渡した売り手法人に帰属し，買い手法人に移転しないことから，税務デュー・ディリジェンスの対象は取得する事業固有の税務上の諸問題に限定される。

　なお，事業を譲り受けた買い手について，売り手の租税債務に対する第二次納税義務の規定を検討する必要が生じるが，第二次納税義務は買い手が親族その他納税者と特殊な関係にある個人又は一定の被支配会社である場合（徴法38）及び事業譲渡の対価が無償又は著しく低額の場合（徴法39）に限定されているため，第三者に対して通常の時価で実施された事業譲渡等では対象とならない。

　ただし，事業の取得手法について会社分割を用いる場合には留意が必要となる。分割型分割を用い，買収対象事業を取得する場合には，買い手は売り手から承継した財産の価額を限度として連帯納付義務（通法9の3）を負うこととなる。また，国税徴収法基本通達38-9《事業譲渡》(4)では，法人の分割（会757，762）によって事業の譲渡が行われた場合についても，「事業の譲渡」に該当するものとすると解釈されていることから，分割により事業を承継した買い手が，売り手と特殊関係者になる場合には，売り手から承継した財産の価額を限度として第二次納税義務が生じることとなる。

> 　法人の分割のうち，分社型分割にあっては，分割法人は分割承継法人に移転した純財産の額相当の分割承継法人の株式等を取得することとなり，分割法人の財産は減少しないことから，この連帯納付義務の対象とはされていない（橘素子『第二次納税義務制度の実務〔全訂版〕』105頁（大蔵財務協会2017））。
>
> 　新設分割によって滞納法人の事業を承継した法人が第二次納税義務を負うとした事例として，国税不服審判所平成20年10月1日裁決（裁決事例集76号573頁），吸収分割によって滞納法人の事業を承継した法人が第二次納税義務を負うとした事例として，国税不服審判所平成25年6月5日裁決（裁決事例集91号）がある。

(2)　企業買収の際に必要なデュー・ディリジェンス

ア　デュー・ディリジェンスの目的

M&A における買収プロセスは一般的に以下のような流れで行われる（日本公認会計士協会東京会・財務デュー・ディリ100頁をもとに筆者加工）。

図表2

買い手	売り手
買収戦略及び資金調達の検討	売却戦略及び時期の検討
ターゲット企業の選定	買い手企業の選定
買収及び譲渡に関する基本合意	
デュー・ディリジェンスの実施	デュー・ディリジェンスの対応
買収条件の交渉	
最終契約書の締結	
クロージング（☞クロージングとは）	
PMI（☞PMIとは）	—

☞　**クロージング**とは，最終契約書の契約内容に基づき，経営権や資産などを移転し，対価の支払を完了することで手続を完全に終了させることをいう。

☞　**PMI**とは，Post Merger Integration（ポスト・マージャー・インテグレーション）の略であり，クロージング後の経営統合の作業をいう（M&A ガイドライン19頁）。

デュー・ディリジェンスは，主に買い手において取得対象となる法人や事業の財務・法務・ビジネス（事業）・税務等の実態について，フィナンシャル・アドバイザー（以下「FA」という。☞フィナンシャル・アドバイザーとは）や M&A の仲介者（☞仲介者とは），士業等専門家を活用して実施する調査をいう。デュー・ディリジェンスの目的は，貸借対照表の分析や簿外債務（☞簿外債務とは）の検出を通じた譲渡対価の妥当性の検証，買い手の事業とのシナジー（☞シナジーとは）の検討及び買収後の改善事項の洗い出し等の目的で行われる。

☞　**FA（フィナンシャル・アドバイザー）**とは，売り手又は買い手の一方との契約に基づいてマッチング支援等を行う支援機関をいう。FA 契約とは，FA が売り手・買い手の一方との間で結ぶ契約をいい，これに基づく業務を FA 業務という（M&A ガイドライン16頁）。

☞　**仲介者**とは，売り手・買い手の双方との契約に基づいてマッチング支援等を行う支援機関をいう。一部の M&A 専門業者がこれに該当する（業務範囲は個別の支援機関ごとに異なる。）。仲介契約とは，仲介者が売り手及び買い手の双方との間で結ぶ契約をいい，

これに基づく業務を仲介業務という（M&A ガイドライン15頁）。

☞　**簿外債務**とは，帳簿外の負債のことをいう。重要性が乏しいために帳簿に記入されなかった費用などのほか，故意や過失によって生ずる負債や潜在的な租税債務も含まれる。

☞　**シナジー**とは，経営戦略において各部門の相乗作用を活用した効果として利益を生みだすことをいう。

　通常，中小企業のM&Aでは買い手の社内におけるデュー・ディリジェンスの実施体制が不十分であるため，FAや弁護士・公認会計士・税理士等の士業等専門家に一部又は全部のデュー・ディリジェンスの実施を依頼する。買い手がデュー・ディリジェンスを実施する場合，想定し得るリスク全般について調査することもあれば，対象事項等を限定して簡易に行うこともあり，どの項目の調査を重点的に実施するかについては，項目の重要性，調査期間や費用など，主に買い手の意向を考慮した上で決定される。

　大規模な入札案件においては，売り手において事前に士業等専門家によるデュー・ディリジェンスを実施し，その報告書が基本情報として買い手に開示される場合のほか，スケジュールや質問事項などが売り手のFA等により厳格に管理されるケースもあるが，中小企業のM&Aにおいては，買い手が専門家費用を投じて本格的なデュー・ディリジェンスを行うことなく，売り手の数年分の決算書及び税務申告書の精査を行い，売り手の経営者へのヒアリング等の調査だけで終えることもある（M&A ガイドライン43頁）。

　デュー・ディリジェンスにおいては，売り手がM&Aに関して社内の役員や従業員等への情報開示を行っていない場合も多く，情報開示の範囲を確認することや，会社訪問やヒアリング等において，その非開示の役員・従業員等に悟られずに実施する工夫が必要であるため，売り手及び買い手ともに，FAや士業等専門家と綿密な打ち合わせを行うことが重要である。

イ　デュー・ディリジェンスの手続と調査範囲

　デュー・ディリジェンスについては，通常は事前に入手する案件概要等から買収対象法人等の規模や損益の状況，業種の特性を判断し，買い手と調査期間や費用などを考慮して調査範囲と手続を決定する。調査対象期間については多くの場合，進行中の事業年度を含めた3事業年度などの一定の期間を定めて実施する。

　調査範囲を合意した後，買い手は，総勘定元帳や仕訳帳，年齢表（☞年齢表とは）や残高明細書，過年度の法人税や消費税の申告書及び申告書に添付した財

務諸表，勘定科目内訳書等の基礎資料等を入手すべく，資料の開示依頼を実施する。なお，開示依頼やその後の質問リストにおいては，法務など各デュー・ディリジェンスで依頼している資料等と重複しないように調整することが必要となる。入手した資料に基づき，確認すべき事項について質問リストを作成する。一般的には売り手に対し事前に質問リストを提示の上，売り手の経営者や経理担当者へのヒアリングで詳細な事実関係や処理の経緯を確認する。

☞ **年齢表**とは，売掛金などの債権が発生後何か月経過しているか，いくら残高が残っているかなどを確認するための資料であり，滞留債権の発見等に繋がるものである。

(3) 財務デュー・ディリジェンス
ア 財務デュー・ディリジェンスの目的

財務デュー・ディリジェンスの目的は，買収対象法人や事業（以下，併せて「買収対象法人等」という。）の過去の損益の実績を把握し，現在の純資産などの財務状況を評価して企業価値を把握するとともに，将来の事業計画の基礎となる損益やキャッシュフローなどの情報を入手することにあり，デュー・ディリジェンスの中でも最も重要な役割を果たす。そのため，本書においても財務デュー・ディリジェンス及び買収価格の算定に必要な企業価値評価について取り上げることとする。

財務デュー・ディリジェンスは，一般的に以下の項目について実施される。

イ 貸借対照表分析

貸借対照表分析とは，調査基準日の買収対象法人等の貸借対照表項目の科目内容及びその金額の妥当性を把握し，適正な簿価純資産及び時価純資産を把握するための調査をいう（日本公認会計士協会東京会・財務デュー・ディリ114頁）。買収対象法人等の貸借対照表は，監査法人による監査を受けていない中小企業においては，必ずしも法人税法22条4項にいう「一般に公正妥当と認められる会計処理の基準」（公正処理基準）に従って作成されているとは限らず，例えば，金融機関への報告を目的として数値が調整されている場合も考えられる。

適正な簿価純資産へ修正するための代表的な調査項目として，滞留債権（☞滞留債権とは）や滞留在庫（☞滞留在庫とは）の精査が行われていない場合，賞与引当金や退職給付引当金などの各種引当金が社内規程や過去の支払実績にかかわらず未計上になっている場合や，有価証券や固定資産の価値が著しく減少し

ているのにかかわらず評価損や減損損失が未計上になっている場合などが想定される。

> ☞ **滞留債権**とは，債務者の事情や支払能力等により，期日までに支払が行われなかった売掛金，未収入金等をいう。
> ☞ **滞留在庫**とは，販売見込みのない製品や仕掛品をいう。

次に，簿価純資産を時価純資産に置き換えるための修正を行う。中小企業のM&Aの実務においては，デュー・ディリジェンスの費用や時間的な制約もあり，固定資産税評価額等や解約返戻金額の通知書で簡便的に時価を算定できる土地や保険積立金など，買収対象法人等から情報を収集しやすい資産のみ評価替えを行うケースも見受けられる。

ウ　損益計算書及び正常収益力分析

損益計算書分析とは，調査対象期間の損益計算書項目の分析により，買収対象法人等の損益の状況，構造を把握し，キャッシュフローの源泉となる正常収益力を算定するための調査をいう。

時系列分析では，過去数年間の会社の損益計算書の推移表を作成し，売上高や売上原価，人件費などの販売費及び一般管理費の状況を把握する。対象企業の成長性や過年度の変動要因などを分析することにより，損益構造を把握することが可能となる。また，事業所や地域などのセグメント別分析や製品や顧客，仕入先などのポートフォリオ分析を行うことにより，買収対象法人等に関し，事業，地域，顧客等に対してどのような売上げや費用が発生しているか，分析を行うことが可能となる。

買収対象法人等の損益構造を把握した上で，調査対象期間に生じた偶発的な事項や特定の役員及びその親族との取引など，買収後に解消される取引を除くことにより，買収対象法人等の正常収益力（☞正常収益とは）を算定する。

> ☞ **正常収益**とは，決算上の利益から事業と関係のない損益や非経常的に発生する損益を除いて算出される事業そのものとして生み出す実態の利益のことをいう。

エ　キャッシュフロー分析

キャッシュフロー分析は，買収対象法人等の資金収支の状況や運転資本（☞運転資本とは）の状況を把握することを目的として行われる（日本公認会計士協会東京会・財務デュー・ディリ231頁）。買収対象法人等のキャッシュフロー計算書を用いて分析する場合には，過去数年間の年度別推移を把握することにより，買

収対象法人等の活動別の資金状況を把握できる。中小企業の M&A においては，買収対象法人等がキャッシュフロー計算書を作成していない場合も散見され，代替的に資金繰り表や貸借対照表の残高の変動値から簡易的に算出する場合もある。

　また，運転資本や設備投資の分析は，過去に行われた設備投資の状況やその妥当性を検討する情報として役立つものである。買い手は，キャッシュフロー分析を通じて，買収後の買収対象法人等の資金繰りを検討することが可能となる。

　☞　**運転資本（Working Capital）**とは，営業活動に投下されている資金をいう。一般的には以下の算式により算定される（日本公認会計士協会東京会・財務デュー・ディリ 233頁）。
　　運転資本＝売上債権＋棚卸資産−仕入債務±その他の流動資産・負債

オ　事業計画分析

　事業計画は，買収対象法人等の将来のキャッシュフローの前提であり，特に企業価値を後述する DCF 法により算定する場合には価値の算定根拠となるため，デュー・ディリジェンスの中でも重要性が高い。仮に，買収対象法人等の事業計画が買収後に達成できない場合には，買い手は M&A 取引で取得した株式や事業に係る減損を検討しなければならないことになる。

　財務デュー・ディリジェンスにおいては，事業計画がどのような目的で誰が作成したものであるか，過去の実績値と比較して整合性が取れているか，将来の業績予測が市場の状況やマーケットシェア，既存事業及び新規事業の売上げの予測から保守的なものであるかについて検討を行う。また，事業計画と損益計画や資金繰り計画等との整合性についても確認が必要となる。

　ただし，事業計画分析については，買い手が自社で行う場合やビジネスデュー・ディリジェンス等で調査が行われている場合もあり，財務デュー・ディリジェンスでどこまで調査するかについて買い手と売り手の事前合意が重要となる。

カ　デュー・ディリジェンスにおける保険の取扱い

　買収対象法人等がオーナー企業の場合には，オーナーに不測の事態があった場合に備えて生命保険に加入しているケースが少なくない。その場合，買い手において事業保険（☞事業保険とは）の処理や評価が問題となる。買収後もその

オーナーが事業に関与し続ける場合等を除き，中小企業のM&Aにおいては生命保険の解約返戻金相当額にて買収対象法人等がオーナーへ生命保険の名義変更を行うことを売り手と買い手とで合意し，その名義変更に伴い買収対象法人等に譲渡益が生じる場合には，発生する法人税等の相当額を企業価値評価の中で調整する方法が一般的と考えられる。

☞ **事業保険**とは，事業の発展やリスクに備えるために主に法人が加入する保険をいう。役員など被保険者に万一のことがあった場合に保険金を事業保障資金などの財源として活用されるものである（事業保険については，☜**23**参照）。

キ　企業価値評価

M&A取引においては，企業価値評価（バリュエーション）を行うことにより買収対象法人等の企業価値の算定が行われる。バリュエーションで利用する財務状況や事業計画の前提条件については，デュー・ディリジェンスでその検証が行われる。

また，M&A取引においては，事業価値（☞事業価値とは），企業価値（☞企業価値とは），株主価値（☞株主価値とは）など，一概に企業や株式の価値といっても様々な用語が使われており，買い手又は売り手が示す金額がいずれの価値について言及しているか留意が必要となる。図表3はそれぞれの概念を図示したものであるが，それぞれの用語の意義と併せて参照されたい。

図表3　企業価値の概念図

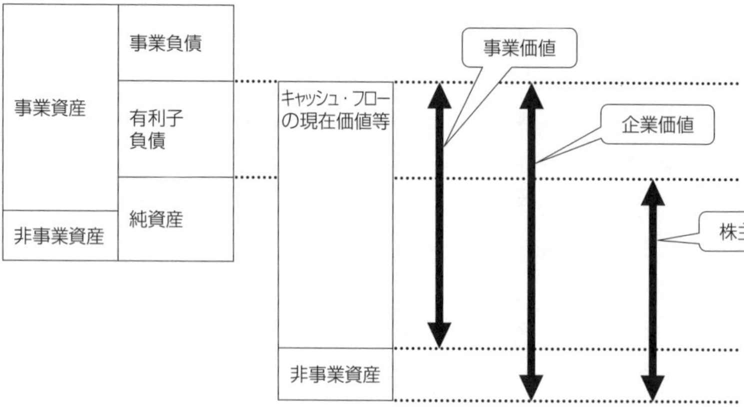

（出所）評価ガイドライン25頁より

☞ **事業価値**とは，事業から創出される価値をいう。会社の静態的な価値である純資産価値だけではなく，会社の超過収益力等を示すのれんや，貸借対照表に計上されない無形資産・知的財産価値を含めた価値である。
☞ **企業価値**とは，事業価値に加えて，事業以外の非事業資産の価値も含めた企業全体の価値をいう。
☞ **株主価値**とは，企業価値から有利子負債等の他人資本を差し引いた株主に帰属する価値をいう。

　企業価値の評価に当たっては，ネットアセット・アプローチ（☞ネットアセット・アプローチとは），マーケット・アプローチ（☞マーケット・アプローチとは），インカム・アプローチ（☞インカム・アプローチとは）の3つの評価方法がある。M&A取引においては，これらの3つの評価方法のうち，買収対象法人等の評価に適すると考えられる手法で評価が行われる。なお，中小企業のM&Aにおいては，買収対象法人等の将来の収益性の判断が困難であることから，ネットアセット・アプローチである時価純資産を基準に，数年分の営業利益相当額を加算する等の簡易的な評価方法が用いられる場合も多い。

☞ **ネットアセット・アプローチ**とは，企業の純資産を基準に企業価値を評価する手法をいい，貸借対照表上の資産・負債を簿価で評価する簿価純資産法と，時価に評価を洗い替える時価純資産法が主な手法である。買収対象法人等の貸借対照表を基準に評価するため，評価額は数値を根拠とした客観性があるが，将来の収益力を考慮していないことから，企業を取得する際に得られるのれんやブランド価値が考慮されないため，成長企業の買収など将来の収益力を獲得しようとするM&Aには適さない場合がある。
☞ **マーケット・アプローチ**とは，株式市場の株価を基準に企業価値を評価する手法をいい，代表的な評価手法として，市場価格法と類似業種比準法（マルチプル法）などがある。市場価格法では，評価対象の企業が証券取引所に上場している場合に，その取引価格自体を基準に企業価値を評価する。類似業種比準法では，対象会社に類似する同業他社を選定し，その同業他社の時価総額や企業価値が営業利益やEBITDA（☞EBITDAとは）の何倍であるかを基準に企業価値を評価する。実際の取引市場のデータに基づくため，評価のための情報は入手しやすいが，企業の独自性などを考慮できないなど，特に買収対象法人等が非上場企業の場合には適さない場合もある。
☞ **インカム・アプローチ**とは，評価対象企業の収益力を基準に企業価値を評価する手法で，DCF法（Discount Cash Flow Method）が代表的な手法である。DCF法では，企業の事業から稼得する将来のキャッシュフローを加重平均資本コスト（☞加重平均資本コストとは）で現在価値に割り引くことで事業価値を算出する。DCF法は企業の将来の予測キャッシュフローと事業リスクを考慮して評価するものであるため，買収対象事業等の将来得られる収益力やキャッシュフローを基準に買収を行う場合には，合理的な手法と考えられるが，将来の収益やキャッシュフローの算定において恣意性を排除でき

ないため，客観性が乏しいと考えられる。
☞　**EBITDA**とは，税引前利益に支払利息，減価償却費を加えて算出される利益をいう。
☞　**加重平均資本コスト**とは，株主資本コストと負債資本コストを加重平均したものをいう。

図表4　3つの評価アプローチの一般的な特徴

項目	ネットアセット	マーケット	インカム
客観性	◎	◎	△
市場での取引環境の反映	△	◎	○
将来の収益獲得能力の反映	△	○	◎
固有の性質の反映	○	△	◎

◎：優れている　○：やや優れている　△：問題となるケースもある
（出所）評価ガイドライン27頁より

(4)　税務デュー・ディリジェンス

ア　税務デュー・ディリジェンスの目的

　税務デュー・ディリジェンスは，買収対象法人等に関して，買い手が引き継ぐ可能性のある潜在的な簿外債務の有無を調査することを目的としている。税務デュー・ディリジェンスにおいて簿外債務や起因となり得る税務リスクが確認された場合には，買収価格を調整することや，将来税務リスク等が顕在化した場合に備えて，株式譲渡契約書等の契約書において，M&A後に発生した損害の補償を盛り込んだ売り手の表明保証条項（☞表明保証とは）として記載する方法等で対応する。加えて，税務デュー・ディリジェンスは，買収対象法人等の管理体制の把握や買収スキームを検討するための基本情報の入手といった観点からも M&A において重要な手続であるといえる。

　　☞　**表明保証**とは，M&A 取引において株式譲渡契約等の当事者の一方が，他方の当事者に対し，契約などの内容に関連して，一定時点における一定の事項が真実かつ正確であることを表明し，その内容を保証するものをいう（表明保証保険については，ℚ**6**参照）。

イ　税務デュー・ディリジェンスの手続と調査範囲

　税務デュー・ディリジェンスにおいては，通常，過去3事業年度などの一定の調査期間に対して，法人税のほか，業種の特性や損益の状況を踏まえて消費

税，法人事業税，法人住民税及び源泉所得税などが調査対象税目として選定される。場合によっては，発見事項に応じて追加で事業年度を遡って実施するケースもある。また，買収対象法人等が過去に合併や分割などの組織再編成を実施している場合には，実施した組織再編成について他の調査項目より調査対象期間を長く設定する場合がある。

税務デュー・ディリジェンスの主な調査項目は以下のとおりである。

① 過去の税務調査での指摘事項等の確認
② 買収対象法人等の税務管理体制の確認
③ 税務申告書の記載内容，調整内容の妥当性の確認
　(i) 業種特性に応じた税務リスクの把握
　(ii) 組織再編成での税務処理の確認
　(iii) 非経常的な取引の税務処理の確認
　(iv) 海外企業との取引に関する税務処理の確認
④ 関係会社間取引に関する税務処理の確認

ウ　過去の税務調査での指摘事項等の確認

税務デュー・デイリジェンスの調査対象年度に既に税務調査の実施済みの年度がある場合には，税務調査が未実施の年度と比較して，税務調査が再度行われる可能性が低いことから，区分して取り扱うことが一般的である。また，税務調査が実施済みの年度については，税務デュー・ディリジェンスの発見事項として税務調査で指摘されていない税務リスクがあった場合でも，顕在化する可能性が限定的であることから，買収価格の調整など当該税務リスクに関する売り手との交渉は税務調査が実施済みであることを前提に行うこととなる。さらに，税務調査での指摘事項及び税務調査官との交渉過程を確認することで，買収対象法人等の業種特性に応じた税務リスク等を把握することができる。

　✎ 税務調査が終了した場合でも，税務当局は，新たに得られた情報に照らし非違があると認められるときは，質問検査権等の規定に基づき，納税義務者に対し再び再調査を行うことができることとなっている（通法74の11⑤）。

エ　税務管理体制の状況報告

買い手への税務デュー・ディリジェンスの報告の際には，発見事項の租税債務や繰越欠損金の残高への影響と併せて，調査時に確認した売り手の税務管理体制に関する報告を行うことが有用と考える。売り手の税務管理体制について

は，買収価格等に反映するものではないが，過去の税務調査において，繰り返し同じ事項を指摘されているなど，売り手の税務管理体制が買い手の期待する水準でない場合には，買収後の体制の強化に係る教育期間や採用費などの費用を買い手として見込んでおく必要が生じることとなる。

オ　調査対象期間の申告書の記載内容や調整内容の妥当性

㋐　申告内容の分析と業種特性に応じた税務リスクの把握

調査対象期間の税務申告書の記載内容や申告調整項目の妥当性については，税務申告書添付の財務諸表の勘定科目や売り手から開示された税務調整項目の基礎資料等を通じて分析が行われる。税務デュー・ディリジェンスの初期段階においては，通常の税務申告書の作成と同様に，財務諸表の勘定科目から税務調整すべき項目が調整されているか，適切な別表が作成されているか等の確認を行う必要がある。法人税申告書の別表に税額控除の項目がある場合には，開示された資料に基づき要件等の充足や控除額の妥当性を併せて確認する。また，買収対象法人等が銀行や保険会社などの金融機関やリース会社などの用に特殊な税務処理が想定される業種である場合には，特殊な税務処理について買収対象法人等の税務処理の判定根拠や過去の税務当局への照会なども併せて確認を行う必要があろう。

㋑　組織再編成の税務処理の確認

調査対象期間に組織再編成が行われている場合には，かかる組織再編成について，買収対象法人等が「適格組織再編成」又は「非適格組織再編成」のいずれの税務上の処理を行っているかにつき，その判定根拠を確認する必要がある。「非適格組織再編成」の場合には，保有資産の含み損益が実現する可能性があり，「適格組織再編成」又は「非適格組織再編成」の判定が誤っていた場合には，買収対象法人等は大きな租税債務を抱える可能性がある。また，買収対象法人等が組織再編成を実施した結果，繰越欠損金の引継ぎや保有資産の含み損の実現など，所得金額への影響が多額である場合には，組織再編成に係る行為計算の否認（法法132の2）に該当する可能性の検討が必要となるため，かかる組織再編成を実施した経緯やその実施期間について，議事録等の会社作成資料から確認することも重要となる。組織再編成がグループ内の合併及び分割等である場合には，買収対象法人等に対し，繰越欠損金の引継ぎや使用制限（法法57②③④），含み損がある保有資産の損失制限（法法62の7）などの規定が適用されないかに

ついて検討を行う必要があろう。

- 会社法に規定された合併（会2㉗㉘），分割（会2㉙㉚），株式交換（会2㉛），株式移転（会2㉜），株式交付（会2㉜の2）のほか，税務デュー・ディリジェンスの対象としては，現物出資，現物分配，事業譲渡なども含まれる。
- 適格組織再編成については法人税法2条《定義》1項12号の8から12号の18に定義されている。また，組織再編成に係る所得の計算については法人税法62条《合併及び分割による資産等の時価による譲渡》から62条の5《現物分配による資産の譲渡》に定義されている。
- 「税制非適格」の税務処理としては，合併及び分割による資産等の時価による譲渡（法法62），非適格株式交換等に係る株式交換完全子法人等の有する資産の時価評価損益（法法62の9）などがある。

(ウ) 非経常的な取引の税務処理の確認

また，買収対象法人等の財務諸表の営業外取引や特別損益取引については，非経常的な取引であるため税務上の処理が論点となることが多く，税務デュー・ディリジェンスにおいては重点的な調査項目となる。買収対象法人等が調査対象期間において「貸倒損失」（法基通9-6-1～9-6-3）や「有価証券評価損」（法令68①二，法基通9-1-7～9-1-15）などが生じている事例では，買収対象法人等の損失計上の時期が税務上の規定に則っているか等の確認を行う必要がある。また，「子会社清算損」や「固定資産除却損」等の取引については，損失の計上時期が清算結了や除却の実施といった事実が発生した時期と乖離がないかの確認を行う。さらに，多額の「為替差損益」が生じている場合には，その対象となった取引に係る税務処理が税務上の規定と合致しているか，買収対象法人等が提出した税務上の届出書で選択した処理方法と一致しているかを確認する必要がある。

(エ) 海外企業との取引に関する税務処理の確認

買収対象法人等が外国子会社を有している場合には，外国子会社の所在地がオランダ，アイルランド，香港やシンガポール等の軽課税国に該当する場合や調査対象期間において外国子会社で株式の売却益等が生じており，それが所在地国で非課税となっている場合などでは，外国子会社合算税制（☞外国子会社合算税制とは）（措法66の6）の適用について検討が必要となる。また，外国関係会社から受取利息や受取配当金，使用料などを受領している場合には，外国関係会社での支払時に源泉税を徴収されている場合が多く，買収対象法人等の外国税額控除（法法69）の処理の妥当性などについて確認を行うこととなる。また，

税務デュー・ディリジェンスの調査対象税目に消費税や源泉所得税が含まれている場合には，外国法人との取引に関する消費税や源泉所得税の税務処理の妥当性を検証する。特に，近年では海外のウェブサービスなどを活用している企業が多く，電気通信利用役務の提供（消法2①八の三）など消費税の取扱いの判断が難しい場合があるため留意が必要となる。

　他方で，中小企業のM&Aでは，買収対象法人等と外国関係会社との取引規模に重要性が乏しい事例も多く，移転価格税制（措法66の4）の適用が大きな論点となる可能性は低いと思われる。そのため，税務デュー・ディリジェンスの費用面を考えると，移転価格税制を調査対象として含めるケースは多くないと考えられるが，買収後におけるPMI（🔍57頁参照）等を考慮すると，取引価格の決定の方針については買収対象法人等に確認を行うことが有用と考える。また，買収対象法人等が外国関係会社に対して営業面や管理面で人的・物的支援を行っている場合で外国関係会社から当該支援に要した費用を回収していない場合には，国外関連者に対する寄附金（措法66の4③）として認定されるため，該当する取引がないか確認を行う必要がある。

　☞　**外国子会社合算税制**とは，その発行済株式又は出資の10％以上を保有する我が国の居住者及び内国法人等が合わせて発行済株式の50％を超える株式を所有している外国関係会社のうち，所得に対して課される税の負担が著しく低い「特定外国子会社等」の「適用対象金額」のうち株主の持株数に対応する部分の金額を個人又は法人の総収入金額又は収益とみなして，我が国の所得税・法人税の課税の対象とするという制度である。「タックス・ヘイブン対策税制」ともいわれる（金子・租税法632頁）。

カ　関係会社間取引に関する税務処理の確認

　グループ会社や会社役員との取引（以下「関係会社間取引」という。）に関しては，その取引の事実や取引価格の設定方法などが財務デュー・ディリジェンスの調査対象に含まれることが一般的である。関係会社間取引の取引価格に恣意性が介在する余地があることから，税務デュー・ディリジェンスでは，その取引の価格の決定方法をヒアリング等にて確認の上，市場価格と異なる取引を実施している場合には，グループ会社や役員に対する寄附金や役員賞与等と認定されることになるため留意が必要となる。

⑸ デュー・ディリジェンス費用等のうち株式の取得価額に含まれるもの

　税務上，購入した有価証券の取得価額はその購入の代価であり，購入手数料その他その有価証券の購入のために要した費用がある場合には，その費用は有価証券の取得価額に加算されることとなる（法令119①）。

　M&Aを委託する際の仲介手数料やデュー・ディリジェンスやFA等の業務を士業等専門家に委託する場合の報酬に関しては，一般的にM&Aの取引規模が大きくなればなるほど高額となるが，その報酬等を株式等の資産の取得価額に算入する必要があるか，費用処理を行うかについては，その報酬等に係る業務と株式の購入の意思決定との関連性により判断される。

　国税不服審判所平成22年2月8日裁決（裁決事例集未登載）の事例においては，有価証券の購入のために要した費用の額について，どの有価証券を購入するか特定されていない時点において，いずれの有価証券を購入するか決定するために行う調査等の支出は，この有価証券の購入のために要した費用には当たらないものの，特定の有価証券を購入する意図の下で当該有価証券の購入に関連して支出される費用は，有価証券の購入のために要した費用として当該有価証券の取得価額に含まれるものと判断されている。

　一般的にデュー・ディリジェンスは買い手の意思決定機関における参考として行われるため，結果として，対象となった株式を購入しないことも想定される。また，複数の投資対象から投資先の候補を決定するために行う調査等に係る費用は，有価証券の取得価額に含める必要はないと解されるが，外部の士業等専門家に高額の報酬を支払い，そのような初期的な調査を実施する例はあまり多くないと考えられる。

　一方で，会社の取締役会や経営会議等における株式の購入の意思決定後に行われるデュー・ディリジェンスに係る報酬については，結果として購入しなかった場合を除き，個別の株式の購入のために要した費用であることから，その株式等の取得価額に含まれる。

　✍　同様に，財務調査費が有価証券の取得価額に含まれると判断された事例として，国税不服審判所平成26年4月4日裁決（裁決事例集未登載）がある。

9   企業買収における論点

(1)　LBO を用いた企業買収

ア　LBO の概要

プライベート・エクイティファンド（以下「PE ファンド」という。☞プライベート・エクイティファンドとは）等が企業買収を行う場合には，買収する事業のキャッシュフローを原資として，買収資金の一部を銀行から借入れにて調達するレバレッジド・バイアウト（以下「LBO」という。）と呼ばれる手法が用いられることがある。中小企業の M&A において活用される事例も多いため，LBO の特徴について解説を行う。LBO は一般的には以下のステップで行われる。

① Step 1：受け皿会社の設立

　　LBO スキームを活用するために，PE ファンド等は買収のための新設の受け皿会社（株式会社等）を設立する。

② Step 2：金融機関からの買収資金の借入れ

　　受け皿会社が買収対象法人等の株式の取得資金の一部を銀行等の金融機関から借り入れる。

③ Step 3：受け皿会社による買収対象法人等の株式の取得

　　受け皿会社が買収対象法人等の株式を PE ファンドからの出資金及び金融機関からの借入れを原資として取得する。

④ Step 4：受け皿会社と買収対象法人等の合併

　　受け皿会社と買収対象法人等が合併する。合併により受け皿会社が調達した借入金は買収対象法人等が負うこととなり，買収対象法人等は LBO により借入れと利息の弁済義務が生じることとなる。一方で PE ファンドにおいては，ファンドからの投資金額を抑えることができ，将来多額の売却益が生じた場合には，より高い投資リターンが実現することとなる。

☞ **プライベート・エクイティファンド**とは，未上場の株式への投資を行うファンドをいう。

イ　LBO スキームの会計・税務上の留意点

受け皿会社は買収対象法人等の株式を買収対象法人等の純資産よりも多額の
プレミアム（☞プレミアムとは）を付けて取得している事例も多く，Step 4 にお
いて受け皿会社が存続会社となる合併（順合併）を行った場合には，買収対象法
人等はプレミアム分の「のれん」を認識することになり，その償却費の負担が
重くなる。一方で，買収対象法人等を存続会社とする合併（逆さ合併）を行った
場合には，受け皿会社の買収対象法人等の株式の帳簿価額が買収対象法人等の
純資産を減額することになるため，純資産がマイナスになる懸念がある。

Step 4 における合併は，受け皿会社が買収対象法人等の株式を全て保有する
前提であれば「企業グループ内組織再編成」に該当するため「適格組織再編
成」となる。一方で，繰越欠損金の引継ぎ，特定資産譲渡等損失の損金不算入
等の制度の検討は必要になるが，受け皿会社が新設法人で，買収対象法人等の
株式についてプレミアムを含めて取得している場合には，買収対象法人等の時
価純資産価額が簿価純資産価額を超過（時価純資産超過額）していることから，
制限の対象から除外される事例が多いと考えられる。

> ☞　**プレミアム**とは，買収価格から市場価格（公正価値）を差し引いた金額のことをいう。
> ✍　時価純資産超過額が繰越欠損金以上である場合には，引継ぎ制限はないものとされ，
> 時価純資産超過額が繰越欠損金に満たない場合には，繰越欠損金から時価純資産超過額
> を控除した金額が制限の対象となる（法令113①二）。

(2)　事業譲受け・非適格の分割と税務上ののれん

ア　概　要

法人が一定の非適格合併等により資産等の移転を受けた場合には，非適格合
併等に伴い引継ぎを受けた従業員の退職給与債務引受額等を負債に計上するほ
か，受け入れた資産及び負債の時価純資産価額とその移転の対価との差額を資
産調整勘定又は他の負債調整勘定の金額として，一定のルールの下でこれらの
金額の減額処理を行うこととされている（法法62の8）（酒井・裁判例〔法人税法〕
749，750頁）。

イ　資産調整勘定

法人が非適格合併等によって，被合併法人等から資産又は負債の移転を受け
た場合において，その法人がかかる非適格合併等により交付した金銭等の合計
額（非適格合併等対価額）が移転を受けた資産及び負債の時価純資産価額を超え

るときは，その超える部分の金額（正の差額のれん）を「資産調整勘定」として
計上し，かかる資産調整勘定の当初計上額の60分の1に事業年度の月数を乗じ
て得られた金額を各事業年度において減算し，減額すべき金額を損金の額に計
上するという処理を行わなければならない。

図表5

資産調整勘定

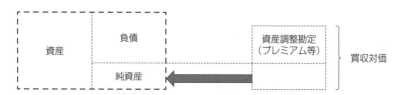

買い手が非適格合併等を用いて，プレミアムを付けて買収した場合などでは，
買収後の事業年度において「資産調整勘定」のうち期間対応する金額が損金と
なるため，買収先の法人の所得の状況を考慮の上，買収スキームを検討する必
要がある（法法62の8④⑤）。

ウ　負債調整勘定

(ア)　退職給与負債調整勘定

法人が非適格合併等により，被合併法人等から引継ぎを受けた従業者につい
て，退職給与債務引受けをした場合には，退職給与債務引受額を「退職給与負
債調整勘定」に計上し，以下に掲げる場合に該当するときには，かかる勘定を
減額しなければならず，かかる減額すべき金額を益金の額に計上する処理を行
わなければならない（法法62の8②⑥⑧）。

① 　退職給与引受従業者が退職等によりその法人の従業者でなくなった場合
② 　退職給与引受従業者に退職給与を支給する場合

(イ)　短期重要負債調整勘定

法人が非適格合併等により，被合併法人等から移転を受けた事業に係る将来
の債務で，その履行が合併の日からおおむね3年以内に見込まれるものについ
て，その履行に係る負担の引受けをした場合には，当該債務の額に相当する金
額として政令で定める金額（短期重要債務見込額）を「短期重要負債調整勘
定」に計上し，以下に掲げる場合に該当するときには，当該短期重要債務見込

額に係る短期重要負債調整勘定の金額のうち，損失額を減額しなければならず，かかる減額すべき金額を益金の額に計上する処理を行わなければならない（法法62の8②⑥⑧）。

① 短期重要債務見込額に係る損失が生じた場合
② 非適格合併等の日から3年を経過した場合

(ウ) **差額負債調整勘定**

法人が非適格合併等により資産又は負債の移転を受けた場合において，非適格合併等対価が移転を受けた資産・負債の時価純資産価額に満たないときは，その満たない部分の金額を「負債調整勘定」（負の差額のれん）として計上し，かかる勘定の当初計上額の60分の1に事業年度の月数を乗じた金額を各事業年度において減額しなければならず，かかる減額すべき金額を益金の額に計上する処理を行わなければならない（法法62の8③⑦⑧）。

図表6
負債調整勘定

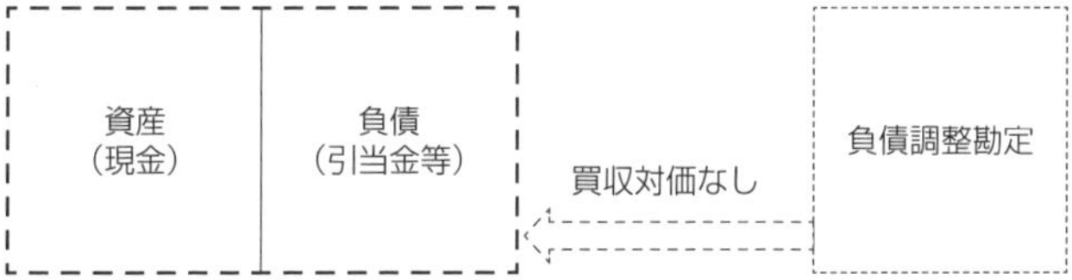

負債調整勘定は，税務上負債として認められない見積計上した引当金などの債務がある事業について，非適格合併等を用いて買収した際に発生することとなるが，実際の損失の発生時期と負債調整勘定の取崩しの時期に差異が生じる場合があるため留意が必要となる。

エ 資産等超過差額

非適格合併等において対価として交付する資産等の価額が異常に高騰し，合併等の時における価額が交付を約した時の価額の2倍を超える場合には，その差額（資産等超過差額）を資産調整金額から除外することとされている。また，非適格合併又は非適格分割において，資産調整勘定の中に被合併法人又は分割法人の欠損金額に相当すると認められる金額が含まれている場合には，税負担の軽減を防止するため，その欠損金に相当する金額は，資産調整勘定から除外

することとされている（法令123の10④⑤⑥）（金子・租税法517，518頁）。

　例えば，純資産がマイナスの事業に対価を交付して買収した場合には，マイナスの純資産価額に相当する金額について資産調整勘定が生じることとなるが，事業評価などを行い移転される収益から補填されると見込まれるものを除くと，実質的に被合併法人等の欠損金を引き継いだことと同様となるため資産調整勘定から除かれることとなっている。

(3)　株式買収と繰越欠損金等の使用制限

　買い手がM&Aにより繰越欠損金や含み損のある休眠会社等を買収し，かかる休眠会社等に自己の収益事業を移転した場合には，繰越欠損金を不当に利用することが可能となる。そこで，繰越欠損金の不当利用の制限のため，「特定株主等によって支配された欠損等法人の欠損金の繰越の不適用」制度が設けられている（法法57の2）（金子・租税法448，449頁）。

　この制度は，休眠会社等で買い手との間に買い手による特定支配関係を有することになったもののうち，その関係を有することになった日（特定支配日）の属する事業年度（特定支配事業年度）において，その事業年度前の各事業年度において生じる欠損金又は評価損資産を有するもの（欠損等法人）が，その支配日以後5年を経過した日の前日までに，以下の事由に該当する場合には，その該当することとなった日の属する事業年度（適用事業年度）以後の各事業年度においては，当該適用事業年度前の各事業年度において生じた欠損金額については，繰越控除を認めないこととするものである。

①　その欠損等法人が特定支配日の直前において事業を営んでいない場合において，特定支配日以後に事業を開始すること

②　その欠損等法人が特定支配日の直前において営む事業（以下「旧事業」という。）の全てを特定支配日以後に廃止し，又は廃止することが見込まれている場合において，旧事業の特定支配日直前における事業規模のおおむね5倍を超える資金の借入れ又は出資による金銭その他の資産の受入れを行うこと

③　他の者（買い手）が欠損等法人の特定債権（☞特定債権とは）を取得している場合において，その欠損等法人が旧事業の特定支配日の直前における事業規模のおおむね5倍を超える資金借入れ等を行うこと

④　①若しくは②に規定する場合又は③の特定債権が取得されている場合において，その欠損等法人が自己を被合併法人とする適格合併を行い，又はその欠損等法人の残余財産が確定すること

⑤　その欠損等法人の特定支配日の直前の特定役員の全てが退任し，かつ，その特定支配日の直前において欠損等法人の業務に従事する旧使用人のおおむね20％以上に相当する者が使用人でなくなった場合において，旧使用人が従事しないその欠損等法人の非従事事業の事業規模が旧事業の特定支配日の直前における事業規模のおおむね5倍を超えることとなること

☞　**特定債権**とは，他の者（買い手）が欠損等法人の債権を額面金額の50％未満で買い取り，かつ，当該債権の金額が欠損等法人の債務の金額の50％を超えている場合の債権をいう（法令113の3⑰）。

また，上記と同様の制度として，「特定株主等によって支配された欠損等法人の資産の譲渡等損失の損金不算入」の制度が設けられている（法法60の3）。この制度は，欠損等法人の適用事業年度開始の日から同日以後3年を経過する日までの期間において生ずる特定資産の譲渡，評価換え，貸倒れ，除却その他の事由による損失の額として一定の金額につき，当該欠損等法人の各事業年度の所得の金額の計算上，損金の額に算入しないこととするものである。

　休眠会社等の株式を購入した場合など明確にこの制度が適用される場合を除いて，その対象となる事例は限定的と思われるが，事業の開始や借入れなど該当事由が生じるのはM&A後の期間であるため，買い手が意図せずこの制度の適用を受ける可能性もある。そのため，税務デュー・ディリジェンスにおいて買収対象法人等の状況を確認し，買い手の買収時及び買収後のストラクチャーの検討の際にこの制度の適用の有無を考慮することが重要となる。

(4)　買収後の組織再編成と繰越欠損金の引継ぎ，特定資産譲渡等損失の損金不算入

ア　買収後の組織再編成

　法人が買収後に事業の効率化等から買収対象法人等を自己と合併すること（ケース1）や買収対象法人等のバックオフィス機能など一部の事業を重複する事業を営む自己のグループ会社に分割すること（ケース2）などが想定される。その場合に留意しなければならないのは，組織再編税制による買収法人等の含

図表7

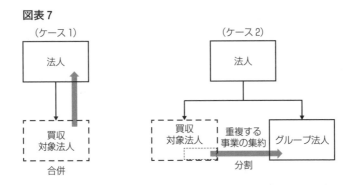

み益の実現と買収法人等及び組織再編成の相手先の法人が保有する繰越欠損金
の利用制限等である。

イ　組織再編税制

(ア)　概　要

　法人税法では，企業の組織再編成を「適格組織再編成」と「非適格組織再編
成」に分類し，「適格組織再編成」に該当する場合，法人間で移転する資産のキ
ャピタル・ゲインやキャピタル・ロスは認識せず，すなわち帳簿価額による引
継ぎ又は譲渡を行ったものとして課税所得の計算をすることによって，課税の
繰延べが行われる（法法62の2～62の5）。これに対して，「非適格組織再編成」の
場合には，法人間で移転する資産のキャピタル・ゲインやキャピタル・ロスが
認識されることとなる（法法62）。そのため，「適格組織再編成」と「非適格組織
再編成」の要件該当性の判断を誤ると税務上の処理が大きく異なるため，要件
の精査が重要となる。

(イ)　適格組織再編成

　適格組織再編成は，大きく分けて，①「企業グループ内組織再編成」と②
「共同事業を営むための組織再編成」に分けることができる。

　①「企業グループ内組織再編成」は，完全支配関係（法法2十二の七の六）及び
支配関係（法法2十二の七の五）にある法人間で行う組織再編成のうち一定の要
件を満たすものである。一定の要件については，完全支配関係がある法人間で
行う組織再編成の場合には金銭不交付要件が，支配関係がある法人間で行う組

織再編成の場合には事業継続要件や従業者従事要件などが該当する。これらの企業グループ内での組織再編成においては，移転資産等の譲渡損益の計上を繰り延べることになるのである。企業買収後のグループ内の再編は，①「企業グループ内組織再編成」に該当する場合が多いと考えられる。

　他方，②「共同事業を営むための組織再編成」とは，①の組織再編成以外の組織再編成のうち，資産等の移転の対価として取得した株式を継続保有することなど一定の要件を充足した場合に該当するとされているものである。

　一定の要件については，例えば合併の場合には，❶被合併法人の被合併事業と合併法人の合併事業とが相互に関連するものであること（事業関連性要件），❷被合併法人の被合併事業と合併法人の合併事業のそれぞれの売上金額，従業者の数，資本金等の額の割合がおおむね5倍を超えないこと（事業規模類似要件），又は，被合併法人の合併前の特定役員のいずれかと合併法人の特定役員のいずれかとが，合併後も合併会社の特定役員として在職を継続すること（特定役員在職継続要件），❸被合併法人の従業者のおおむね80％以上に相当する数の者が合併法人の業務に従事することが見込まれていること（従業者継続要件），❹被合併法人の被合併事業が合併後も合併法人において引き続き営まれることが見込まれていること（事業継続要件），❺合併により交付される合併法人の株式のうち，被合併法人の支配株主に交付されるものの全部が支配株主により引続き保有されることが見込まれていることの，5つの要件の全て（支配株主がいない場合には，❶〜❹の全て）を充足するもので，かつ，被合併法人の株主等に合併法人の株式又は合併親法人の株式のいずれか一方の株式又は出資以外の資産が交付されない合併（金銭等不交付要件）のことである（法法2①十二の八，法令4の3④）。これは，企業グループを超えた組織再編成が行われている実態が考慮されていることによるものといわれている（酒井・裁判例〔法人税法〕709，710頁）。

　特に，中小企業のM&A後の組織再編成については，①「企業グループ内組織再編成」に該当する事例が多いと考えられ，「非適格組織再編成」に該当する事例は少ないと考えられるが，上記のとおり，影響が大きいことから各要件充足の確認については慎重な検討を行うことが望ましい。

ウ　繰越欠損金の引継ぎ及び特定資産譲渡等損失

⑦　概　要

　被合併法人，分割法人又は現物出資法人の青色欠損金は，合併，分割又は現

物出資法人による資産・負債の移転があったからといって，当然にこれを合併法人，分割承継法人又は非現物出資法人に引き継ぐことができないのが原則であるが，適格合併が行われた場合に限り，被合併法人において控除未済の青色欠損金を合併法人に引き継ぎ，引き続き繰越控除の適用を受けることができる（法法57②，法令112①）。

　買収後の組織再編成については，グループ内企業の課税所得を低減させることを目的とした組織再編成が行われることも想定されることから，以下の「みなし共同事業要件」を充足しない場合には，欠損金の引継ぎが制限されることに留意が必要である。

(イ)　みなし共同事業要件

　適格合併に係る被合併法人で，企業グループ内組織再編成に該当するものの未処理欠損金額には，その適格合併が共同で事業を行うための合併に該当する場合又は被合併法人と合併法人との間にその合併法人の適格合併の日の属する事業年度開始の日の5年前の日等から継続して支配関係がある場合のいずれにも該当しない場合には，次の①又は②の欠損金額は含まれないことになる（法法57③，法令112③）。

　①　被合併法人等の支配関係事業年度前の事業年度に係る未処理欠損金額

　②　被合併法人等の支配関係事業年度以後の事業年度に係る未処理欠損金額のうち特定資産譲渡等損失相当額から成る部分の金額

　一方で，企業グループ内組織再編成の適格合併のうち，共同で事業を行うための適格合併として次の❶又は❷に該当するときは，上記の制限は適用されない。

　❶　適格合併のうち，事業関連性要件，事業規模要件，被合併事業及び合併事業の規模継続要件（☞被合併事業及び合併事業の規模継続要件とは）の全てに該当するもの

　❷　適格合併のうち，事業関連性要件，特定役員在職継続要件のいずれにも該当するもの

　なお，いわゆる逆さ合併等を利用して，合併法人等の欠損金を利用することも同様に制限する規定が設けられている（法法57④）。また，同様の趣旨で，含み損を有する資産を適格合併や適格分割等で移転した場合の損失の損金算入制限として，「特定資産に係る譲渡等損失額の損金不算入」の制度が設けられて

いる（法法62の7）。

☞ **被合併事業及び合併事業の規模継続要件**とは，被合併事業及び合併事業について最後に支配関係があることとなった時から適格合併直前まで継続して行われており，かつ，当該支配関係発生時と適格合併の直前の時における被合併事業等の割合がおおむね2倍を超えないことを指す（法令112③三）。

エ　欠損金の引継ぎ等と裁判例等

(ア)　組織再編成に係る行為又は計算の否認

特に，企業グループ内組織再編成については，形式的に要件を充足させることにより，欠損金の引継ぎが可能となる。そのため，法人税法は，合併等の組織再編成に関連する行為・計算で法人税の負担を不当に減少させる結果となると認められるものがあるときは，税務署長は，その行為又は計算にかかわらず，その認められるところにより，法人税額等を計算することができる旨を定めている（法法132の2）。これは，法人の組織再編成において租税回避行為が行われる可能性のあることに鑑み設けられた否認規定であるが，ここで，同規定の適用が争われた代表的な事例をいくつか確認しておこう。

(イ)　ヤフー事件

ソフトバンク株式会社の完全子会社であるソフトバンク IDC ソリューションズ株式会社（以下「IDCS」という。）の全株式を取得することを協議していたヤフー株式会社（以下「ヤフー」という。）が，事前に自社の取締役社長を在籍のまま IDCS の取締役副社長に就任させ，その後 IDCS の株式を取得したヤフーは，IDCS を被合併法人として合併し，IDCS の取締役副社長をそのままヤフーの取締役副社長に就任させた。ヤフーは，本件合併は適格合併であり，みなし共同事業要件（特定役員引継要件）を充足しているとして，IDCS の未処理欠損金の全額を損金に算入し，法人税の申告をしたところ，課税庁が特定役員引継要件を満たしていないとして，更正処分等を行ったため，その処分の取消しを求めて提訴した。

最高裁平成28年2月29日第一小法廷判決（民集70巻2号242頁）[1]は，上記副社長の就任は，組織再編税制に係る各規定を租税回避の手段として濫用することにより，法人税法132条の2《組織再編成に係る行為又は計算の否認》にいう「法人税の負担を不当に減少させる結果となると認められるもの」に当たるとして，ヤフーの主張を斥けている（ヤフー事件については，🔍**32**も参照）。

㈄　IDCF 事件

上記ヤフー事件に関連して，IDCS はヤフーに吸収合併される前にデータセンター事業部門を分離して100％子会社の株式会社 IDC フロンティア（以下「IDCF」という。）を設立したのち，IDCF の全株式をヤフーに売却し，IDCF はヤフーの完全子会社となった。IDCF は，IDCS からの分割は非適格分割に該当するため資産調整勘定が生じたとして，法人税の申告において所定の金額を損金の額に算入したところ，課税庁が法人税法132条の2を適用し更正処分等を行ったため，その処分の取消しを求めて提訴した。

最高裁平成28年2月29日第二小法廷判決（民集70巻2号470頁）[2]は，IDCF の資産調整勘定の計上と損金算入は法人税法132条の2の法人税の負担を不当に減少させる行為であるとして，IDCF の主張を斥けている。

㈅　TPR 事件

自動車部品の製造・販売を主たる事業とする TPR 株式会社（以下「TPR」という。）は，特定資本関係が5年を超える鋳造加工事業を営む子会社を被合併法人とする合併を行い，同時に新たに子会社を設立し，その新子会社に被合併法人の従業員を転籍させ，被合併法人から承継した棚卸資産の譲渡等を行った。TPR は，本件合併を適格合併として，被合併法人の未処理欠損金額を TPR の欠損金額とみなし法人税の申告をしたところ，課税庁が，法人税法132条の2を適用し更正処分等を行ったため，その処分の取消しを求めて提訴された。

東京高裁令和元年11月12日判決（判例集等未登載）は，本件は，実態として被合併法人の事業は新子会社に引き継がれ，TPR は未処理欠損金額のみを引き継いだに等しく，形式的には適格合併の要件を満たしているが，支配の継続，事業の移転及び継続という実質を備えているとはいえないとして，TPR の主張を斥けている。

㈆　PGM 事件

ゴルフ場運営会社である PGM 株式会社の子会社が，買収したゴルフ倶楽部（以下「C社」という。）の事業を分社型分割により新設子会社に承継した上で，休眠会社となったC社に生じた未処理欠損金額をC社と完全支配関係を有しないA社（請求人）に引き継がせるために，C社と完全支配関係を有するB社とを合併し，同日にA社と合併を行った。課税庁は，本件合併に係る一連の行為によりC社の未処理連結欠損金額をA社の欠損金額としたことは「法人税の負担を

不当に減少させる結果となる」などとし，法人税法132条の２を適用して更正処分を行ったため，Ａ社は，その処分の取消しを求めて審査請求を行った。

　国税不服審判所令和２年11月２日裁決（裁決事例集未登載）は，本件合併は実質的にはＡ社とＣ社の合併であるにもかかわらず，２段階の合併とすることで実態とはかい離した形式を作出したとしてＡ社の請求を棄却している。

〔注〕
(1)　判例評釈として，徳地淳＝林史高・平成28年度最高裁判所判例解説〔民事篇〕84頁（2019），佐藤修二・NBL1071号68頁（2016），泉絢也・税務事例48巻６号32頁（2016），太田洋・税弘64巻６号44頁（2016），木山泰嗣・税通71巻６号10頁（2016），岡村忠生・ジュリ1495号10頁（2016），今村隆・税弘64巻７号54頁（2016），伊藤剛志・ジュリ1496号31頁（2016），渡辺徹也・商事2112号４頁，2113号23頁（2016），本庄資・ジュリ1498号155頁（2016），竹内綱敏・税法576号93頁（2016），小塚真啓・平成28年度重要判例解説〔ジュリ臨増〕214頁（2017），岩﨑政明・民商153巻６号118頁（2018），多賀谷博康・アコード・タックス・レビュー９＝10号64頁（2018），藤原健太郎・法協135巻９号2234頁（2018），酒井貴子・租税判例百選〔第７版〕126頁（2021）など参照。
(2)　判例評釈として，前掲注１に掲げるもののほか，岩﨑政明・判評705号152頁（2017）など参照。

10　インセンティブプランと税務

(1)　概　要

ア　はじめに

　中小企業においては，資金繰り等の問題から給与等の雇用条件について，大企業と同水準を提供することは困難であることが多く，人材の採用や定着に課題を感じている会社は少なくない。そのため，特にスタートアップなどの中小企業においては，優れた人材の確保や会社への帰属意識の強化，会社と役員の企業価値向上の共有のために，インセンティブプランの積極的な導入事例が散見される。

　インセンティブプランとしては，会社の発行する株式を付与する株式報酬と，株式を取得する権利である新株予約権を付与するストックオプション等があるが，ここでは未上場会社での導入事例が多いと思われるストックオプションについて税務上の諸問題を検討していく。

　なお，役員に対して交付されるインセンティブプランのうち，損金算入の要件である業績連動給与や事前確定届出給与については，未上場会社や同族会社（非同族の同族会社は除かれている。）が除外される規定となっているものが多いため，導入に当たっては慎重な検討が必要と考えられる。

イ　インセンティブプランと給与課税

　発行法人から譲渡制限が付された株式を取得する権利やストックオプション（以下「ストックオプション等」という。）を付与された場合，そのストックオプション等の権利行使益は一般的には給与所得に該当するものとされる。ただし，退職後に当該ストックオプション等の権利行使が行われた場合については，例えば，権利付与後短期間のうちに退職を予定している者で，かつ，その権利行使益が主として退職後長期間にわたって生じた株式の値上り益に相当するものと認められる等，主として職務の遂行に関連をしない利益が供与されると認められるときは雑所得となるなど，具体的な権利関係等に基づいて課税関係は整理されることになろう。

(2)　税制適格ストックオプション

ストックオプションのうち，いわゆる税制適格ストックオプションとして，会社法238条2項の決議に基づき無償で発行されたもので，以下に掲げる要件が定められた付与契約に従って権利行使をした場合の経済的利益については，所得税が課税されない（措法29の2）。そのため，株式公開を目標とする多くのスタートアップ企業においては，税制適格ストックオプションをその資本政策において前提としている場合が多い。

①　付与決議の日後2年から10年以内に権利行使すること

②　権利行使価額の年間の合計額が1,200万円を超えないこと

③　1株当たりの権利行使価額は，付与契約締結時における1株当たりの時価以上であること

④　新株予約権等は譲渡禁止であること

⑤　株式の交付が付与決議された会社法（商法）に定める事項に反しないで行われるものであること

⑥　権利行使により取得する株式は，その株式会社を通じて証券会社等の営業所に保管の委託等がされること

✍　付与者が国外転出する場合，中小企業等経営強化法の認定を受けたときには，異なる要件が設けられている（措法29の2⑦⑧）。

✍　なお，令和5年度税制改正により，設立の日以後の期間が5年未満の株式会社で，一定の要件を満たす株式会社が付与する新株予約権について，権利行使期間を付与決議の日後15年を経過する日までとなった（措法29の2①）。

(3)　時価発行新株予約権と法人課税信託

ア　時価発行新株予約権

時価発行新株予約権は，売上高や営業利益などの目標を達成できなければ新株予約権の権利行使ができないとする条件が付された新株予約権で，発行する新株予約権の理論価値をモンテカルロ・シミュレーション等（☞モンテカルロ・シミュレーションとは）のオプション評価モデルにより算出し，これを新株予約権の時価として払込価額を設定し，有償で発行するというものである。時価発行新株予約権は時価で発行される有価証券と考えられることから，算出された時価が適正なものである場合には，付与時に課税関係は生じない。また，権利行使時においては，付与された新株予約権の条件に基づき株式が交付されるた

め，経済的な利益を享受していないと考えらえることから，課税関係は生じず，株式の譲渡時において譲渡所得課税が適用される。

> ☞　**モンテカルロ・シミュレーション**とは，株価の動きについて乱数を用いてシミュレーションし，その結果を元にオプション価格を算定する方法である。

イ　時価発行新株予約権と法人課税信託

　時価発行新株予約権については，法人課税信託と併用して活用される事例がある。創業者や大株主などの委託者が受託者である信託会社等に資金を提供し，会社が発行した時価発行新株予約権を受託者が引き受け，一定の条件を満たした場合に発行会社の従業員等に交付するというものである。

(ア)　信託設定時の課税関係

　法人課税信託の委託者が保有する資産の信託をした場合には，受託法人に対する贈与により資産の移転があったものとみなされる（所法6の3⑦）ため，委託者に対してみなし譲渡課税（所法59①）が適用され，時価により資産譲渡があったものとして所得税の計算が行われる。

　他方，受託者においては，譲り受けた資産の信託設定時の時価について，受増益として法人税課税が行われる。

(イ)　従業員へ交付する際の課税関係

　受益者等が存しない信託において受益者等が存することとなった場合には，受託者においては，信託財産に属する資産及び負債を直前の帳簿価額による引継ぎをしたものとして，所得の金額を計算することが規定されており（法法64の3②），従業員においても資産及び負債の引継ぎにより生じた収益の額は総収入金額に算入しないものとされるという解釈があったが，国税庁において異なる解釈が公表され注目を集めている。すなわち，国税庁が公表した「ストックオプションに対する課税（Q＆A）」（最終改訂令和5年7月）の問3「税制非適格ストックオプション（信託型）の課税関係」では，「役職員が当該ストックオプションを行使して発行会社の株式を取得した場合，その経済的利益は，給与所得となります。」と説明されている。

図表 8　信託型ストックオプションの課税関係

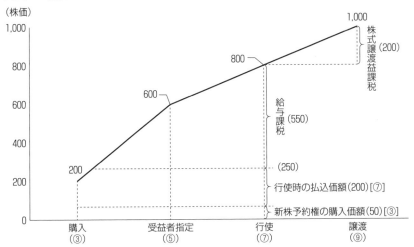

（出所）国税庁「信託型ストックオプションの課税について」（令和5年5月29日）より

第3章

廃業の税務

11　廃業の税務—概観

　法人における廃業とは「会社をたたむこと」をいう。そこには，経営が立ち行かなくってやむを得ず行われるものといったイメージを伴うことが多いが，廃業は必ずしもこうした負の局面のみで生じるわけではない。例えば，経営戦略の一環として，継続させる事業と継続させない事業とを切り離し，後者を計画的に廃業させるといった選択がなされることがある。この場合には，継続させる事業と廃止させる事業とを，あらかじめ分割等といった組織再編成の手法を用いて切り分けることになるが，税務上，企業グループ内や共同事業を営むための組織再編成でいわゆる適格要件を満たす場合には，移転資産の譲渡損益を繰り延べることができることとされている。

　また，令和4年3月，金融機関，学識経験者及び弁護士等の専門家等により「中小企業の事業再生等に関するガイドライン」が策定・公表された。このガイドラインでは，再生型の私的整理手続に加えて，廃業型の私的整理手続が策定されており，過大な債務を負い弁済ができないこと，計画的な廃業を行うことにより中小企業者の従業員に転職の機会を確保できる可能性があり，経営者においても再スタートの可能性があるなど早期廃業の合理性が認められる等，一定の要件を満たす中小企業に対して，全ての債権者の同意のもとに廃業に向けての弁済計画案を実行していくための諸手続が規定されている（事業再生ガイドライン24頁）。

　このように，廃業には，事業戦略の一環としての計画的な廃業と事業戦略を伴わない廃業とがあるが，事業を継続する価値がないとの判断に至った点を考慮すると，いずれの廃業においても，廃業を予定する法人の財政状態は決して良好とはいえない場合が多いものと思われる。

　一般的に，廃業は，営業を停止し，債権債務の整理を行った結果，会社の財政状態が債務超過となるか否かによって，図表1のとおりそのスキームが分かれることになる。

図表 1

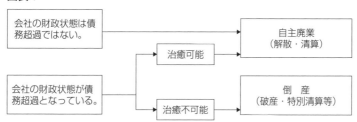

　図表 1 でいう債務超過とは，資産の合計額よりも負債の合計額が大きい状態
をいい，何らかの債務カットを行わなければ清算結了ができない状態をいう。
また，治癒可能とは，債務超過となっていても，例えば，代表者が法人の第三
者に対する債務を肩代わりし，最終的に法人の負担する債務を全て代表者に対
する債務とした上で，代表者より債務免除を受けるなどして債務超過から脱す
ることが可能であるケースを指す。これは，比較的規模の小さい同族会社で見
られるケースである。治癒不可能とは，こうした手段をとることもできず，法
人が負担する債務を裁判所等を通じてカットしなければ会社をたたむことがで
きない状態を指す。こうなると，いわゆる「倒産」ということになる。倒産と
は，通俗的には，財産を使い果たして会社がつぶれることをいうが，ここでは，
破産法，民事再生法，会社更生法及び商法の会社整理並びに特別清算に関する
規定を用いた会社の整理のことをいう。
　本章では，解散及び清算手続を経て清算結了に至るいわゆる自主廃業を中心
に，税務上の諸問題を取り上げ，必要に応じて倒産に係る取扱いに言及するこ
ととする。

12　廃業に伴う事業年度及び申告事務の取扱い

(1)　事業年度の取扱い

ア　株式会社の場合

　法人税法上，事業年度とは，法人の財産及び損益の計算の単位となる期間で，法令で定めるもの又は法人の定款，寄附行為，規則，規約その他これらに準ずるものに定めるものをいい（法法13①），内国法人が事業年度中途において解散をした場合には，その事業年度開始の日から解散の日までの期間及び解散の日の翌日からその事業年度終了の日までの期間を事業年度とみなすこととされている（法法14①一）。

　一方，会社法においては，解散した後の年度は「各清算事業年度」となり，解散することとなった日の翌日から 1 年ごとの期間が各事業年度となる（会494）。

　　図表 2

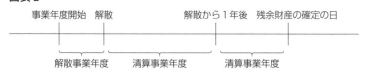

　これらの規定からすると，株式会社が解散した場合には，法人税法上は，みなし事業年度の適用後は定款に定める事業年度となるのか，会社法に定める清算事業年度となるのか疑義が生じるが，会社法に定める清算事業年度が，法人税法13条《事業年度の意義》 1 項に規定する「法令で定めるもの」に該当することから，その株式会社が定款で定めた事業年度にかかわらず，会社法に定める清算事業年度が法人税法上の事業年度となることが通達において明らかにされている（法基通1-2-9）。なお，会社法の清算規定の適用を受ける特別清算手続における事業年度についても同様である。

　ただし，破産手続開始の決定に基づく解散（会471五）の場合には，会社法に定める清算事業年度の規定は適用されないことから（会494①，475），図表 3 の

図表3

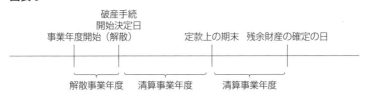

とおり，解散事業年度後は，定款に基づく事業年度が法人税法上の事業年度と
なる。

イ　株式会社以外の場合

　会社法に定める清算事業年度は，株式会社が解散した場合にのみ適用される
ので，持分会社（合資会社，合名会社，合同会社）が解散した場合には適用されず，
図表4のとおり，解散事業年度適用後は，定款等による事業年度が法人税法上
の事業年度となる。

図表4

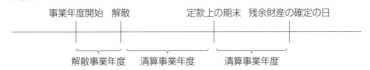

　ちなみに，民事再生手続においては，再生手続開始の決定があった場合でも
法人税法上の事業年度が区切られることなく，定款に定められた事業年度がそ
のまま継続する。一方，会社更生法に基づく更生手続においては，更生会社の
事業年度は，その更生手続開始の時に終了し，これに続く更生計画認可の時に
終了するものとされている（会更232②）。したがって，更生手続開始の決定があ
った場合には，図表5のとおり，法人税法上も事業年度開始から更生手続開始
の日までが1事業年度となり，更生手続開始の日から更生計画認可日までの間
1年ごとに事業年度が区切られることになる。

図表5

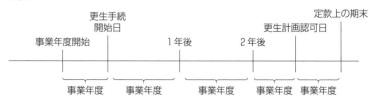

なお，一般社団法人及び一般財団法人が解散した場合については，その後の事業年度を「各清算事務年度」と位置付け，解散することとなった日の翌日から1年ごとの期間を各事務年度としているため（一般社団・財団法227①），法人税法上の取扱いは，株式会社における解散と同様の取扱いとなる。

(2) 申告及び届出事務の取扱い

ア 解散事業年度及び残余財産の確定の日を含まない清算中の事業年度

解散事業年度及び残余財産の確定の日を含まない清算中の事業年度についての法人税の申告手続は，通常の事業年度と同様である。すなわち，事業年度終了の日の翌日から2か月以内に確定申告書を提出しなければならないこととされている（法法74①）。なお，清算中の法人については，清算子法人を除き中間申告は不要である（法法71①）。

また，確定申告書の提出期限の延長特例（法法75の2）の適用を受けている場合には，1か月間の延長が認められる。

確定申告書に添付する資料についても，通常の事業年度との区別はないため，貸借対照表，損益計算書，株主資本等変動計算書，勘定科目内訳明細書及び事業概況書等を添付しなければならないこととされている（法法74③，法規35）。

次に，消費税等に係る申告についてであるが，これも基本的には通常の課税期間との区別はない。すなわち，各課税期間終了の日の翌日から2か月以内に消費税の申告書を提出しなければならない（消法45①）。通常は，法人の事業年度が消費税の課税期間とされるが，解散等によりみなし事業年度が生じた場合には，消費税の課税期間もそれに従うこととなる（消法19①二）。ただし，消費税の課税期間は，事前に課税期間の特例選択届出書を提出することにより，3か月又は1か月ごとに区分した各期間を消費税の課税期間とすることができる

こととされている（法法19①四，四の二）。課税売上げよりも課税仕入れが大きい
と予想される場合には，早期還付のために課税期間を短縮することも考えられ
るところである。

　もっとも，清算中における課税期間においては，処分する財産等がないため
課税売上げが生じないというケースもあろう。このように，課税資産の譲渡等
がなく消費税等が生じない場合には，消費税の申告義務はない（消法45①）。ま
た，資産処分により債務を返済するといった清算処理が行われると，課税売上
げが生じる一方，事業に伴う課税仕入れがないため多額の消費税等が発生し納
税資金が足りなくなるといったことが考えられる。このため，常に消費税等に
係る納税資金の確保を念頭に置きながら清算手続を進める必要がある。

イ　残余財産の確定の日を含む事業年度

　残余財産の確定の日を含む事業年度においては，その事業年度開始の日から
残余財産の確定の日までの期間が事業年度とみなされる（法法14①五）。そして，
当該事業年度に係る法人税の確定申告書は，残余財産の確定の日の翌日から１
か月以内に提出しなければならないこととされている。ただし，その期間内に
残余財産の最後の分配又は引渡しが行われる場合には，その行われる日の前日
までに確定申告書を提出しなければならないこととされている（法法74②）。

　一方，会社法では，清算事務が終了したときは決算報告を作成し，株主総会
による承認を受けることが必要とされている（会507）。残余財産がある場合には，
分配を終えることで清算事務が終了することから，株主総会の前に法人税の申
告期限が到来することになるので注意を要する。

　なお，消費税等の申告期限についても法人税と同様に残余財産の確定日の翌
日から１か月以内が申告期限とされ，その期間内に残余財産の最後の分配又は
引渡しが行われる場合には，その行われる日の前日が申告期限とされている
（消法45④）。

　ここで，残余財産の確定の日とはどのような日を指すのかについては，法人
税法上では何も明らかにされていないことから，若干の整理が必要となるもの
と思われる。

　一般的には，残余財産の確定とは，清算中の法人において株主に分配すべき
財産価額が確定したとき，すなわち，未換価資産の換価処分若しくは株主への
現物分配・債務の弁済・債権の取立完了（若しくは回収不能の確定）がなされた

きをいうものと解される（前橋地裁昭和58年3月24日判決・行集34巻3号473頁）。具体的には，債務の弁済が終了し，株主に分配する資産及びその金額が確定した日をもって残余財産の確定の日とすることになると考えられるが，実務上は，資産の額と弁済すべき債務の額が事実上確定した日をもって残余財産の確定の日としている例が見受けられる。この場合においても金額が確定したことが客観的に明らかであれば，この段階において残余財産の確定の日としても特に問題は生じないものと思われる。

　なお，残余財産がない場合，すなわち，弁済し切れなかった債務について債務免除を受け，最終的に債権債務をゼロとし，清算結了させる場合には，最後に主要債権者（代表者など）から債務免除を受けた段階で残余財産の確定の日として差し支えないものと思われる。

ウ　所轄税務署への届出

　法人が解散したとき又は破産手続開始決定を受けたときは，遅滞なくその旨を「異動届出書」により所轄税務署に届け出る必要がある。また，法人が清算結了した場合にも，「異動届出書」により所轄税務署に届け出る必要がある。いずれの場合においても添付書類は不要とされている。

　なお，これらの届出については，地方税に係る地方税務事務所に対しても同様である。

> 「異動届出書」について詳しくは，国税庁HP「異動事項に関する届出」参照（https://www.nta.go.jp/taxes/tetsuzuki/shinsei/annai/hojin/annai/1554_5.htm〔令和5年5月1日訪問〕）。

13　欠損金

(1)　期限切れ欠損金の取扱い

ア　概　要

　現行の清算税制においては，清算中の事業年度においても各事業年度の所得に対する法人税が課されることとされており，債務超過の状態にあったとしても，債務免除によって生じた利益に対して法人税が課されることとされている。しかし，会社を清算するのは，会社が立ち行かなくなり，事業を廃止せざるを得なくなったことを原因とする場合が多く，代表者や親会社等による債務免除によって生じた利益には，既に担税力がない場合が多いものと思われる。そこで，法人税法では，残余財産がないと見込まれるときに，清算中に生じたに所得金額を限度として，青色欠損金の控除（法法57①）のほか，いわゆる期限切れ欠損金の控除を認めることとし，実質的に法人税を生じさせないような制度を用意している。すなわち，内国法人が解散した場合において，残余財産がないと見込まれるときは，その清算中に終了する事業年度（適用年度）前の各事業年度において生じた欠損金額のうち，いわゆる期限切れ欠損金がある場合には，当該金額を適用年度の所得の金額を限度として，損金の額に算入することとされている（法法59③）。

　この取扱いを適用する場合のポイントは，次の2点である。

　①　期限切れ欠損金があること。
　②　適用しようとする清算事業年度において「残余財産がないと見込まれるとき」に該当すること。

　以下，それぞれについて解説する。

イ　期限切れ欠損金があること

　「期限切れ欠損金」という用語は法人税法上の概念ではなく，通称である。いわゆる期限切れ欠損金とは，青色申告法人の場合，適用年度の前事業年度以前の事業年度から繰り越された欠損金額の合計額から，過去10年間において生じたいわゆる青色欠損金（法法57①）のうち，期限切れ欠損金を損金の額に算入

しようとする事業年度（適用年度）に損金算入される青色欠損金を控除した金額をいう（法令118）。つまり，清算事業年度において所得が生じた場合には，まだ残っている青色欠損金から控除し，それでも所得がある場合には，期限切れ欠損金を使用することになる。

　また，「前事業年度以前の事業年度から繰り越された欠損金額の合計額」とは，法人税申告書別表五（一）「利益積立金及び資本金等の額の計算に関する明細書」に期首現在利益積立金額の合計額として記載されるべき金額で，当該金額が負（マイナス）である場合の金額とされている（法基通12-3-2）。当該金額が，法人税確定申告書別表七（一）「欠損金又は災害損失金の損金算入等に関する明細書」の控除未済欠損金額として記載されるべき金額（未使用の青色欠損金）に満たない場合には，当該控除未済欠損金額として記載されるべき金額が「適用年度の前年事業年度以前の事業年度から繰り越された欠損金額の合計額」として取り扱われる（同通達ただし書）。つまり，この場合には，控除未済欠損金額から適用年度に損金算入される青色欠損金を控除した残額を「期限切れ欠損金」として，所得から控除することが可能となる。

　なお，「前事業年度以前の事業年度から繰り越された欠損金額の合計額」，「未使用の青色欠損金」及び「期限切れ欠損金」との関係を法人税申告書別表で表すと図表6のとおりとなる。

図表6　清算事業年度において生じた所得100を青色欠損金と期限切れ欠損金で控除する場合の申告書イメージ（資本金1億円以下の普通法人を前提とする。）

〔別表五（一）〕

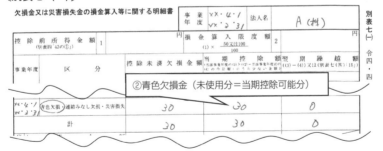

①前事業年度以前の事業年度から繰り越された欠損金額の合計額

〔別表七（一）〕

②青色欠損金（未使用分＝当期控除可能分）

〔別表七（四）〕

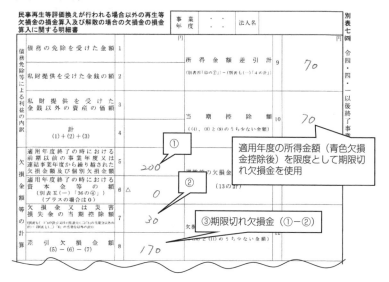

ウ 「残余財産がないと見込まれるとき」に該当すること

「残余財産がないと見込まれるとき」とは，解散した法人が当該事業年度終了の時において債務超過の状態にあるときをいうこととされている（法基通12-3-8）。そして，期限切れ欠損金を損金の額に算入するには，確定申告書に「残余財産がないと見込まれることを説明する書類」を添付する必要がある（法法59⑥）。この書類は，例えば，当該法人の有する資産及び負債の価額により作成される「実態貸借対照表」が該当するとされているが（法基通12-3-9），国税庁の質疑応答では，例えば，図表7の左欄(1)～(3)に掲げる手続により清算が進められる場合には，「残余財産がないと見込まれるとき」に該当し，その場合の「残余財産がないと見込まれることを説明する書類」は同右欄のとおりとなる旨が明らかにされている（国税庁「平成22年度税制改正に係る法人税質疑応答事例（グループ法人税制その他の資本に関する取引等に係る税制関係）（情報）」問10参照）。

図表7

清算手続	残余財産がないと見込まれることを説明する書類
(1) 清算型の法的整理手続である破産又は特別清算の手続開始の決定又は開始の命令がなされた場合（特別清算の開始の命令が「清算の遂行に著しい支障を来すべき事情があること」のみを原因としてなされた場合を除く。）	・「破産手続開始決定書の写し」 ・「特別清算開始決定書の写し」
(2) 再生型の法的整理手続である民事再生又は会社更生の手続開始の決定後，清算手続が行われる場合	・民事再生又は会社更生の手続開始の決定後，再生計画又は更生計画の認可決定を経て事業譲渡が行われ，清算が開始している場合…「再生計画又は更生計画に従った清算であることを示す書類」 ・計画認可決定前に事業譲渡が行われ，清算が開始している場合…「民事再生又は会社更生の手続開始の決定の写し」
(3) 公的機関が関与又は一定の準則に基づき独立した第三者が関与して策定された事業再生計画に基づいて清算手続が行われる場合	・「公的機関又は独立した第三者の調査結果で会社が債務超過であることを示す書面」

　上記のような清算手続によらない場合には，実態貸借対照表により，その法人が債務超過の状態にあるかどうかを説明することになる。実態貸借対照表は，確定申告書に添付する貸借対照表と実質的には同様のものとなるが，次の点に留意する必要がある。

　①　実態貸借対照表は，期限切れ欠損金を使用する事業年度（適用年度）終了時点の現況により作成する（法基通12-3-7）。

　②　実態貸借対照表を作成する場合における資産の価額は，当該事業年度終了の時における処分価額によるが，当該法人の解散が事業譲渡等を前提としたもので当該法人の資産が継続して他の法人の事業の用に供される見込みであるときには，当該資産が使用収益されるものとして当該事業年度終了の時において譲渡される場合に通常付される価額による（法基通12-3-9注書き）。ただし，処分価格と帳簿価額との差額については，会社更生法等の一定の法的手続による場合を除いて評価損益の計上はできない（法法25,

33）。

エ　実在性がない資産がある場合の取扱い

　清算手続を進めていくと，過去の経理処理の誤りあるいは粉飾等により，金銭的な裏付けのない資産（実在性がない資産）が認められることがある。

　このような資産が認められた場合には，次のように取り扱う旨が国税庁の質疑応答において明らかにされている（国税庁「平成22年度税制改正に係る法人税質疑応答事例（グループ法人税制その他の資本に関する取引等に係る税制関係）（情報）」問11参照）。

① 　過去の帳簿書類等を調査した結果，実在性のない資産の計上根拠（発生原因）等が明らかである場合

　(ⅰ)　実在性のない資産の発生原因が更正期限内の事業年度中に生じたものである場合には，法人税法129条《更正に関する特例》1項の規定により，法人において当該原因に応じた修正の経理を行い，かつ，その修正の経理を行った事業年度の確定申告書を提出した後，税務当局による更正手続（減額更正）を経て，当該発生原因の生じた事業年度の欠損金額（その事業年度が青色申告の場合は青色欠損金額，青色申告でない場合には期限切れ欠損金額）とする。

　(ⅱ)　実在性のない資産の発生原因が更正期限を過ぎた事業年度中に生じたものである場合には，税務当局による更正手続はないものの，実在性のない資産は当該発生原因の生じた事業年度に計上したものであることから，法人において当該原因に応じた修正の経理を行い，その修正の経理を行った事業年度の確定申告書上で，仮に更正期限内であればその修正の経理により当該発生原因の生じた事業年度の損失が増加したであろう金額をその事業年度から繰り越された欠損金額として処理する（期首利益積立金額から減算する）ことにより，当該発生原因の生じた事業年度の欠損金額（その事業年度が青色申告であるかどうかにかかわらず期限切れ欠損金額）とする。

② 　過去の帳簿書類等を調査した結果，実在性のない資産の計上根拠（発生原因）等が不明である場合

　　裁判所が関与する破産等の法的整理手続，又は，公的機関が関与若しくは一定の準則に基づき独立した第三者が関与する私的整理手続を経て，資

産につき実在性のないことが確認された場合には，実在性のないことの客観性が担保されていると考えられる。このように客観性が担保されている場合に限っては，その実在性のない資産がいつの事業年度でどのような原因により発生したものか特定できないとしても，その帳簿価額に相当する金額分だけ過大となっている利益積立金額を適正な金額に修正することが適当と考えられる。したがって，このような場合にあっては，法人において修正の経理を行い，その修正の経理を行った事業年度の確定申告書上で，その実在性のない資産の帳簿価額に相当する金額を過去の事業年度から繰り越されたものとして処理する（期首利益積立金額から減算する）ことにより，期限切れ欠損金額とする。

　上記①(ⅱ)及び②は，結局のところ，法人税申告書別表五（一）「利益積立金額及び資本金等の額の計算に関する明細書」の「期首現在利益積立金①」欄に，実在性のない資産をマイナス表記し，修正の経理によって計上した前期損益修正損を所得加算し留保処理することにより期末の利益積立金（差引翌期首利益積立金④欄）をゼロとする処理である。

⑵　欠損金の繰戻還付
ア　通常の場合における欠損金の繰戻還付
　法人税法には，青色申告している事業年度に生じた欠損金を次年度以降の所得と通算する制度と，前年度の所得と通算する制度がある。前者を「欠損金の繰越控除制度」といい，後者を「欠損金の繰戻還付制度」という。

　通常，欠損金の繰戻還付制度は，欠損金額が生じた期（欠損事業年度）の期首以前1年以内に開始した事業年度（還付所得事業年度）に欠損金を繰り戻して法人税額の還付を受けるものであり，そのポイントは次のとおりである。

①　欠損事業年度及び還付所得事業年度に青色申告書を提出し，欠損金事業年度については，期限内に青色申告書を提出していること（法法80①③）。

②　還付金額は，下記の算式により計算されること（法法80①）。

> 前期の法人税額×当期の欠損金額／前期の所得金額

③　還付請求書を欠損事業年度の確定申告書の提出と同時に提出する必要があること（法法80①⑨）。

④　所轄税務署長の調査により還付額が確定すること（法法80⑩）。

⑤　資本金が1億円を超える法人及び資本金が1億円以下でも資本金が5億円を超える大法人に100％保有されている中小企業については適用がないこと（措法66の12①一）。

　✍　⑤については，新型コロナウイルス感染症等の影響に対応するための国税関係法律の臨時特例に関する法律により，令和2年4月1日から令和4年1月31日までの間に終了する事業年度に生じた欠損金は資本金10億円以下の法人にも適用される。

　繰戻還付制度の適用は，法人の選択による。この制度の趣旨は，X1事業年度について欠損が生じ，次のX2事業年度に利益が生じた場合には，X1事業年度の欠損金額をもってX2事業年度の所得の金額を相殺して法人税を計算することが認められるのと同様の意味において，X1事業年度において利益が生じ，あとのX2事業年度において欠損が生じた場合には，X2事業年度において生じた欠損金額を前のX1事業年度の利益に繰り戻して相殺することも合理的であると考えられるためである（武田昌輔『法人税法の解釈〔5訂版〕』425頁（財経詳報社1993））。

　実務的には，繰越控除制度において，必ずしも繰越欠損金額の全てが次年度以降の所得金額と通算できるとは限らないため，その補完する意味から用いられているといえる。

　なお，欠損金の繰戻還付制度があるのは法人税のみであり，地方税で所得を課税標準とする事業税には適用がないことには留意が必要であろう。すなわち，事業税においては，欠損金は常に繰越控除の対象とされるため，法人税において欠損金の繰戻還付制度を適用した場合には，法人税の繰越欠損金と事業税の繰越欠損金とに差が生じることになる。

　また，道府県民税及び市町村民税の法人税割については，欠損金の繰戻還付制度の適用により法人税が還付された場合には，還付を行った事業年度以後10年以内の各事業年度において発生した道府県民税及び市長村民税の法人税割の課税標準である法人税額から順次控除されることになる（地方53㉓一，321の8㉓一）。

イ　解散等の事実が生じた場合における欠損金の繰戻還付

　解散等の事実が生じた場合の欠損金及び清算中において生じた欠損金については，法人の規模に関係なく，欠損金の繰戻還付請求ができることとされてい

る（法法80④，措法66の12①）。

　解散等の事実が生じた場合における解散等には，解散（適格合併による解散は除く。）のほか，事業の全部の譲渡，更生手続の開始，事業の全部の相当期間の休止又は重要部分の譲渡が含まれる。このような事実が生じて発生した欠損金額は，繰越控除制度では補てんすることができないことから，法人の規模には関係がなく繰戻還付請求が認められているわけである。

　解散等の事実が生じた場合の繰戻還付請求が上記アの場合と異なる点は次のとおりである。

①　解散等の事実が生じた日の属する事業年度と，当該事実が生じた日前1年以内に終了したいずれかの事業年度に欠損金額が生じていれば，これらの期の前期（これらの事業年度開始の日前1年以内に開始する事業年度）に欠損金額を繰り戻して法人税の還付を請求できる（図表8参照）。

②　当該事実が生じた日以後1年以内に還付請求書を提出する。

③　事実の詳細を示す資料を還付請求書に添付する。

図表8

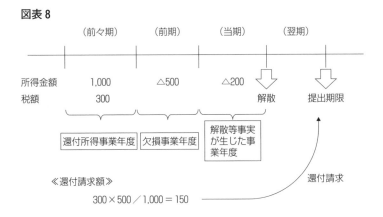

14　解散事業年度及び清算事業年度の所得計算上の留意事項

　13では，欠損金の取扱いについて説明したが，そのほかにも，解散事業年度及び清算事業年度では，通常の事業年度にはない所得計算ルールがある。以下，その概要を説明する。

(1)　解散事業年度では適用可能で，清算事業年度では適用できないもの

ア　圧縮記帳

　法人税法では，補助金収入や譲渡対価等の収益については課税するという原則を保ちながら，補助金や譲渡等による収入金額で代替資産を取得した場合等には，その取得価額を収入金額又は譲渡益の範囲内で圧縮し，その圧縮部分を損金算入することで課税を繰り延べる制度がある。この制度を「圧縮記帳」という。

　圧縮記帳には，国庫補助金等で取得した固定資産等の圧縮額の損金算入（法法42）及び保険金等で取得した固定資産等の圧縮額の損金算入（法法47）等の法人税法上の圧縮記帳と，収用等に伴い代替資産等を取得した場合の課税特例（措法64）及び特定資産の買換えの場合の課税の特例（措法65の7）等の租税特別措置法上の圧縮記帳とがあるが，いずれも解散事業年度では適用することはできるが，清算事業年度では適用することはできないこととされている（法法42①等）。清算中においては，資産の換価による清算を行い，新たな資産を取得することは一般的に予定されていないことからこのような取扱いになっているものと思われる。

イ　収用換地等の所得の特別控除

　収用換地等によって補償金等を取得した場合において，その譲渡が，買取り，交換等の最初の申出があった日から6か月以内に行われ，かつ，圧縮記帳を行わない等一定の要件を満たした場合には，5,000万円と譲渡益のいずれか少ない金額を損金の額に算入することができる制度があるが（措法65の2），清算事業年度ではこの制度の適用は認められていない。

　したがって，この制度の適用を受ける予定がある場合には解散のタイミングに注意する必要がある。

(2)　解散事業年度及び清算事業年度の両方において適用できないもの

ア　圧縮記帳に係る特別勘定の設定

　圧縮記帳は，補助金等の交付又は固定資産の譲渡等をした事業年度において圧縮記帳の対象となる固定資産等の取得をした場合に適用されるのが原則である。しかし，実際には，その事業年度中に固定資産等の取得ができない場合も多いことから，取得までの一定の期間，特別勘定として経理し課税の繰延べを図ることができることとされている（法法43等）。

　これらの特別勘定がある場合において，解散等が生じた場合には，これらを取り崩して益金の額に算入しなければならないこととされている（法法43②，法令81等）。したがって，解散事業年度で，保険金等を収入したり固定資産の譲渡等を行ったとしても特別勘定の設定はできないことになる。これは，上記(1)アと同様に清算中に新たな資産を取得することが一般的に予定されていないことから，このような取扱いになっているものと思われる。

イ　租税特別措置法に規定する各種準備金の繰入れ

　海外投資等損失準備金（措法55），中小企業事業再編投資損失準備金（措法56）及び原子力発電施設解体準備金（措法57の４）等，租税特別措置法には様々な準備金制度があり，一定の要件により積み立てられた準備金を損金の額に算入することができるが，解散事業年度及び清算中の事業年度においては積み立てることできないこととされている（措法55①等）。また，解散等が生じた場合には，これまで積み立てられてきた準備金は取り崩して益金の額に算入することとされている（措法55④等）。

　これらの準備金は，いずれも将来の支出や損失に備えるために経済政策上の目的から一定の準備金の積立額を損金の額に算入するものである。したがって，将来の事業継続の可能性が低い解散事業年度や清算事業年度においてまで，このような政策上の優遇措置を認めることはしないというのがその趣旨であろう。

ウ　特別償却及び特別税額控除

　租税特別措置法には，例えば，中小企業等経営強化法の経営力向上計画の認定を受けた中小企業者等が特定経営力向上設備等を取得した場合など，法人が

特定の設備等を取得して，事業の用に供した場合には，様々な政策的要請から，特別償却又は法人税額の特別控除を選択適用できる規定等がある（措法42の12の4等）。また，法人が試験研究費を支出した場合など，一定の資産や費目に充てるために費用を支出した場合に，様々な政策的要請から，その支出額の一部につき法人税額の特別控除を認める規定がある（措法42の4等）。

　これらの特別償却及び法人税の特別控除は，解散事業年度及び清算中の事業年度において適用することができないこととされている。その趣旨は上記イと同様と思われる。

(3)　残余財産確定時の留意事項

ア　残余財産が確定する清算事業年度に係る事業税

　通常，事業税は，確定申告する期の損金の額に算入することとなるが，残余財産が確定した事業年度の翌期には事業年度が存在しないため，残余財産の確定の日の属する事業年度の損金の額に算入することとされている（法法62の5⑤）。

イ　残余財産の分配を現物で行った場合の損益の計上時期

　通常，現物分配する場合には，時価による譲渡としてその譲渡益又は譲渡損を分配時の属する事業年度の益金の額又は損金の額に算入するが，残余財産を現物分配する場合には，残余財産が確定した事業年度の翌期に事業年度が存在しないため，残余財産の確定の時の価額により譲渡したものとして，その譲渡益又は譲渡損を当該残余財産の確定の日の属する事業年度の益金の額又は損金の額に算入することとされている（法法62の5①②）。

　なお，残余財産の分配が，完全支配関係にある内国法人に対して行われる場合，すなわち適格現物分配の場合には，残余財産確定時の帳簿価額により譲渡したものとして取り扱われる（法法62の5③）。

ウ　その他

　残余財産が確定した日の属する事業年度終了の時に一括償却資産の金額又は繰延消費税額があるときは，当該金額を損金の額に算入する（法令133の2④，法令139の4⑨）。ただし，適格現物分配が行われる場合には，その帳簿価額が非適格現物分配法人に引き継がれることになる（法令133の2⑦一，139の4⑫一）。

15 株主及び債権者の税務

(1) 残余財産の分配に係る株主の課税関係 (完全支配関係がない場合)

清算法人の清算手続が進み債務等を整理した結果，残余財産がない場合には，株主が保有している当該清算法人の株式については，その帳簿価額を譲渡損失 (消滅損) として計上することなる。

一方，残余財産がある場合には，当該残余財産の分配金額のうち，清算法人の資本金等の額に対応する金額までの金額は資本の払戻しとなり，資本金等の額に対応する金額を超える部分の金額は，いわゆるみなし配当として取り扱われる (法法24①四)。

この場合，資本金等の額に対応する金額は次の算式により計算される。

$$\frac{残余財産分配直前の払戻等対応資本金額等 (注)}{残余財産分配に係る株式の総数} \times 保有株式数$$

(注) 残余財産分配直前の払戻等対応資本金額等の計算

$$分配直前の資本金等の額 = \frac{残余財産の分配により交付した金銭の額又は金銭以外の資産の価額}{前期末の資産の帳簿価額 - 前期末の負債の帳簿価額 (注)}$$

(注) 前期末から分配までの間に資本金等の額又は利益積立金額が増加又は減少した場合には，その増加した金額を加算し，減少した金額した金額を減算する。

なお，株主は，清算法人の資本金等の額を把握していないことが多いため，清算法人は残余財産を分配する場合には，株主である法人に対し，次の事項を通知しなければならないこととされている (法令23④)。

① 当該金銭その他の資産の交付が法人税法24条《配当等の額とみなす金額》1項4号に規定する「解散による残余財産の分配」に基因すること及び分配時における発行済株式等の総数

② 1株当たりのみなし配当の額

さらに，清算法人は，みなし配当の額が生じる場合には，その分配時に当該金額の20.42%の源泉徴収を行う必要がある (所法25①，182二，復興財源確保法28②)。

一方，株主においては，残余財産の分配額のうち，みなし配当の額に係る部

分については，法人株主の場合，受取配当等の益金不算入（法法23）の取扱いを受けることとなる。

　また，資本の払戻し部分の金額については，株式の譲渡対価として取り扱われ，帳簿価額を譲渡原価として譲渡損益を計上することとなる（法法61の2①）。この場合の譲渡益，譲渡損及びみなし配当との関係を図示すると次のようになる。

図表9　譲渡損が生じるケース

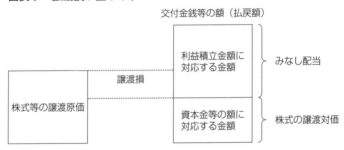

借方		貸方	
現金・預金	××	有価証券（譲渡原価）	××
株式譲渡損	××	受取配当金	××

図表10　譲渡益が生じるケース

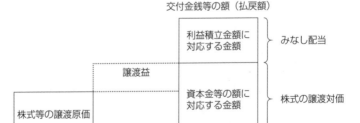

借方		貸方	
現金・預金	××	有価証券（譲渡原価）	××
		受取配当金	××
		株式譲渡益	××

(2) 残余財産の分配に係る株主の課税関係（完全支配関係がある場合）

　株主との間に完全支配関係がある法人の清算により残余財産が分配された場合も上記(1)と同様に，清算法人の資本金等の額に対応する金額までの金額は資本の払戻しとなり，資本金等の額に対応する金額を超える部分の金額は，いわゆるみなし配当として取り扱われる（法法24①四）。

　ただし，資本の払戻しに相当する部分について，株主の当該株式の譲渡対価は譲渡原価に相当する金額とされ，譲渡損益額は計上しないこととされている（法法61の2⑰）。これは，いわゆるグループ法人税制に係る取扱いの一環である。すなわち，100％のグループ法人は一体的に経営されていることに鑑み，グループ内での資産の譲渡には課税しないこととしているが，例えば，株式の発行法人への譲渡や，資本の払戻しといったみなし配当の発生の基因となる事由（法法24①各号）の発生もグループ内法人に対する資産の譲渡と変わりがないことから，譲渡損益を計上しないこととされているものである（財務省「平成22年度税制改正の解説」234頁）。

　そして，本来譲渡損益となるべき部分は，株主である法人の資本金等の額で調整される（法令8①二十二）。この譲渡損益相当額を株主の資本金等の額で調整する趣旨については，完全支配関係にある株主と清算法人とを一体的なものとして資本を捉えようとするものである等といった説明がなされている（財務省・同236頁）。

　なお，資本金等の額とみなし配当との関係を仕訳イメージで示すと次のとおりとなる。

〔**本来譲渡損**が生じるケース〕

借方		貸方	
現金・預金	××	有価証券（譲渡原価）	××
資本金等の額	××	受取配当金	××

〔**本来譲渡益**が生じるケース〕

借方		貸方	
現金・預金	××	有価証券（譲渡原価）	××
		受取配当金	××
		資本金等の額	××

　また，残余財産がない場合には，みなし配当は生じず，譲渡対価はゼロであるため，通常の場合には株式の帳簿価額相当額が譲渡損失として計上されるが（🔍上記(1)参照），株主と清算法人との間が完全支配関係にある場合には，上述したとおり，譲渡対価と譲渡原価を同額として譲渡損益を計上せず（法法61の2⑰），株主たる法人の資本金等の額の計算において，譲渡対価（＝譲渡原価）を減算項目として調整することとされているため（法令8①二十二），結果として，株式の帳簿価額を資本金等の額から減額する調整を行うこととなる。

　一方，みなし配当の額の計算については，上記(1)と同様である。当該清算法人に係る株式が法人税法23条《受取配当等の益金不算入》1項に規定する完全子法人株式等に該当する場合には，そのみなし配当の額の全額が益金不算入となる（法法23①）。完全子法人株式等とは，配当等の額の計算期間を通じて内国法人とその配当等をする他の内国法人との間に完全支配関係がある場合の当該他の内国法人の株式等をいうこととされているが（法法23⑤），判定に当たっては，企業グループ全体で100％保有されていれば完全子法人株式等と判定することになるという点と，当該配当等が残余財産の分配等みなし配当事由により生じた配当である場合には，その配当に係る効力発生日（残余財産の分配の場合には残余財産確定日）の前日において，その配当を支払う法人が受領する法人との間に完全支配関係がある場合には，その株式等は完全子法人株式に該当することとなる（法令22の2①括弧書き）点に注意する必要がある。

(3)　残余財産の分配が現物分配に該当する場合

　残余財産の分配が現物分配に該当する場合において，残余財産を分配する内国法人（現物分配法人）と資産の移転を受ける内国法人とがその現物分配直前において完全支配関係にある場合には適格現物分配となる（法法2十二の十五）。この点，グループ全体で100％保有されているかどうかを判定する完全子法人株式等とは判定の仕方が異なるので注意を要する。

　現物による残余財産の分配が行われた場合において，適格現物分配に該当しない場合には，清算法人は，その移転する資産を残余財産の確定の時の価額（時価）によって譲渡したものとして，その譲渡利益額又は譲渡損失額を残余財産の確定の日の属する事業年度の益金の額又は損金の額に算入する（🔍🔟(3)イ参照）。一方，資産の移転を受けた株主は，時価により残余財産を取得したものと

して，上記(1)によりみなし配当の計算を行うことになる。

　また，残余財産の分配が適格現物分配に該当する場合には，清算法人において移転する資産を残余財産確定時の帳簿価額により譲渡したものとして取り扱われる（法法62の5③）一方，資産の移転を受けた株主についても残余財産確定時の清算法人の帳簿価額により受け入れることとされている（法令123の6）。また，適格現物分配の場合にあっても，株主においてはみなし配当の計算は必要であり，払戻し等対応資本金額の計算において，交付された資産の価額を残余財産確定時の帳簿価額として計算することとされている（法令23①四。🔍上記(1)参照）。

　適格現物分配の場合には，株主側において資産を受けたことにより生ずる収益の額は益金の額に算入しないこととされており（法法62の5④），また，適格現物分配により生じたみなし配当の金額は，受取配当等の益金不算入とは別に，利益積立金の増加として認識される（法令9①四）。したがって，適格現物分配において生じたみなし配当は，受取配当等の益金不算入規定（法法23）を適用して益金不算入とするのではなく，上述した適格株式分配としての益金不算入規定を適用することになるので，確定申告に当たっては，別表八（一）「受取配当等の益金不算入に関する明細書」には記載しないといった点に留意する必要がある。

(4)　欠損金の引継ぎ（完全支配関係がある場合）

ア　概　要

　上記(3)に記載のとおり，適格現物分配においては，簿価により現物資産が分配されるが，この取扱いは，資産の簿価による移転を認める適格組織再編成の取扱いと整合させるものとなっている。そこで，完全支配関係にある法人の残余財産が確定した場合には，適格合併により消滅する法人と同様に，当該法人の欠損金額を株主である法人に引き継ぐこととされている。

　すなわち，内国法人との間に完全支配関係がある他の内国法人で当該内国法人が発行済株式若しくは出資の全部若しくは一部を有するものの残余財産が確定した場合において，当該他の内国法人の当該残余財産の確定の日の翌日前10年以内に開始した各事業年度（前10年内事業年度）において生じた未処理欠損金額があるときは，当該内国法人の当該残余財産の確定の日の翌日の属する事業

年度以後の各事業年度における繰越欠損金の控除については，当該前10年内事業年度において生じた未処理欠損金額は，それぞれ当該未処理欠損金額の生じた前10年内事業年度開始の日の属する当該内国法人の各事業年度において生じた欠損金額とみなされる（法法57②）。

　この制度のポイントは次の4点である。

　①　残余財産が確定する法人と株主である内国法人との関係は，内国法人による完全支配関係又は法人税法2条《定義》12号の7の6に規定する「一の者との間に当事者間の完全支配関係がある法人相互の関係」（兄弟関係）に限られること。

　②　残余財産の確定の日の翌日前10年以内に開始した各事業年度において生じた欠損金（未処理欠損金）は，それぞれの事業年度開始の日の属する内国法人の各事業年度において生じた欠損金とみなされること。

　③　残余財産の確定の日の翌日前10年以内に開始した各事業年度において，欠損金が生じた事業年度において青色申告書を提出し，その後連続して確定申告書を提出していること。

　④　5年内引継制限があること。

　上記のうち，①及び③については説明を要しないと思われる。そこで，ここでは②及び④について解説する。

イ　欠損金の帰属事業年度

　上述したとおり，清算法人の残余財産が確定した場合において，残余財産の確定の日の翌日前10年以内に開始した事業年度において繰越欠損金がある場合には，当該各事業年度の開始の日に属する株主である引継法人の各事業年度において生じた欠損金額となる。ただし，残余財産の確定の日の翌日の属する引継法人の事業年度開始の日以後に生じた清算法人の未処理欠損金額は，当該事業年度の前事業年度において生じた欠損金額となるので，親会社と子会社とで決算期が異なる場合には注意する必要がある。すなわち，図表11のとおり，清算法人の残余財産が確定する最後事業年度が，親法人である内国法人の当該残余財産の確定の日の翌日の属する事業年度（いわゆる当期）内にある場合，当該最後事業年度に生じた欠損金（清算法人の①の部分）は，当該内国法人の前期に生じた欠損金となる（当該内国法人の①に含まれる。）わけである。

図表11

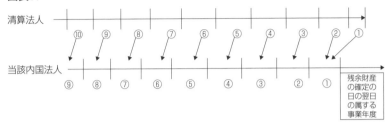

ウ　引継制限

清算法人の残余財産の確定の日の翌日に属する株主法人の事業年度開始の5年前の日，清算法人の設立の日，株主法人の設立の日のうち最も遅い日から継続して株主法人と清算法人との間に支配関係がない場合には，清算法人の次に掲げる欠損金額は，法人株主に引き継がれない（法法57③）。

①　清算法人の支配関係事業年度（清算法人と内国法人との間で最後に支配関係があることとなった日の属する事業年度）前の各事業年度において生じた欠損金

②　清算法人の支配関係事業年度以後に生じた欠損金額のうち，特定資産譲渡等損失額（☞特定資産譲渡等損失とは）に相当する金額からなる部分の金額

☞　**特定資産譲渡等損失**とは，清算法人の支配関係事業年度開始の日前から有していた資産（土地等を除く棚卸資産，短期売買商品等，売買目的有価証券及び帳簿価額が1,000万円に満たない資産等を除く。）につき，譲渡，評価換え，貸倒れ，除却その他これらに類する事由による損失の額の合計額からこれらの資産の譲渡又は評価換えその他の事由による利益の額の合計額を控除した金額等をいう（法令112⑤）。

(5)　貸倒損失と損失負担等

一般的に解散・清算を予定している法人の業績は悪化していることが考えられ，そのような法人に対して債権を有している場合には貸倒れとなる可能性が高いことから，貸倒れに係る税務上の取扱いについて整理しておく必要がある。ここでは，債権者が法人の場合を前提として解説する。

ア　貸倒損失の計上に関する一般的な取扱い

法人が有する金銭債権に係る貸倒損失の計上については，課税実務上，法人税基本通達においてその取扱いが明らかにされているが，その内容はおおむね次のとおりである。

① 金銭債権が切り捨てられた場合（法基通9-6-1）

　　次に掲げるような事実に基づいて切り捨てられた金額は，その事実が生じた事業年度の損金の額に算入される。

　(i) 会社更生法，金融機関等の更生手続の特例等に関する法律，会社法，民事再生法の規定により切り捨てられた金額

　(ii) 法令の規定による整理手続によらない債権者集会の協議決定及び行政機関や金融機関などのあっせんによる協議で，合理的な基準によって切り捨てられた金額

　(iii) 債務者の債務超過の状態が相当期間継続し，その金銭債権の弁済を受けることができない場合に，その債務者に対して，書面で明らかにした債務免除額

② 金銭債権の全額が回収不能となった場合（法基通9-6-2）

　　債務者の資産状況，支払能力等からみてその全額が回収できないことが明らかとなった場合は，その明らかになった事業年度において貸倒れとして（担保物がある場合には担保物を処分した後に）損金経理することができる。

③ 一定期間取引停止後弁済がない場合等（法基通9-6-3）

　　次に掲げる事実が発生した場合には，その債務者に対する売掛債権（貸付金などは含まない。）について，その売掛債権の額から備忘価額を控除した残額を貸倒れとして損金経理することができる。

　(i) 継続的な取引を行っていた債務者の資産状況，支払能力等が悪化したため，その債務者との取引を停止した場合において，その取引停止の時と最後の弁済の時などのうち最も遅い時から1年以上経過したとき（不動産取引のようにたまたま取引を行った債務者に対する売掛債権については適用がない。）

　(ii) 同一地域の債務者に対する売掛債権の総額が取立費用より少なく，支払を督促しても弁済がない場合

中小企業の事業再生等に関するガイドラインに基づいて，いわゆる廃業型の私的整理手続に基づいて債権が切り捨てられる場合には，上記①の(ii)に該当するものとして取り扱われる（国税庁・文書回答事例「『中小企業の事業再生等に関するガイドライン（廃業型私的整理手続）』に基づき策定された弁済計画により債権放棄が行われた場合の税務上の取扱いについて（照会）」参照）[1]。

　また，②の金銭債権の全額が回収不能となった場合の貸倒損失の計上における「債務者の資産状況，支払能力等からみてその全額が回収できないことが明らかとなった場合」であるかどうかの事実認定については，例えば，債務者について破産，強制和議，強制執行，整理，死亡，行方不明，債務超過，天災事故，経済事情の急変等の事実が発生したため回収の見込みがない場合のほか，債務者についてこれらの事実が生じていない場合であっても，その資産状況等のいかんによっては，これに該当するものとして取り扱われる（高橋正朗編著『法人税基本通達逐条解説〔10訂版〕』1071頁（税務研究会出版局2021）参照）。

　なお，金銭債権の回収不能の判断基準について，いわゆる興銀事件最高裁平成16年12月24日第二小法廷判決（民集58巻9号2637頁）[2]は，「債務者の資産状況，支払能力等の債務者側の事情のみならず，債権回収に必要な労力，債権額と取立費用との比較衡量，債権回収を強行することによって生ずる他の債権者とのあつれきなどによる経営的損失等といった債権者側の事情，経済的環境等も踏まえ，社会通念に従って総合的に判断されるべきものである。」と判示し，回収不能の判断において債権者側の事情も判断材料とすべき旨を明らかにしている。しかし，同判決はいわゆる住専処理問題という個別的な事情を背景としており，その射程範囲は広いとまではいえないものと思われる。一般的には債務者側から収集した疎明資料に基づいて貸倒損失計上上の妥当性が判断されることが多く，債務者側の事情のみでは回収不能かどうかを判断することができない状況にあるかどうかは個別の事例に則して見極めていくことになろう。

イ　債務者が子会社等に該当する場合の損失負担等

　ここでいう子会社等とは，当該法人と資本関係を有する者のほか，取引関係，人的関係，資金関係等において事業関連性を有する者が含まれる（法基通9-4-1（注））。法人が他の法人に資金を貸し付けている場合，一般的には，債権者及び債務者双方の事業に関連した貸付けであることが考えられることから，債務者が法人税法上子会社等に該当することは十分に考えられる。

　法人がその子会社等の解散及び清算手続に向けて，子会社等の債務の引受けその他の損失負担又は債権放棄（以下「損失負担等」という。）をすることはよく見受けられるが，この場合，その損失負担等をしなければ今後より大きな損失を蒙ることになることが社会通念上明らかであると認められるためやむを得ずその損失負担等をするに至った等そのことについて相当な理由があると認められ

るときは，その損失負担等により供与する経済的利益の額は，寄附金の額に該当しないものとして取り扱われる（法基通9-4-1）。

　したがって，この場合には，債務者が倒産の危機に瀕している状況のみならず，債権者側の事情，すなわち，損失負担等を行うことにより今後蒙るであろう大きな損失を回避することができるといった事情が重要となる。なお，必ずしも，債務超過とはなっていない子会社等に対して債権放棄等をする場合においても，営業譲渡等による子会社等の整理等に際し，譲受者側等から赤字の圧縮を求められている場合など，経済的合理性を有する場合には寄附金の額には該当しないといった取扱いが明らかにされている（国税庁・質疑応答事例「債務超過の状態にない債務者に対して債権放棄等をした場合」参照）(3)。

　なお，法人による完全支配関係がある子会社等に対して損失負担等をした場合において，上述した法人税基本通達9-4-1《子会社等を整理する場合の損失負担等》の取扱いに基づき，子会社等に供与した経済的利益の額が寄附金の額に該当しない場合には，子会社等において計上される受贈益については，益金不算入とはならないことに留意する必要がある（法基通4-2-5）。

(6)　株式の評価損

ア　概　要

　清算法人にあっては，清算手続に入る前にあっても既に財政状態が悪化している場合が多いものと思われる。企業会計では，売買目的有価証券以外の有価証券について，時価のあるものについては時価が取得原価に比べ50％程度以上下落した場合には，回復すると認められる場合を除き，減損処理しなければならないこととされている（金融商品会計に関する実務指針91）。また，市場価格のない株式等にあっても，資産等の時価評価に基づく評価差額等を加味して算定した1株当たりの純資産額を基礎とした実質価額が取得価額の50％程度以上低下した場合には，減損処理しなければならないこととされている（同指針92）。

　一方，法人税法では，具体的に生じた損失のみを損金の額に算入することとしていることから，資産の評価損は損金の額に算入しないことが原則とされるが，保有する資産につき，物損等の事実又は法的整理の事実が生じた場合や，会社更生法又は金融機関等の更生手続の特例等に関する法律による更生計画認可の決定によりこれらの法律の規定に従って行われる評価換え等のように評価

換えが私法上必要なものとして許容され又は要求されている場合には，法人税法上も資産を評価換えして減算した場合には損金の額に算入することとされている（法法33①〜④）。

ここでは，私的整理としての清算手続に入る非上場の子会社株式を前提に，当該子会社株式の評価損に係る法人税法上の取扱いを完全支配関係にある子会社とそれ以外の子会社に分けて説明する。

イ　完全支配関係にある子会社の株式に対する評価損

完全支配関係にある他の内国法人の株式については，当該他の内国法人が清算中の法人や解散することが見込まれている場合には，評価損を計上することができないこととされている（法法33⑤，法令68の3①）。この取扱いは，上記(4)で記述のとおり，100％グループ内の法人の課税については，グループの一体性に着目した課税となるように，100％グループ内の内国法人が清算した場合には，その株主に欠損金を引き継ぐこととされていることから，清算前に株主において清算法人の株式の評価損が計上される場合には，その計上した評価損と清算により引き継ぐ欠損金とのいわば二重控除が生じることとなることを防止する観点から，欠損金の引継ぎが見込まれる法人については，評価損の計上を認めないこととされていることによる（財務省「平成23年度税制改正の解説」275頁参照）。

ウ　イ以外の子会社の株式に対する評価損

保有する資産について，「物損等の事実」又は「法的整理の事実」が生じた場合には評価損の損金算入が認められる。このうち，有価証券に係る物損等の事実とは次に掲げる事実をいう（法令68①二）。

①　上場株式等については，その価額が著しく低下したこと。

②　上場株式等以外の株式について，その株式を発行する法人の資産状態が著しく悪化したため，その価額が著しく低下したこと。

③　①に準ずる特別の事実

したがって，非上場の子会社株式については，上記②のとおり，その株式を発行する子会社の資産状態が著しく悪化したため，その価額が著しく低下した場合には評価損を計上することとなる。ここで，「子会社の資産状態が著しく悪化した」とはどのような状態を指すかについては，法人税基本通達に次の解釈が示されている（法基通9-1-9）。

> **法人税基本通達9-1-9《市場有価証券以外の有価証券の発行法人の資産状態の判定》**
> 　令68条第1項第2号ロ《市場有価証券等以外の有価証券の評価損ができる事実》に規定する「有価証券を発行する法人の資産状態が著しく悪化したこと」には，次に掲げる事実がこれに該当する。
> (1)　当該有価証券を取得して相当の期間を経過した後に当該発行法人について次に掲げる事実が生じたこと。
> 　イ　特別清算開始の命令があったこと。
> 　ロ　破産手続開始の決定があったこと。
> 　ハ　再生手続開始の決定はあったこと。
> 　ニ　更生手続開始の決定があったこと。
> (2)　当該事業年度終了の日における当該有価証券の発行法人の1株又は1口当たりの純資産価額が当該有価証券を取得した時の当該発行法人の1株又は1口当たりの純資産価額に比しておおむね50％以上下回ることとなったこと。
> 以下略

　また，「価額が著しく低下したこと」については，上場有価証券と同様に，期末時価が，期末の帳簿価額の50％相当額を下回り，かつ，その回復が早期には見込まれないことに該当するかどうかにより判定することとされている（法基通9-1-11）。

　したがって，私的整理を予定している子会社（完全支配関係にないものに限る。）においては，価額の回復可能性がないものと判断し得ることから，当該子会社株式の期末時における1株当たりの純資産価額が取得時の1株当たりの純資産価額に比して50％以上下回っており，かつ，期末時価が帳簿価額の50％相当額を下回っている場合には，評価損の計上は十分可能と思われる。

　なお，法的整理の事実とは，更生手続における評定が行われることに準ずる特別の事実をいい，民事再生法の規定による再生手続開始の決定があったことにより，同法124条《財産の価額の評定等》1項の評定が行われることが該当することとされている（法令68①，法基通9-1-3の3）。

〔注〕
(1)　国税庁・文書回答事例「『中小企業の事業再生等に関するガイドライン（廃業型私的整理手続）』に基づき策定された弁済計画により債権放棄が行われた場合の税務上の取扱いについて（照会）」（令和4年4月1日）参照（国税庁HP：https://www.nta.go.jp/law/bunshokaito/hojin/220311_02/index.htm〔令和5年3月1日訪問〕）。
(2)　判例評釈として，阪本勝・平成16年度最高裁判所判例解説〔民事篇〕〔下〕833頁

(2007)，品川芳宣・TKC 税研情報14巻 3 号58頁（2005），中里実・税務事例43巻 5 号38頁（2011），同・租税判例百選〔第 4 版〕106頁（2005），福家俊朗・判評562号195頁（2005），佐藤英明・ジュリ1310号180頁（2006），谷口勢津夫・民商133巻 3 号120頁（2005），大淵博義・税通61巻12号36頁，13号47頁，14号53頁（2006），錦織淳＝深山雅也・NBL810号56頁，811号77頁（2005），西本強・銀法49巻 8 号57頁（2005），高須要子・平成17年度主要民事判例解説〔判タ臨増〕262頁（2006），吉村政穂・税研148号116頁（2009），同・租税判例百選〔第 7 版〕114頁（2021）など参照。

⑶　国税庁・質疑応答事例「債務超過の状態にない債務者に対して債権放棄等をした場合」参照（国税庁 HP：https://www.nta.go.jp/law/shitsugi/hojin/13/05.htm〔令和 5 年 3 月 7 日訪問〕）参照。

第4章

新規事業戦略と税務

16 新規事業戦略と税務—概観

　超少子高齢化により国際的競争力が衰退している我が国において，将来の経済を牽引するようなスタートアップ企業やベンチャー企業の登場が望まれるものの，他の先進国と比較してそうした企業が育ちにくい現状が問題視されている。商慣習やリスクに対する国民性などその根は非常に深いものであって，ひとり税制のみで解決し得る問題では到底ないが，近年の税制改正においてスタートアップ企業やベンチャー企業を育成するための税制上の特例措置も充実しつつある。

　また，コロナ禍におけるニューノーマルに対応すべく新規事業に参入し生き残りを図る企業も多いが，かつては大企業が中心だったM&Aも近年中小企業にその裾野が広がりつつあり，M&Aによる中小企業の事業再編も注目されるところである。政府としても，かような中小企業向けのM&Aを促進する観点から，経営資源集約化税制とも呼ばれる税制上の措置を設けるなどしているところである。

　もっとも，新規事業への参画の仕方は多種多様であり，画一的な税制が構築されているものでもない。そこで，本章では，新規事業と親和性の高いと思われる租税特別措置法上のいくつかの特例を概観することとしたい。具体的には，個人投資家による投資を促進するための税制の1つとして，いわゆるエンジェル税制を取り上げるほか（🔍**17**参照），オープンイノベーション税制（🔍**18**参照），中小企業経営強化税制（🔍**19**参照），中小企業投資促進税制（🔍**20**参照），中小企業経営資源集約化税制（🔍**21**参照）を確認しておきたい。

　　✒　「スタートアップ企業」や「ベンチャー企業」とは，法律上の概念ではなく，あくまでも便宜上の通称である。エンジェル税制に係る経済産業省の解説や申請ガイド等においては，投資先企業のことを「ベンチャー企業」と呼称しているものが多いように見受けられる。これに対して，オープンイノベーション税制に関する同庁の解説等においては「スタートアップ企業」と呼称しているようである。
　　　　「スタートアップ企業」という言葉は，アメリカ・シリコンバレーが発祥といわれている。一般的には，既存企業が手掛けていない革新的な製品・サービスやビジネスモデルの創出に挑戦し，社会や経済に大きなインパクトを与える急成長志向の企業と捉えられることが多い（安野倫男「オープンイノベーション税制におけるのれんの会計処理」

紀要論華（日本販売促進学会論説集〔2019年度版〕）61頁（2020））。他方で，「ベンチャー企業」はいわゆる和製英語であるが，例えば，経済産業省の「ベンチャー有識者会議とりまとめ」では，「ベンチャーとは，新しく事業を興す『起業』に加えて，既存の企業であっても新たな事業へ果敢に挑戦することを包含する概念」であると説明されている（経済産業省「ベンチャー有識者会議とりまとめ〔平成26年度〕」3頁（2014））。このような見解によると，広くベンチャー企業という枠の中に，設立間もないスタートアップ企業が包摂される関係と見ることが妥当とも思われるが，政府資料の中でもその概念が必ずしも明確化されているとはいい難い。

　例えば，内閣府「平成29年度 年次経済財政報告」では，設立後2年以内の企業を「スタートアップ企業」と定義しているが，経済産業省のオープンイノベーション税制の解説等においては設立10年未満の投資先企業のことを「スタートアップ企業」と位置付けているようである。

　本章では，経済産業省の通例に沿う形で，便宜的に，エンジェル税制の解説箇所においては「ベンチャー企業」，オープンイノベーション税制の解説においては「スタートアップ企業」との記載を用いるが，これらはあくまでもネーミングにすぎず，投資先の要件までをも意味するものではない（具体的な要件については各項目を参照）。

17　エンジェル税制

(1)　概　要

　ベンチャー企業への個人投資を促進するために設けられた税制として，いわゆるエンジェル税制がある（措法37の13等）。ベンチャー企業へ投資を行った個人投資家に対する税制上の優遇措置であり，投資時点と売却時点のそれぞれの時点で所得税の優遇措置を受けることができる。かような税制上の優遇を「訴求ポイント」[1]の1つとすることにより，ベンチャー企業の資金調達を後押しする制度である。平成9年度税制改正において個人投資家投資促進税制として導入された制度であり，創設から四半世紀が経過している息の長い制度であるが，適用要件の厳しさなど使い勝手の悪さゆえに，創設当初の利用実態は必ずしも芳しいものではなかった。その後，幾度かの改正を経て利用件数は徐々に増加し，平成30年頃から利用件数・投資額ともに急増している。令和2年度税制改正において更なる適用要件の緩和等が措置されたこと，また，クラウドファンディング（☞クラウドファンディングとは）が一般的になりつつあるといった社会の変化と相まって，今後更なる利用増加が期待される制度である。なお，以下では，令和2年4月1日以降の出資についての取扱いを前提に記述する。

　　　☞　**クラウドファンディング**とは，必ずしも明確な定義があるものではないが，例えば，内閣府消費者委員会では「新規・成長企業等と資金提供者をインターネット経由で結び付け，多数の資金提供者（＝crowd〔群衆〕）から少額ずつ資金を集める仕組み」を指すものとされている（平成26年2月25日付け内閣府消費者委員会「クラウドファンディングに係る制度整備に関する意見」1頁）。こうしたクラウドファンディングは，エンジェル税制と相性がよい。実際，エンジェル税制では，対象企業が税制優遇を行うに足りるベンチャー企業であることを確認するために形式基準を設け，原則としてその確認を都道府県が行うこととしているが，経済産業省の認定するクラウドファンディング業者が募集等の取扱いを行った一定の要件を満たす対象企業については，都道府県における確認手続を不要とする取扱いを導入している（令和2年4月付け中小企業庁　創業・新事業促進課「経済産業大臣の認定を受けた株式投資型クラウドファンディング業者の電子募集取扱業務により個人が株式を取得した場合のエンジェル税制の適用について」1頁）。

図表1　エンジェル税制の実績（投資額・企業数）

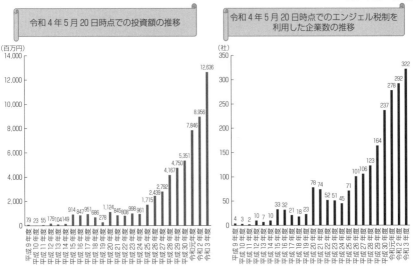

令和4年5月20日時点

令和4年5月20日時点での投資額の推移

令和4年5月20日時点でのエンジェル税制を利用した企業数の推移

※過年度申請が行われた場合，上記数値は変動する可能性がある。

（出所）中小企業庁 HP より（https://www.chusho.meti.go.jp/keiei/chiiki/angel/record/record.pdf 〔令和5年3月16日訪問〕）

　上述のとおり，エンジェル税制はベンチャー企業への投資促進を図る観点から設けられているものであるが，ここにいうベンチャー企業とは，「特定中小会社」（☞特定中小会社とは）及び「特定新規中小会社」（☞特定新規中小会社とは）を指す（以下，併せて「特定中小会社等」ともいう。）。

　☞　**特定中小会社**とは，次に掲げる法人など一定のものをいう。
　①　中小企業等経営強化法6条《診断及び指導》に規定する特定新規中小企業者に該当する株式会社
　②　内国法人のうちその設立の日以後10年を経過していない株式会社（中小企業基本法2条《中小企業者の範囲及び用語の定義》1項各号に掲げる中小企業者に該当する会社であることその他の一定の要件を満たすものに限る。）
　☞　**特定新規中小会社**とは，次に掲げる法人など一定のものをいう。
　①　中小企業等経営強化法6条に規定する特定新規中小企業者に該当する株式会社（その設立の日以後の期間が1年未満のものその他の一定のものに限る。）
　②　内国法人のうちその設立の日以後5年を経過していない株式会社（中小企業基本法2条1項各号に掲げる中小企業者に該当する会社であることその他の要件を満たすものに限る。）

(2) 制度の詳細

ア 投資した年における優遇措置

特定中小会社等へ投資した年に受けることのできる優遇措置には以下の2種類があり，投資家はいずれかを選択して適用することができる（以下では，便宜的に「優遇措置A」，「優遇措置B」と表記する。）。なお，税制適格ストックオプションの特例の適用を受けるものは除かれる。

(ア) 優遇措置A（特定新規中小会社が対象：設立5年未満）

特定新規中小会社が発行した株式（特定新規株式）の払込み（株式の発行に際してするものに限る。以下同じ。）による取得に要した金額のうち一定の金額（1,000万円を限度）について，所得税法上の寄附金控除の適用を受けることができる。なお，当該寄附金控除の適用を受けた場合における特定新規株式の取得価額については，その適用を受けた控除額に相当する金額を一定の計算方法に従って減額することとされている。

(イ) 優遇措置B（特定中小会社が対象：設立10年未満）

特定中小会社が発行した株式（特定株式）の払込みによる取得に要した金額の合計額のうち一定の金額を，一般株式等に係る譲渡所得等の金額又は上場株式等に係る譲渡所得等の金額の計算上，順次控除することができる（措法37の13①）。優遇措置Bには上限額はない。

対象となる特定株式を譲渡していないにもかかわらず，その取得に要した金額を他の株式の譲渡所得等から控除することができるという特徴的な取扱いであるが，これにより，投資家が保有する株式を売却し，その売却益を原資としてベンチャー企業に再投資した場合，その売却時点（＝再投資時点）において，売却益のうち再投資分への課税が繰り延べられることとなる。なお，この適用を受けた場合の当該特定株式の取得価額については，この適用により控除した金額を控除して計算することとされている。

イ 売却等により損失が生じた場合における特例措置

(ア) 売却により損失が生じた場合における特例措置

特定中小会社の設立の日から上場等までの期間内において，特定株式を譲渡したことにより譲渡損失が生じた場合には，その損失の金額を一般株式等に係る譲渡所得等の金額及び上場株式等に係る譲渡所得等の金額の計算上，順次控除することができる。また，かかる特例を適用してもなお控除しきれない損失

がある場合には，翌年以後 3 年間にわたり，一般株式等に係る譲渡所得等の金額及び上場株式等に係る譲渡所得等の金額から繰越控除することが認められている。

(イ)　特定株式が株式としての価値を失った場合の特例措置

特定中小会社が上場しないまま，破産や解散等をして株式の価値がなくなった場合も，(ア)と同様の措置の適用を受けることができる。すなわち，特定株式が株式としての価値を失ったことによる損失が生じた場合には，その特定株式を譲渡したことと，その損失の金額はその特定株式を譲渡したことにより生じた損失の金額とそれぞれみなして，一般株式等に係る譲渡所得等の金額を計算することができる（3 年間の繰越控除も可）。なお，一般株式等に係る譲渡所得等の金額の計算上控除しきれない金額は，上場株式等に係る譲渡所得等の金額の計算上控除できることとされている。

所得税の計算上，株式の発行会社の破産等により所有する株式の価値が失われたとしても，原則としてかかる損失は考慮されないが，本特例はその例外的取扱いと位置付けることができる。

✍　我が国では「失敗に対する危惧」[2]から起業マインドが低く，経済を牽引するようなスタートアップ企業やベンチャー企業が登場しづらいといった問題が指摘されており，「失敗に対する危惧」をいかにして軽減し得るかがポイントの 1 つとなっている。例えば，いわゆる経営者保証に依存した融資慣行などは「失敗に対する危惧」を招来する原因の 1 つであるとされ，経済産業省を中心に，「経営者保証改革プログラム」や「経営者保証に関するガイドライン」の策定などが進められているところである（詳細は，🔍**30**参照）。上記(イ)特定株式が株式としての価値を失った場合の特例措置は，投資家における「失敗に対する危惧」を緩和するための政策パッケージの一部として位置付けることもできそうである。

¶ レベルアップ！　再投資に係る非課税措置の創設―令和 5 年度税制改正

令和 5 年度税制改正においてエンジェル税制が拡充され，保有する株式を売却し，その売却益を一定の対象企業への再投資に充てた場合の非課税措置が整備された。すなわち，保有株式を売却し株式譲渡益が発生している際に，①自己資金によって創業をした場合や，②投資家がプレシード・シード期のスタートアップ（☞プレシード・シード期のスタートアップとは）への再投資を行った場合には，かかる再投資分につき20億円を上限として株式譲渡益に課税しない制度が創設された（そのほかにも，エンジェル税制の利便性向上の観点から各種申請手続の簡

素化といった措置なども加えられている。)。

☞　**プレシード・シード期のスタートアップ**とは，特定中小会社のうち，設立5年未満で（要件①），設立後の各事業年度の営業損益金額がマイナスであり（要件②），かつ，その各事業年度の売上高がゼロであること（要件③—1），又は前事業年度の試験研究費等が出資金の30%超であること（要件③—2）といった要件を満たすものを指す。

　これまでの措置（上記優遇措置B）は，あくまでも課税の繰延べであって非課税規定ではなかった。この点，令和5年度税制改正による新たな措置では，対象企業に一定の制約はあるものの，20億円を限度に譲渡益に課税しない非課税規定であるという点で，タックスメリットはかなり大きいものとなっている。令和4年11月28日に閣議決定された「スタートアップ育成5か年計画」の流れを汲んだ改正であると解される。また，これまでの制度では，自己資金による創業は税制優遇の対象にはならなかったところ，自己資金による創業の場合にも優遇措置の対象となる点も注目される。

✍　もっとも，かような非課税措置は，株式譲渡益の発生年に投資を行う必要があるという点など課題がないわけではない。この点について，経済産業省は，令和6年度税制改正要望において更なる利活用拡大のために必要な措置を講じるべきとしており，今後エンジェル税制が一層の広がりを見せる可能性もあろう。

図表2　令和5年度税制改正により拡充されたエンジェル税制

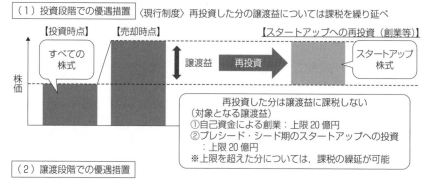

（出所）財務省「令和5年度税制改正（案）のポイント」3頁より

〔注〕
(1)　中小企業庁パンレット「エンジェル税制のご案内」参照。
(2)　経済産業省経済産業政策局資料「スタートアップについて」7頁（https://www.meti.
　　go.jp/shingikai/sankoshin/shin_kijiku/pdf/004_03_00.pdf〔令和5年3月16日訪問〕）。

18　オープンイノベーション促進税制

(1)　概　要

　オープンイノベーション促進税制とは，国内の対象法人（☞対象法人とは）が，オープンイノベーション（☞オープンイノベーションとは）を目的としてスタートアップ企業の株式で一定のもの（以下「特定株式」という。）を取得する場合，その取得価額の25％を所得控除する制度である。令和2年度税制改正で創設された特例で，その後，令和4年度税制改正による延長措置を経て，令和6年3月31日までの間の取得が対象とされている。所得控除の上限額を出資額に換算すると，出資1件につき50億円（令和5年3月31日以前の出資については100億円），一事業年度当たり500億円と設定されており，「極めて異例」ともいえる大規模な措置である。

> ✐　財務省による制度創設の経緯及び趣旨に関する説明において，「極めて異例」な措置であると述べられており，令和2年度税制改正（法人税関係）の中でも重要な位置を占めていることが分かる（財務省「令和2年度税制改正の解説」434頁）。

　従来の我が国において企業のイノベーションを促進する税制としては，研究開発税制がその中心的役割を果たしてきたが，そこでは，企業が自社において資源や技術を開発していくことでイノベーションを図っていくという，いわゆる「自前主義」的発想が前提とされてきたように見受けられる。また，我が国では，産学連携によるオープンイノベーションは進んでいるものの，既存企業とスタートアップ企業との協働については欧米と比較して弱いといった課題も指摘されてきた（板津直孝「オープンイノベーションの促進の重要性と税制対応」野村資本市場クォータリー24巻2号99頁（2020））。そうした背景において，第4次産業革命（☞第4次産業革命とは）に伴う急激な事業環境変化へ対応するためには，かような発想や現状を転換し，各企業が人材・技術・資本の連携を進めていくことが重要となることから，とりわけスタートアップ企業への出資を通じた「資金と資源の"解放"」と「革新的な技術・知識の共有」によるオープンイノベーションを促進することを目的として（財務省「令和2年度税制改正の解説」434頁），オープンイノベーション促進税制（特別新事業開拓事業者に対し特定事業活動として出資を

した場合の課税の特例。措法66の13以下。）が創設されるに至った。また，令和5年
度税制改正において，既存企業によるM&Aを後押しする観点から，既存発行
株式を購入により取得した場合も同税制の対象に含まれることになっている。

☞ **対象法人**とは，青色申告書を提出する法人で，国内外における経営資源活用の共同化
に関する調査に関する省令2条《定義》1項に規定する経営資源活用共同化推進事業者
に該当するものを指す。具体的には，①スタートアップ企業とのオープンイノベーショ
ンを目指す法人であること，②株式会社等であることが対象法人の要件となっている。
その他，直接出資のほか，対象法人が主体となるコーポレート・ベンチャーキャピタル
（CVC：☞コーポレート・ベンチャーキャピタルとは）が出資する場合も対象となる。
なお，上記の株式会社等とは，株式会社，相互会社，中小企業等協同組合，農林中央金
庫，信用金庫及び信用金庫連合会のいずれかの法人形態を指す。

☞ **コーポレート・ベンチャーキャピタル（CVC）**とは，事業会社がファンドを設立し，
ベンチャー企業等に投資を行う活動組織を指す。事業会社とベンチャー企業の連携手法
の1つとして米国を中心に発達してきたものであるが，近年，我が国においてもCVC
の設立事例や投資額が増加傾向にある（経済産業省『事業会社と研究開発型ベンチャー
企業の連携のための手引き〔第3版〕』3頁，7頁（平成31年4月））。

☞ **オープンイノベーション**とは，例えば経済産業省『通商白書〔平成29年版〕』では，
「"企業内部と外部のアイディアを有機的に結合させ，価値を創造すること"，であり，
①組織の外部で生み出された知識を社内の経営資源と戦略的に組み合わせることと，②
社内で活用されていない経営資源を社外で活用することにより，イノベーションを創出
すること，の両方を指す。」と定義されている（経済産業省『通商白書〔平成29年版〕』
321頁（2017））。

☞ **第4次産業革命**とは，18世紀末以降の水力や蒸気機関による工場の機械化である第1
次産業革命，20世紀初頭の分業に基づく電力を用いた大量生産である第2次産業革命，
1970年代初頭からの電子工学や情報技術を用いた一層のオートメーション化である第3
次産業革命に続く技術革新であり，IoT及びビッグデータ，AIなどをコアとした技術革
新を指す[1]。

(2) 制度の詳細

ア 特別勘定の損金算入と取崩し

対象法人が，令和2年4月1日から令和6年3月31日までの間に出資により
特定株式を取得し，かつ，これを取得した日を含む事業年度終了の日まで有し
ている場合において，その特定株式の取得価額の25%以下の金額をその事業年
度の確定した決算において特別勘定の金額として経理したときは，その経理し
た金額について所得基準額（☞所得基準額とは）を限度として損金の額に算入す
ることができる。ここで，所得控除の上限額は，1件当たり12.5億円で，一事
業年度当たりの合計125億円までである（出資額に換算すると1件当たり50億円で，

一事業年度の出資額の合計が500億円までとの計算となる。)。

> ☞ **所得基準額**とは，この制度を適用せず，かつ，特定株式の取得の日を含む事業年度において支出した寄附金の額の全額を損金の額に算入して計算した場合のその事業年度の所得の金額から，翌事業年度以降に繰り越される欠損金額がある場合のその欠損金額を差し引いた金額をいい，125億円が上限とされている。

　かかる特別勘定の金額は，特定株式の譲渡その他の一定の取崩事由に該当することとなった場合には，その事由に応じた金額を取り崩して，益金の額に算入する[2]。本税制においてはオープンイノベーションの継続が前提とされていることから，継続が絶たれたような場合には特別勘定を取り崩さなければならないこととされている。

> ✍ 取崩事由としては，例えば，①対象法人の青色申告承認が取り消されたり，青色申告を取りやめた場合，②特定株式につき経済産業大臣の証明が取り消された場合，③特定株式の全部又は一部を譲渡した場合，④特定株式につき配当を受けた場合，⑤特定株式の帳簿価額を減額した場合，⑥対象法人や投資先法人が解散した場合などが該当する。

イ　要　件

(ア)　対象法人要件（投資をする側）

　対象法人要件については，上記(1)に記載のとおりである（🔍☞対象法人とは参照）。

(イ)　投資先法人要件（投資を受ける側）

　本税制の対象となる投資先法人（スタートアップ企業）は，以下の①から⑨を満たす法人であることを要件とする。なお，外国法人であっても，以下の要件を満たす法人に類するものとして認められる場合には対象となる。

① 　株式会社であること。

② 　設立10年未満であること（下記✍の要件を満たす場合，設立15年未満）。

③ 　未上場・未登録であること。

④ 　既に事業を開始していること。

⑤ 　対象法人とのオープンイノベーションを行っている又は行う予定であること。

⑥ 　1つの法人グループが株式の過半数を有していないこと。

⑦ 　法人以外の者（LPS，民法上の組合，個人等）が3分の1超の株式を有していること。

⑧　風俗営業又は性風俗関連特殊事業を営む会社でないこと。

⑨　暴力団員等が役員又は事業活動を支配する会社でないこと。

✎　設立10年を超えている企業であっても，直近の確定した決算における売上高研究開発費率が10％以上で，かつ営業損失が生じている場合には，設立15年未満の企業も本税制における出資対象とされる（令和４年４月１日以降の出資について適用）。

㈡　出資要件

⒜　５つの要件　　出資要件として次の５つの要件を充足したもののみが対象となる。

①　資本金の増加を伴う現金による出資であること。

②　１件当たりの出資額が下記⒝の金額以上の出資であること。

③　オープンイノベーションに向けた取組みの一環で行われる出資であること。

④　取得株式の３年以上の保有を予定していること。

⑤　純出資等を目的とする出資ではないこと（下記⒞参照）。

⒝　１件当たり出資額の下限　　出資額は１件当たり１億円以上であることが要件とされているが（原則：大企業），対象法人が中小企業（☞中小企業とは）の場合には１件当たり1,000万円以上であればよい（例外：中小企業）。

☞　**中小企業**とは，租税特別措置法42条の４《試験研究を行った場合の法人税額の特別控除》19項７号に規定する中小企業者であり，具体的には以下の法人を指す。
①　資本金の額又は出資金の額が１億円以下の法人
②　資本又は出資を有しない法人のうち常時使用する従業員数が1,000人以下の法人
　ただし，以下の法人は対象外とされている。
❶　同一の大規模法人（資本金の額若しくは出資金の額が１億円超の法人，資本若しくは出資を有しない法人のうち常時使用する従業員数が1,000人超の法人又は大法人（資本金の額又は出資金の額が５億円以上である法人等）との間に当該大法人による完全支配関係がある法人等をいい，中小企業投資育成株式会社を除く。）から２分の１以上の出資を受ける法人
❷　２以上の大規模法人から３分の２以上の出資を受ける法人

　なお，投資先法人が外国法人の場合には，対象法人が大企業であるか中小企業であるかを問わず，一律１件当たり５億円以上であることが要件とされている（なお，出資者は，国内の対象法人又はその国内 CVC である必要がある。）。本件のような税制上の特例が，節税効果を通じていわば国からの補助金によって我が国の産業を発展させるものであることに鑑みれば，投資先要件から外国法人を除外

する，すなわち，税制上の恩恵が及ぶ範囲を内国法人に限定するといった方向も考えられるところではある。しかし，国内におけるイノベーション技術のみを限定的に税制の対象とすることは，企業が追求するオープンイノベーションを阻害しかねない。そのような意味では，1件当たり5億円以上という下限を設定しつつも，投資先要件として外国法人を一律に除外することとしない仕組みは，本税制の目的とも整合的と解される。

　(c)　**純出資等を目的とする出資ではないこと**　　本税制は企業間の継続的な連携によるオープンイノベーションに向けた取組みを促進するものであることから，短期間での株式売買等による差額利益確保などを目的とするような出資は対象とならない。したがって，いわゆる純出資等として以下のいずれかの・みを目的とする出資は対象外とされている。すなわち，下記3つの目的が出資目的の一部に含まれるだけであれば，対象から除外されない。

①　投資先法人の株式を将来売却することにより利益を受けること。
②　投資先法人から将来配当を受けること。
③　投資先法人への継続的関与を伴わずに，ベンチャー企業から物品リース料，不動産賃貸料，金融商品等の取引による運用益などの利益を受けること。

　㈍　**オープンイノベーション性要件**
　本税制でいうオープンイノベーションとは，対象法人がスタートアップ企業の革新的な経営資源を活用して，高い生産性が見込まれる事業や新たな事業の開拓を目指す事業活動をいう（特定事業活動。産業競争力強化法2㉕）。具体的には，以下の3つの要件を満たすことが必要とされている。

①　対象法人が，高い生産性が見込まれる事業又は新たな事業の開拓を目指した事業活動を行うこと。
②　①の事業活動において活用するスタートアップ企業の経営資源が，対象法人にとって不足するもの，かつ革新的なものであること。
③　①の事業活動の実施に当たり，対象法人からスタートアップ企業にも必要な協力を行い，その協力がスタートアップ企業の成長に貢献するものであること。

　✍　例えば，経済産業省の資料によれば，自動車製造業を営む法人（対象法人）が，自動運転用OSの開発に取り組む企業（スタートアップ企業）に自動運転事業への進出を目

的として出資する場合において，対象法人が安全装置開発のために蓄積してきた自動車
事故のデータの提供をする場合などは本税制の対象となるとされている。他方で，同様
のケースにおいて，スタートアップ企業の労務環境整備の観点から，対象法人の社員弁
護士を出向させる場合などは，自動運転事業への進出目的とは直接的な関係になく，ま
た，労務環境の整備がスタートアップ企業の成長に貢献するか不明確であるため対象外
となると説明されている（経済産業省「オープンイノベーション促進税制の利用を検討
されている事業者の皆様へ」25頁（令和3年5月25日改定））。

　このようなことから，例えば投資契約において買戻し条項が付されているような対等関係にない出資や，事業再生・企業救済のみを目的とする出資，従来の取引における信頼関係の強化や販路拡大のみを目的とする出資などは対象外となる。

(オ)　その他の要件

　本税制の適用を受けるためには，前記(ア)ないし(エ)の要件のほか，確定申告書に「経済産業大臣の証明に係る書類」の添付が求められており[3]，適用要件を満たしていることについて経済産業省が確認することとされている。

　なお，前述のとおり，本税制は企業間の継続的な連携によるオープンイノベーションに向けた取組みを促進するものであることから，対象法人は特定株式取得の日から，3年間は特別勘定を維持する必要がある。したがって，3年以内に任意に特別勘定を取り崩した場合のほか，その特定株式の一部を売却等した場合など，オープンイノベーションを継続していると認められない場合に該当することとなったときには，その全部又は一部を益金算入しなければならない（(2)アの取崩事由―132頁参照）。

¶ レベルアップ1！　オープンイノベーション促進税制：M&A型―令和5年度税制改正

(ア)　概　要

　令和5年度税制改正において，既存企業によるスタートアップ企業のM&Aを後押しする観点から，既存の株式を取得した場合にもオープンイノベーション促進税制の適用を可能とする措置が講じられている。我が国の場合，スタートアップ企業の出口がIPO（IPOとは）に偏っていることから，既存企業によるスタートアップ企業のM&Aを後押しするために設けられた措置であると説明されている（財務省「令和5年度税制改正の解説」4頁）。これまでのオープンイノ

ベーション促進税制を「新規出資型」とすれば，「M&A 型」のオープンイノベーション促進税制と位置付けられる。

> ☞　**IPO** とは，Initial Public Offering の略であり，未上場会社が新たに証券取引所に株式を上場し，一般の投資家に向けて売り出すことを指す。

(イ)　制度の詳細

(a)　損金算入　　オープンイノベーションを目的として，スタートアップ企業の発行済株式を購入により取得し，議決権の過半数を有することとなる場合，その株式の取得価額の最大25％を課税所得の計算上，損金の額に算入することを認める措置であり，令和 5 年 4 月 1 日から令和 6 年 3 月31日までに取得したものが対象となる。損金算入の上限額は，1 件当たり50億円（取得価額に換算して 1 件当たり200億円）とし，一事業年度当たり125億円（取得価額に換算して合計500億円）までとされている。なお，この一事業年度当たりの上限は，新規出資型の一事業年度当たりの金額と合算した上限額とされる。また，5 年以内にその株式の処分をした場合や成長投資・事業成長要件（図表 3 参照）を満たさなかった場合等は，一定額が益金の額に算入される。

(b)　要　件

　(A)　対象法人要件（M&A を行う側）　　対象法人は，上記の新規出資型の場合と同様である。

　(B)　投資先法人要件（M&A を受ける側）　　スタートアップ企業の要件も上記の新規出資型の場合と同様であるが，外国法人は対象外とされている。上記のとおり，本件措置を我が国のスタートアップ企業の出口戦略の幅を広げるために設けられた制度と位置付けるのであれば，外国法人にまでその対象を広げる必要はないということであろう。

　(C)　株式取得要件　　株式取得要件として次の 5 つの要件を充足したもののみが対象となる。

① 発行法人以外の者から購入により取得した発行済株式で，その取得により過半数を超える議決権を有することとなること。

② 1 件当たり 5 億円以上であること。

③ オープンイノベーションに向けた取組みの一環で行われる株式取得であること。

④ 取得株式の 5 年以上の保有を予定していること。

図表3

● M&A後、**5年以内にスタートアップが成長投資・事業成長の要件を達成すること**を条件とする。要件は、スタートアップの成長段階に応じⒶ**売上高成長**、Ⓑ**成長投資**、Ⓒ**研究開発特化**の3類型。

類型	対象となるスタートアップ（M&A時点の要件）	5年以内に満たすべき要件	
		成長投資	事業成長
Ⓐ 売上高成長類型	－	－	● **売上高≥33億円** ● **売上高成長率≥1.7倍**
Ⓑ 成長投資類型	● **売上高≤10億円** ● **売上高に対する研究開発費＋設備投資**（減価償却費）**の比率≥5%**	● **研究開発費≥4.6億円** **研究開発費成長率≥1.9倍** 又は ● **設備投資**(減価償却費) **≥0.7億円** **設備投資**(減価償却費) **成長率≥3.0倍**	● **売上高≥1.5億円** ● **売上高成長率≥1.1倍**
Ⓒ 研究開発特化類型	● **売上高≤4.2億円** ● **売上高に対する研究開発費の比率≥10%** ● **営業利益＜0**	● **研究開発費≥6.5億円** ● **研究開発費成長率≥2.4倍** ● **研究開発費増加額≥株式取得価格の15%**	

(注1) 各枠内に記載の内容は全て満たすことが必要です。（例：売上高成長類型の場合、売上高≥33億円と売上高成長率≥1.7倍の両方を満たすことが必要です。）
(注2) 新規証明申請（初年度の申請）時には類型の選択は不要です。成長発展証明申請時に、どの要件を達成したかを示していただきます。

（出所）経済産業省公表資料「オープンイノベーション促進税制（M&A型）の概要」2頁より

⑤　純投資等を目的とする株式取得ではないこと。

上記③オープンイノベーション性の要件や，⑤純投資等該当性の要件については，前述した新規出資型に係る(2)イの(ウ)(c)及び(エ)を参照されたい（134頁参照）。

(D)　成長投資・事業成長要件　　株式の取得から5年以内に，図表3に記載されたいずれかの要件を達成しない場合，特別勘定は一括取崩しとなり，益金の額に算入しなければならない。

¶ レベルアップ2！　我が国の抱えている問題とスタートアップへの期待

内閣府が平成29年7月に公表した「平成29年度 年次経済財政報告—技術革新と働き方改革がもたらす新たな成長—」では，我が国の生産性が20年以上にわたって低迷している状況を振り返った上で，生産性向上の源泉であるイノベーションとその実社会への適用が我が国で低調となっている背景の1つとして，イノベーションの担い手であるスタートアップ企業の成長力が乏しいことを指

摘している。そして，我が国のスタートアップ企業の成長力が弱く，起業活動も低調である背景として，①多くの人が起業をよいキャリアと考えないという心理的なもの，②複雑な起業制度及び③未上場企業に投資する投資会社（ファンド）であるベンチャー・キャピタルによる資金供給が少ないことなどがあると指摘している（内閣府「平成29年度 年次経済財政報告―技術革新と働き方改革がもたらす新たな成長―」157頁（平成29年7月））。ベンチャー・キャピタル以外にも事業法人によるベンチャー投資（CVC）が活発化しており，これがベンチャー投資に占める割合は増加傾向にあるといわれているが（内閣府・同報告160頁），今般のオープンイノベーション促進税制は，こうしたCVCによる投資も含めて，スタートアップ企業への資金供給を促進する役割が期待されているものといえよう。

¶ レベルアップ3！　イノベーションボックス税制の議論

　2000年代初頭からヨーロッパを中心に，国内で開発された特許権をはじめとする知的財産権から得られる所得に対して優遇税率を適用する制度が広がりを見せており，近年アジア等の他地域でも導入が進んでいる。研究開発の成果として生まれたアウトプットに着目するもので，「イノベーションボックス税制」などと呼ばれる制度であるが，経済産業省が令和5年7月31日付けで「我が国の民間企業によるイノベーション投資の促進に関する研究会 中間とりまとめ」において制度設計の試案を示すほか，同省の令和6年度税制改正要望において具体的な創設要望がなされるなど，近年我が国でも注目を集めている。優遇税率の水準や対象となる知的財産の範囲，対象所得の種類などについて各国で相違があるため，我が国においてどのような制度設計がなされるかは定かでないが，イノベーションを税制面から促進する制度の1つとして今後注目されよう。

　　✍　経済産業省の令和6年度税制改正要望によれば，「Ⅰ．世界に伍して競争できる投資
　　　　支援と構造的・持続的な賃上げの実現」のうち2つ目にイノベーションボックス税制の
　　　　創設要望が示されており，同省要望の中でも重要度が高いものと推察される。

図表4　イノベーションボックス税制の概要

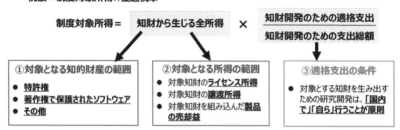

（**OECD・BEPSルール：2015年**）

・ <u>イノベーションボックス税制</u>の大まかな枠組みを示したもので、企業が、**"国内で自ら"**研究開発を行うことで取得した知的財産から生じる所得のみをイノベーションボックス税制の対象としなければならない

＜税額の算出イメージ＞

税額＝制度対象所得×優遇税率

$$制度対象所得 = \boxed{知財から生じる全所得} \times \frac{知財開発のための適格支出}{知財開発のための支出総額}$$

①対象となる知的財産の範囲
- **特許権**
- **著作権で保護されたソフトウェア**
- **その他**

②対象となる所得の範囲
- 対象知財の**ライセンス所得**
- 対象知財の**譲渡所得**
- 対象知財を組み込んだ**製品の売却益**

③適格支出の条件
- 対象とする知財を生み出すための研究開発は、**「国内で」「自ら」行うことが原則**

（出所）経済産業省「我が国の民間企業によるイノベーション投資の促進に関する研究会 中間とりまとめ」17頁より

〔注〕

(1) 内閣府 HP（https://www5.cao.go.jp/keizai3/2016/0117nk/n16_2_1.html〔令和5年3月19日訪問〕）参照。

(2) ただし、その特定株式がその取得の日から3年を経過したものであることについて共同化継続証明書に記載されることにより証明されたものである場合には、取崩事由に該当することなどによりその特別勘定の金額を取り崩したとしても、益金の額に算入する必要はない。共同化継続証明書とは、国内外における経営資源活用の共同化に関する調査に関する省令4条（経営資源活用の共同化に関する事項の証明の申請）2項の規定による経済産業大臣の証明に係る書類をいう。

(3) 国内外における経営資源活用の共同化に関する調査に関する省令4条1項の規定による経済産業大臣の証明に係る書類をいう。

19　中小企業経営強化税制（設備投資減税）

(1)　概　要

　中小企業経営強化税制とは，青色申告書を提出する中小企業者等（☞中小企業者等とは）で特定事業者等（☞特定事業者等とは）に該当するものが，令和7年3月31日までの期間に，中小企業等経営強化法の認定を受けた経営力向上計画（☞経営力向上計画とは）に基づき，対象となる設備として一定の設備を取得等して事業の用に供した場合に，①全額の即時償却か，②取得価額の10％の税額控除を選択適用することができる措置である（税額控除の割合は原則10％であるが，資本金3,000万円超1億円以下の法人の場合には7％）。

☞　**中小企業者等**とは，以下のものを指す。
　①　資本金の額又は出資金の額が1億円以下の法人
　②　資本又は出資を有しない法人のうち常時使用する従業員数が1,000人以下の法人
　③　常時使用する従業員数が1,000人以下の個人事業主
　④　協同組合等で所定のもの
　　ただし，以下の法人は中小企業者等には含まれない。
　❶　同一の大規模法人（資本金の額若しくは出資金の額が1億円超の法人，資本若しくは出資を有しない法人のうち常時使用する従業員数が1,000人超の法人又は大法人（資本金の額又は出資金の額が5億円以上である法人等）との間に当該大法人による完全支配関係がある法人等をいい，中小企業投資育成株式会社を除く。）から2分の1以上の出資を受ける法人
　❷　2以上の大規模法人から3分の2以上の出資を受ける法人
　❸　前3事業年度の所得金額の平均額が15億円を超える法人
☞　**特定事業者等**とは，常時使用する従業員数が2,000人以下の法人又は個人のほか，企業組合や連合会等で一定のものを指す。
☞　**経営力向上計画**とは，自社の「経営力向上」のために実施する計画をいう。ここにいう「経営力向上」とは中小企業等経営強化法で定義される法律上の概念であり，同法2条《定義》10項において，「事業者が，事業活動に有用な知識又は技能を有する人材の育成，財務内容の分析の結果の活用，商品又は役務の需要の動向に関する情報の活用，経営能率の向上のための情報システムの構築その他の方法であって，現に有する経営資源…又は…事業承継等…により他の事業者から取得した若しくは提供された経営資源を高度に利用するものを導入して事業活動を行うことにより，経営能力を強化し，経営の向上を図ること」と定義されている。
✍　税額控除は，中小企業経営強化税制における税額控除と，中小企業投資促進税制（🔍 **20**参照）における税額控除との合計で，その事業年度の法人税額又は所得税額の20％が

上限とされている。その年の税額控除限度額を超える金額は，翌事業年度に繰り越すことができる。

(2)　制度の詳細

　中小企業経営強化税制の対象には４類型があり，それぞれ設備の要件や確認者が異なるが，経営資源集約化設備に関するいわゆる「Ｄ類型」は，中小企業のＭ＆Ａを促進するために令和３年度税制改正で新たに追加された類型であり，Ｍ＆Ａを巡る税制上の優遇措置の１つに挙げられるものである（🔍㉑中小企業経営資源集約化税制も参照）。各類型の概要は以下のとおりであるが，各類型における設備の種類と取得価額要件については図表５を参照されたい。

①　Ａ類型（生産性向上設備）

　　生産効率，エネルギー効率，精度などの生産性が，旧モデル比で年平均１％以上向上する設備であって，工業会等の証明を受けたものが対象となる。

②　Ｂ類型（収益力強化設備）

　　投資収益率が年平均５％以上の投資計画に係る設備であって，事前確認機関（税理士又は公認会計士）の事前確認の上で，経済産業局の確認を受けた投資計画を達成するために必要不可欠な設備が対象となる。

③　Ｃ類型（デジタル化設備）

　　遠隔操作，可視化，自動制御化のいずれかを可能にする設備であって，事前確認機関（認定経営革新等支援機関）の事前確認の上で，経済産業局の確認を受けた投資計画を達成するために必要不可欠な設備が対象となる。

④　Ｄ類型（経営資源集約化設備）

　　経営力向上計画に事業承継等事前調査（🔍㉑—145頁参照）に関する事項の記載があり，かかる計画に従って事業承継等を行った後に取得等をするもので，計画終了年次の修正ROA（☞修正ROAとは）又は有形固定資産回転率（☞有形固定資産回転率とは）が一定割合以上となることが見込まれるものとして，事前確認機関（税理士又は公認会計士）の事前確認の上で，経済産業局の確認を受けた投資計画を達成するために必要不可欠な設備が対象となる。すなわち，Ｍ＆Ａ後に取得するものでＭ＆Ａの効果を高める設備が対象とされるものである。

☞ **修正 ROA** とは，下記の算式によって求められる総資産利益率を指す（中小企業庁パンフレット「中小企業税制〔令和 5 年版〕」14頁）。

$$
\begin{aligned}
\text{修正 ROA} \\
\text{(変化分)}
\end{aligned}
=
\frac{\text{計画終了年度における}}{\text{営業利益＋減価償却費}^{※1}\text{＋研究開発費}^{※1}}
\atop
\frac{}{\text{計画終了年度における総資産}^{※2}}
-
\frac{\text{基準年度}^{※3}\text{における}}{\text{営業利益＋減価償却費＋研究開発費}}
\atop
\frac{}{\text{基準年度における総資産}}
$$

※1　会計上の減価償却費及び研究開発費。
※2　帳簿価額を指す。
※3　計画開始直前における事業年度の確定決算時の数値。

☞ **有形固定資産回転率** とは，下記の算式によって求められる売上高と有形固定資産の比率を指す（中小企業庁・前掲パンフレット14頁）。一般的に有形固定資産回転率が高いほど，有形固定資産が効率的に利用されていることを意味し，収益性の向上に繋がると解されている（財務総合政策研究所「法人企業統計調査からみる日本企業の特徴」資料 2，37頁参照）。

$$
\begin{aligned}
\text{有形固定} \\
\text{資産回転率} \\
\text{(変化率)}
\end{aligned}
=
\frac{\dfrac{\text{計画終了年度における売上高}}{\text{計画終了年度における有形固定資産}^{※2}}-\dfrac{\text{基準年度}^{※3}\text{における売上高}}{\text{基準年度における有形固定資産}}}{\dfrac{\text{基準年度}^{※3}\text{における売上高}}{\text{基準年度における有形固定資産}}}
$$

※1　会計上の減価償却費及び研究開発費。
※2　帳簿価額を指す。
※3　計画開始直前における事業年度の確定決算時の数値。

図表 5　中小企業経営強化税制の 4 類型

類型	要件	確認者	対象設備（※1〜3）	その他要件
A類型	生産性が旧モデル比平均1%以上向上する設備	工業会等	機械設備（160万円以上）工具（30万円以上）（A類型の場合，測定工具又は検査工具に限る）器具備品（30万円以上）建物附属設備（60万円以上）ソフトウェア（70万円以上）（A類型の場合，設備の稼働状況等に係る情報収集機能及び分析・指示機能を有するものに限る）	・**生産等設備**を構成するもの※事務用器具備品・本店・寄宿舎等に係る建物付属設備，福利厚生施設に係るものは該当しない。・**国内への投資**であること・**中古資産・貸付資産でないこと**等
B類型	投資収益率が年平均 5 ％以上の投資計画に係る設備	経済産業局		
C類型	可視化，遠隔操作，自動制御化のいずれかに該当する設備			
D類型	修正 ROA または有形固定資産回転率が一定割合以上の投資計画に係る設備			

（出所）中小企業庁 HP 資料より

20 中小企業投資促進税制

(1) 概　要

　中小企業投資促進税制とは，青色申告書を提出する中小企業者等（中小企業者等の範囲については，🔍**19**(1)参照）が，令和7年3月31日までに，中小企業における生産性向上等を図るものとして一定の設備を取得等して指定の事業の用に供した場合に，取得価額の①30％の特別償却又は②7％の税額控除のいずれかを選択して適用できる措置である。なお，税額控除は，資本金3,000万円以下の法人又は個人事業主のみが適用できる。

(2) 制度の詳細

　本制度の対象設備とその取得価額要件は図表6のとおりである。

図表6

設備	取得価額要件
機械装置（注1）	1台又は1基の取得価額が160万円以上のもの
測定工具・検査工具	1台又は1基の取得価額が120万円以上のもの （1台又は1基の取得価額が30万円以上かつ事業年度の取得価額の合計額が120万円以上のものを含む。）
一定のソフトウエア	一のソフトウエアの取得価額が70万円以上のもの （事業年度の取得価額の合計額が70万円以上のものを含む。）
普通貨物自動車	車両総重量3.5t以上（注2）
内航船舶	全て（注3）

（注1）コインランドリー業（主要な事業であるものを除く。）の用に供する機械装置でその管理のおおむね全部を他の者に委託するものは対象外となる。
（注2）普通貨物自動車は，道路運送車両法施行規則別表第一に規定する普通自動車で，貨物の運送の用に供するものが対象となる。
（注3）取得価額の75％が対象となる。また、総トン数500トン以上の内航船舶については、環境への負荷の低減に資する装置（機器及び構造を含む。）の設置状況等に係る国土交通大臣への届出が必要となる。
＊1　中古品、貸付の用に供する設備は対象外となる。
＊2　匿名組合契約その他これに類する一定の契約の目的である事業の用に供する設備は対象外となる。
（出所）中小企業庁パンフレット「中小企業税制〔令和5年版〕」21頁より筆者一部修正

21 中小企業経営資源集約化税制（中小企業事業再編投資損失準備金）

(1) 概　要

　中小企業経営資源集約化税制とは，M&A により経営資源の集約化を図ることによって生産性向上等を目指す経営力向上計画（🔍**19**参照）の認定を受けた中小企業が，当該計画に基づいて M&A を実施した場合に，**19**に記載した中小企業経営強化税制（設備投資減税）のほか，準備金の積立措置（中小企業事業再編投資損失準備金）を受けることができる措置である。これらの措置は併用が可能である。

　　✍　本税制の適用対象者は，青色申告書を提出する中小企業者で特定事業者等に該当する
　　　ものである（中小企業者及び特定事業者等の範囲については，🔍**19**(1)参照）。ただし，個
　　　人事業主及び協同組合等は除かれる。

(2) 制度の詳細

ア　準備金の積立て（中小企業事業再編投資損失準備金）

　中小企業者が，令和6年3月31日までに，事業承継等事前調査（☞事業承継等事前調査とは）に関する事項を記載した経営力向上計画の認定を受けた上で，当該計画に沿って株式取得（取得価額10億円以下に限る。）により M&A を実施した場合において，簿外債務の発見などの M&A 実施後に発生し得るリスクに備えるものとして，投資額の70%以下の金額を準備金として積み立てたときは，その事業年度において損金の額に算入することができる。

　M&A においては，将来の不確実性を可能な限り排除すべく，デュー・ディリジェンスに十分なコストを掛けるべきではあるものの，中小企業の M&A においてはかようなコストを満足に割くことができないことも多い（デュー・ディリジェンスについては，🔍**8**参照）。そのような意味で，中小企業の M&A は，大会社が行う M&A に比して，M&A 後の簿外債務や偶発債務の発見といった特有のリスクが高いともいえる。中小企業事業再編投資損失準備金は，かような実態を反映し，損失の前倒し計上を認める制度であると解される。

☞　**事業承継等事前調査**とは，M&A の買い手側が，売り手企業の財務，税務，法務など
の状況について事前に行う調査をいい，いわゆるデュー・ディリジェンスを指す。

イ　準備金の取崩し

　当該積立金については，5 年の据置き期間を経過後に，5 年間にわたって均
等取崩しを行い益金の額に算入する。なお，実際に簿外債務が発覚するなどし
て減損等の事実が生じ，株式の帳簿価額を減額した場合には，相当分の準備金
を取り崩して益金の額に算入する。その他の取崩し要件としては，例えば以下
のような場合がある。

①　経営力向上計画の認定を取り消された場合（全額）

②　売却等により取得した株式を所有しなくなった場合（全額又は相当分）

③　取得した株式を発行する法人や取得した法人が解散した場合（全額）

④　株式を取得した法人が青色申告書の提出の承認を取り消され，又は取り
　　止めた場合（全額）

ウ　対象行為の要件

　この取扱いは，株式を取得する方法による M&A のみが対象であり，事業譲
渡や合併といった組織再編は対象外とされている。また，あくまでも事業の承
継に伴う取組みであることが求められることから，実質的に事業の承継といえ
ないようなものは除かれるほか，同一グループや親族内での株式移転は対象外
とされている。

¶ レベルアップ！　保守主義の思考と法人税法

　企業会計原則では，保守主義の原則として，「企業の財政に不利な影響を及
ぼす可能性がある場合には，これに備えて適当に健全な会計処理をしなければ
ならない。」とされており（一般原則 6），将来発生し得る損失について，その原
因事実が当期に存在するものについては，引当金等として計上することが求め
られている。この点，かかる企業会計上の保守主義の原則が，法人税法 22 条 4
項にいう「一般に公正妥当と認められる会計処理の基準」（公正処理基準）として
法人税法上の規範となり得るかについては議論があるが，法人税法が「別段の
定め」を設けて引当金について貸倒引当金のみを許容していることや（法法 52），
租税法の目的と企業会計の目的とは異なること（神田秀樹・租税判例百選〔第 4 版〕
108 頁），適正公平な課税の実現のためには納税者の恣意性が介入するような余

地を認めるべきでないことなどに鑑みると，企業会計上の保守主義の原則を法
人税法上の規範とすることには否定的であるべきと解される。もっとも，法人
税法においても，引当金等に見るように保守主義の思考が介入している部分は
確かに存在するが，それはあくまでも「別段の定め」として「立法を通じて特
別に認められた保守主義的取扱い」であると解すべきではなかろうか（酒井・プ
ログレッシブⅠ207頁）。中小企業経営資源集約化税制における準備金の積立措置は，
正に立法上の基準として保守主義の原則的思考が反映された取扱いであるとい
えよう。

　　✍　法人税法上の「別段の定め」としての引当金については，酒井・プログレッシブⅡ
　　　193頁以下参照。

第5章

事業承継

22　事業承継─概観

　事業拡張・事業縮小における税務の中で，とりわけ事業承継に関しては，例えば次のような論点がある。

　まず，個人から個人に事業を引き継ぐ場合には，非上場株式の譲渡によるケースと相続・贈与により承継するケースがある。非上場株式の譲渡によるケースでは，低額譲受けと認定されないために，どのような価格設定をすべきかが重要となる。独立した第三者から譲渡により取得したケースでも贈与税が課され得ることに注意が必要である。他方，相続・贈与により承継するケースにおいては，相続税評価がどのようになされるのであろうか。本章では，特に合併直後の非上場株式の評価方法について論じていく。

　また，個人から法人へ株式を譲渡するケースでは，譲受者である法人側の課税の問題もあるが，時価の2分の1未満での譲渡となると，譲渡者側にもみなし譲渡課税の問題が生じることとなる。本章では，最高裁まで争われた事例をもとに解説を行っていく。

　相続・贈与により承継するケースにおいては，法人版事業承継税制の適用を受けることが可能であり，要件を満たせば当該株式についての相続税・贈与税の全額の猶予が受けられ，場合によっては免除も可能となる。本章では，制度の概要について確認しておきたい。

　なお，令和5年度税制改正では，相続時精算課税制度の見直しを含めた生前贈与加算についての改正が行われた。これにより，暦年贈与の生前加算期間が現行の3年から7年に延長されるなど，相続時精算課税制度を利用した方が有利になるケースも増加するように思われる。本章の最後に，改正のポイントと実務での対応方針について触れておきたい。

23　個人から譲渡をする場合

(1)　個人から個人へ譲渡するケース

　個人から個人へ非上場株式を譲渡するケースでは，一義的には当事者間で合意した価額で取引をすることになるが，相続税法7条《贈与又は遺贈により取得したものとみなす場合》は，「著しく低い価額の対価で財産の譲渡を受けた場合」には贈与税を課す（低額譲受け）こととなっており，実務的には，当該財産の相続税評価額を下回る価額で取引を行うと，相続税法7条により，譲受人に贈与税が課されることになる。

　そこで，非上場株式に関する財産評価基本通達の取扱いの概要を確認し，併せて，M&Aなどで参考になる営業権に関しても触れておきたい。

　なお，相続税法7条により低額譲受けとして贈与税が課される場合の非上場株式の評価は，譲受人からみた譲渡後の議決権の数により判定した結果に基づき評価方式を定めることになる。また，相続又は贈与により非上場株式を取得した場合に課される相続税又は贈与税の当該財産の評価も低額譲受けと同様に，相続人・受遺者，受贈者からみた相続・贈与後の議決権の数により判定することになる。

　株主から非上場株式を買い受けた代表取締役につき，相続税法7条の規定の適用の可否が争われた東京地裁平成19年1月31日判決（税資257号順号10622）[1]は，「同条は，財産の譲渡人と譲受人との関係について特段の要件を定めておらず，また，譲渡人あるいは譲受人の意図あるいは目的等といった主観的要件についても特段の規定を設けていない」とし，独立第三者間取引にも適用がある旨判示している。相続税法7条が独立第三者間取引にも適用されるとした同種の裁判例に，非上場株式について問題となった仙台地裁平成3年11月12日判決（判時1443号46頁）[2]及び土地について問題となったさいたま地裁平成17年1月12日判決（税資255号順号9885）[3]などがある。

　　✐　国会議員の公設秘書が受領した裏献金は，個人からもらったとしても贈与税ではなく，雑所得に該当するとした裁判例がある（東京地裁平成8年3月29日判決・税資217号1258頁）[4]。

¶ レベルアップ1！　非上場株式の評価

　財産評価基本通達は，非上場株式の評価方法について以下のように通達している。

ア　評価方法の決定

　非上場株式の評価方法については，まず評価しようとするその株式の取得者の保有株式数などの地位の態様により決められる。大きくは，原則的評価方式か特例的な評価方法である配当還元方式のどちらかとなる。

図表1　同族株主のいる会社の評価方式の判定

区分	株主の態様				評価方式
同族株主のいる会社	同族株主（☞同族株主とは）	取得後の議決権割合が5％以上の株主			原則的評価方式
		取得後の議決権割合が5％未満の株主	中心的な同族株主（☞中心的な同族株主とは）がいない場合		
			中心的な同族株主がいる場合	中心的な同族株主	
				役員（☞役員とは）である株主又は役員となる株主	
				その他の株主	配当還元方式
	同族株主以外の株主				

図表2　同族株主のいない会社の評価方式の判定

区分	株主の態様				評価方式
同族株主のいない会社	議決権割合の合計が15％以上の株主グループに属する株主	取得後の議決権割合が5％以上の株主			原則的評価方式
		取得後の議決権割合が5％未満の株主	中心的な株主（☞中心的な株主とは）がいない場合		
			中心的な株主がいる場合	役員である株主又は役員となる株主	
				その他の株主	配当還元方式
	議決権割合の合計が15％未満の株主グループに属する株主				

　　☞　**同族株主**とは，課税時期におけるその株式の発行会社の株主のうち，株主の1人及びその同族関係者の有する議決権の合計数がその会社の議決権総数の30％以上である場合におけるその株主及びその同族関係者をいう（評基通188(1)）。ただし，その株式の合計数が最も多いグループの属する議決権の合計数が，その会社の議決権総数の50％超である会社では，その50％超の議決権割合を有するグループに属する株主のみが同族株主と

なる。

☞　**中心的な同族株主**とは，同族株主のいる会社の株主で，課税時期において同族株主の1人並びにその株主の配偶者，直系血族，兄弟姉妹及び1親等の姻族（これらの者が有する株式の合計数がその会社の議決権総数の25％以上である会社を含む。）の有する議決権の合計数がその会社の議決権総数の25％以上である場合におけるその株主をいう（評基通188(2)）。

☞　**役員**とは，社長，理事長並びに法人税法施行令71条《使用人兼務役員とされない役員》1項1，2，4号に掲げる者をいう。

法人税法施行令71条《使用人兼務役員とされない役員》

　　法第34条第6項《役員給与の損金不算入》に規定する政令で定める役員は，次に掲げる役員とする。
一　代表取締役，代表執行役，代表理事及び清算人
二　副社長，専務，常務その他これらに準ずる職制上の地位を有する役員
三　略
四　取締役（指名委員会等設置会社の取締役及び監査等委員である取締役に限る。），会計参与及び監査役並びに監事

☞　**中心的な株主**とは，同族株主のいない会社の株主で，課税時期において株主の1人及びその同族関係者の有する議決権の合計数がその会社の議決権総数の15％以上である株主グループのうち，いずれかのグループに単独でその会社の議決権総数の10％以上の株式を有している株主がいる場合におけるその株主をいう（評基通188(4)）。

イ　特定の評価会社の判定の順序

　非上場株式の評価を行うに当たり，清算中の会社，土地・株式という特定の資産を偏って保有している会社などの特定の評価会社については，特殊な評価方法が採用されているが，その判定の順序を示すと図表3のとおりとなる。

図表 3　特定の評価会社の判定の順序

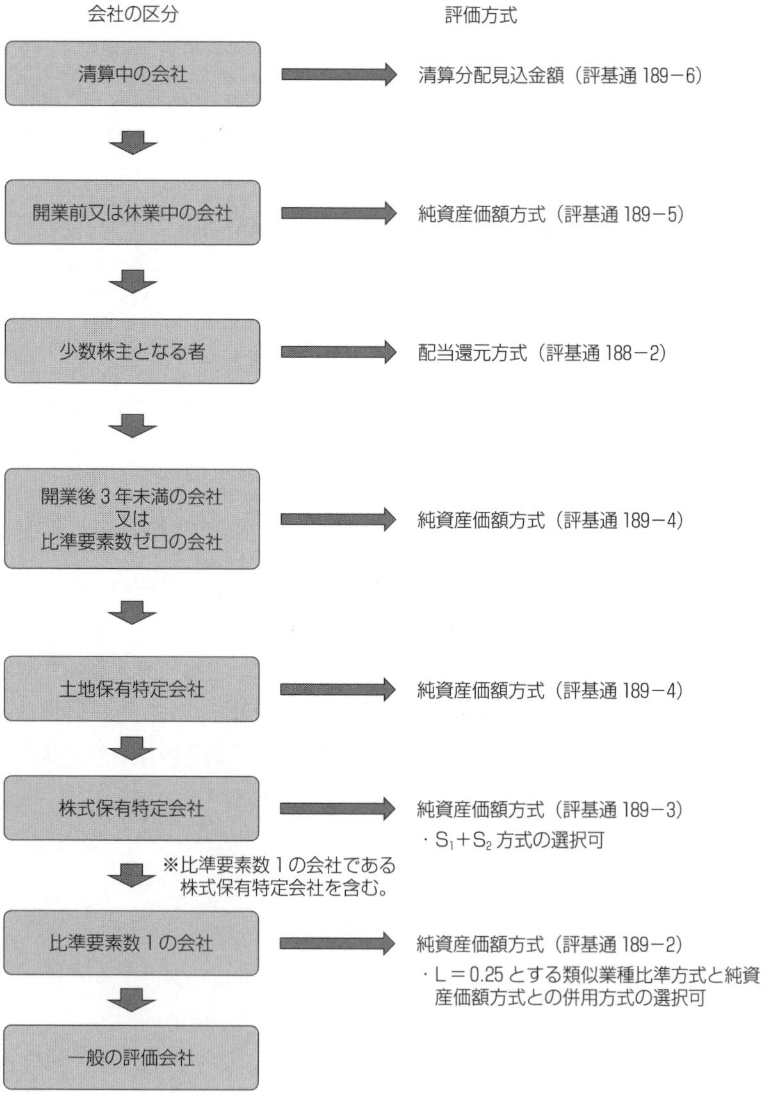

会社の区分　　　　　　　　　　　　　　　評価方式

清算中の会社	➡ 清算分配見込金額（評基通 189－6）
開業前又は休業中の会社	➡ 純資産価額方式（評基通 189－5）
少数株主となる者	➡ 配当還元方式（評基通 188－2）
開業後 3 年未満の会社 又は 比準要素数ゼロの会社	➡ 純資産価額方式（評基通 189－4）
土地保有特定会社	➡ 純資産価額方式（評基通 189－4）
株式保有特定会社	➡ 純資産価額方式（評基通 189－3） ・S$_1$＋S$_2$ 方式の選択可

※比準要素数 1 の会社である
　株式保有特定会社を含む。

比準要素数 1 の会社	➡ 純資産価額方式（評基通 189－2） ・L＝0.25 とする類似業種比準方式と純資産価額方式との併用方式の選択可
一般の評価会社	

ウ　定義等

上記イの特殊な評価方法を採用する特定の評価会社の定義等は以下のとおりである（評基通189）。

㋐　開業後３年未満の会社等

開業後３年未満の会社等とは，次の①及び②の会社をいう。

① 課税時期において開業後の経過年数が３年未満の会社
② 類似業種比準方式で評価する場合の比準３要素である「配当金額」，「利益金額」及び「純資産価額（簿価）」の直前期末の比準要素がいずれもゼロである会社

㋑　土地保有特定会社

土地保有特定会社とは，土地等の保有割合（総資産価額中に占める土地などの価額の合計額の割合，相続税評価ベース）が次の割合以上の会社をいう。

① 大会社：70％以上
② 中会社：90％以上
③ 小会社（次の会社以外の会社は対象としない）：総資産価額（帳簿価額）が
　(i) 大会社の基準に該当する会社は70％以上
　(ii) 中会社の基準に該当する会社は90％以上

したがって，総資産価額（帳簿価額）が，卸売業では7,000万円未満，小売・サービス業では4,000万円未満，その他では5,000万円未満であれば，土地保有特定会社の判定は不要である。

㋒　株式保有特定会社

株式保有特定会社とは，株式等の保有割合（総資産価額中に占める株式や出資の価額の合計額の割合，相続税評価ベース）が次の割合以上の会社をいう。

$$\frac{株式等の価額}{総資産価額} \geqq 50\%$$

　✎　なお，評価会社が，上記㋑，㋒に該当する評価会社かどうかを判定する場合において，課税時期前に合理的な理由もなく評価会社の資産構成に変動があり，その変動が㋑又は㋒に該当する評価会社と判定されることを免れるためのものと認められるときは，その変動はなかったものとして当該判定を行うものとする（評基通189）。

㋓　比準要素数１の会社

比準要素数１の会社とは，類似業種比準方式で評価する場合の比準３要素で

ある「配当金額」,「利益金額」及び「純資産価額（簿価）」のうち直前期末の比準要素のいずれか2つがゼロであり，かつ，直前々期末の比準要素のいずれか2つ以上がゼロである会社をいう。

エ　会社規模の判定

　従業員が70人以上の会社は大会社となり，従業員が70人未満の会社は図表4〜6により会社規模を判定する。

図表4　卸売業

取引金額 総資産価額 及び従業員数	2億円未満	2億円以上 3.5億円未満	3.5億円以上 7億円未満	7億円以上 30億円未満	30億円以上
・7,000万円未満 ・又は5人以下	小会社				
・7,000万円以上 ・5人以下を除く		中会社 (L＝0.60)			
・2億円以上 ・20人以下を除く			中会社 (L＝0.75)		
・4億円以上 ・35人以下を除く				中会社 (L＝0.90)	
・20億円以上 ・35人以下を除く					大会社

図表5　小売・サービス業

取引金額 総資産価額 及び従業員数	6,000万円未満	6,000万円以上 2.5億円未満	2.5億円以上 5億円未満	5億円以上 20億円未満	20億円以上
・4,000万円未満 ・又は5人以下	小会社				
・4,000万円以上 ・5人以下を除く		中会社 (L＝0.60)			
・2.5億円以上 ・20人以下を除く			中会社 (L＝0.75)		
・5億円以上 ・35人以下を除く				中会社 (L＝0.90)	
・15億円以上 ・35人以下を除く					大会社

図表6　卸売業，小売・サービス業以外の業種

取引金額 総資産価額 及び従業員数	8,000万円未満	8,000万円以上 2億円未満	2億円以上 4億円未満	4億円以上 15億円未満	15億円以上
・5,000万円未満 ・又は5人以下	小会社				
・5,000万円以上 ・5人以下を除く		中会社 (L＝0.60)			
・2.5億円以上 ・20人以下を除く			中会社 (L＝0.75)		
・5億円以上 ・35人以下を除く				中会社 (L＝0.90)	
・15億円以上 ・35人以下を除く					大会社

オ　評価方法

　上記エにより区分された大会社，中会社，小会社の非上場株式の評価方法は以下のとおりである（評基通179）。

㈦　大会社

　大会社は，原則として，類似業種比準方式により評価する。

　類似業種比準価額は，次の算式により評価額を計算する。

$$A \times \dfrac{\left[\dfrac{\text{Ⓑ}}{B} + \dfrac{\text{Ⓒ}}{C} + \dfrac{\text{Ⓓ}}{D} \right]}{3} \times 0.7 = 1株当たり評価額$$

　✍　上記算式中のA，B，C，D，Ⓑ，Ⓒ，Ⓓは，それぞれ次による。
　　A＝類似業種の株価
　　B＝課税時期に属する年の類似業種の1株当たりの配当金額
　　C＝課税時期に属する年の類似業種の1株当たりの年利益金額
　　D＝課税時期に属する年の類似業種の1株当たりの純資産価額
　　Ⓑ＝評価会社の1株当たりの配当金額
　　Ⓒ＝評価会社の1株当たりの利益金額
　　Ⓓ＝評価会社の1株当たりの純資産価額

　✍　上記算式中の斟酌率0.7は，大会社では0.7，中会社では0.6，小会社では0.5となる。

㈦　中会社

　中会社は，大会社と小会社の評価方法を併用して評価する。

　中会社はLの割合（中会社の規模による割合）に応じて，次の算式により計算する。

$$\frac{\text{類似業種}}{\text{比準価額}} \times L + \frac{\text{純資産}}{\text{価額}}(1-L) = 1株当たり評価額$$

✍　Lの割合は，会社の規模により次のとおりである。
①　中会社の大……0.90
②　中会社の中……0.75
③　中会社の小……0.60

㈦　小会社

　小会社は，原則として，純資産価額方式によって評価する。ただし，納税者の選択により，Lの割合を0.5として評価することができる。

　純資産価額は，次の算式により評価額を計算する。

$$\frac{\begin{matrix}\text{純資産価額（相続税} \\ \text{評価額により計算）}\end{matrix} - \begin{matrix}\text{負債の} \\ \text{合計額}\end{matrix} - \begin{matrix}\text{評価差額に対する} \\ \text{法人税額等相当額}\end{matrix}}{\text{課税時期の発行済株式数}} = 1株当たり評価額$$

✍　上記算式の法人税額等相当額は，平成28年4月1日以後は37％である。

¶ レベルアップ2！　営業権の評価

　財産評価基本通達では，営業権の価額は，次の算式によって計算した金額によって評価する旨通達している（評基通165）。

$$\text{平均利益金額} \times 0.5 - \text{標準企業者報酬額} - \text{総資産価額} \times 0.05 = \text{超過利益金額}$$

$$\frac{\text{超過利}}{\text{益金額}} \times \begin{matrix}\text{営業権の持続年数（原則として，} \\ \text{10年とする。）に応ずる基準年利率} \\ \text{による複利年金原価率}\end{matrix} = \text{営業権の価額}$$

　上記算式中における各用語の意義について，法人での営業権を念頭に置いて整理すると次のようになる（評基通166）。

①　平均利益金額

　　平均利益金額は，課税時期の直前期末以前3年間における所得の金額の合計額の3分の1に相当する金額（その金額が，課税時期の直前期末以前1年間の所得の金額を超える場合には，課税時期の直前期の所得の金額）とする。この場合における所得の金額は，法人税法22条1項に規定する所得の金額に，損金に算入された繰越欠損金の控除額を加算した金額とし，その所得の金額の計算の基礎に次に掲げる金額が含まれているときは，これらの金額は，

いずれもなかったものとみなして計算した場合の所得の金額とする。

（i）　非経常的な損益の額

（ii）　借入金等に対する支払利子の額及び社債発行差金の償却費の額

（iii）　損金に算入された役員給与の額

②　標準企業者報酬額

標準企業者報酬額は，次に掲げる平均利益金額の区分に応じ，図表7の算式により計算した金額とする。

図表7

平均利益金額の区分	標準企業者報酬額
1億円以下	平均利益金額 × 0.3＋1,000万円
1億円超3億円以下	平均利益金額 × 0.2＋2,000万円
3億円超5億円以下	平均利益金額 × 0.1＋5,000万円
5億円超	平均利益金額 × 0.05＋7,500万円

（注）　平均利益金額が5,000万円以下の場合は，標準企業者報酬額が平均利益金額の2分の1以上の金額となるので，営業権の価額は算出されないことに留意する。

③　総資産価額

総資産価額は，財産評価基本通達に定めるところにより評価した課税時期直前に終了した事業年度の末日における企業の総資産の価額とする。

したがって，資産が比較的少なく，高収益を上げている会社は営業権がプラスになる傾向にある。また，企業者報酬額は，役員給与の実額ではなく，あくまでも通達で定められた標準額を控除するものであるため，赤字であれば営業権が算出されないというわけではないことにも留意が必要である。

(2)　個人から法人へ譲渡するケース

譲渡者側の問題として，時価の2分の1未満の譲渡の場合は，時価で譲渡したものとみなされて課税される（みなし譲渡。所法59①二，所令169）。なお，時価の2分の1以上の価額でも，所得税法157条《同族会社等の行為又は計算の否認》の規定が適用される余地がある（所基通59-3）。

ここでいう時価とは，課税実務上，次に定める価額と整理されている（所基通23～35共－9(4)）。

①　売買実例のあるもの……最近において売買の行われたもののうち適正と

認められる価額

② 　公開途上にある株式で，当該株式の上場又は登録に際して株式の公募又
は売出しが行われるもの（①に該当するものを除く。）……金融商品取引所又
は日本証券業協会の内規によって行われるブックビルディング方式又は競
争入札方式のいずれかの方式により決定される公募等の価格等を参酌して
通常取引されると認められる価額

③ 　売買実例のないものでその株式の発行法人と事業の種類，規模，収益の
状況等が類似する他の法人の株式の価額があるもの……当該価額に比準し
て推定した価額

④ 　①から③までに該当しないもの……権利行使日等又は権利行使日等に最
も近い日におけるその株式の発行法人の1株又は1口当たりの純資産価額
等を参酌して通常取引されると認められる価額

　上記④による場合，原則として，次によることを条件に，前述の財産評価基
本通達の178から189-7までの例により算定した価額とすることとされている
（所基通59-6）。

❶ 　同族関係者に該当するかなどの判定に当たっては，譲渡前の議決権の数
により判定すること。

❷ 　譲渡した者が中心的な同族株主に該当するときは，「小会社」方式によ
ること。

❸ 　土地，有価証券は譲渡時の時価によること。

❹ 　評価差額に対する法人税額等は控除しないこと。

¶ レベルアップ3！　タキゲン事件

ア　事案の概要

　個人から法人に対する非上場株式の譲渡が時価の2分の1未満の低額譲渡に
当たるか否かが争われたいわゆるタキゲン事件を確認しておきたい。このタキ
ゲン事件をきっかけに，令和2年8月28日付けで上記所得税基本通達59-6が改
正され，文言が整理されている。

　この事案では，一族で議決権22.8％のシェアを保有していた個人甲が法人A
社に対して，7.9％分の株式を配当還元価額の1株75円で譲渡することにより，
譲渡後に14.9％のシェアになったもので，その譲渡価額が時価の2分の1未満

かどうかが争われたものである。

イ　裁判所の判断

　訴訟において，納税者側は，株式評価について，DCF法，純資産法などを用いて鑑定評価１株668円と主張したところ，差戻控訴審東京高裁令和３年５月20日判決（税資271号順号13564）は，類似業種比準株価である１株2,505円と判断した。

　なお，上告審最高裁令和２年３月24日第三小法廷判決（集民263号63頁）[5]では，以下のように判示されている。

> 　「本件のような株式の譲渡に係る譲渡所得に対する課税においては，当該譲渡における譲受人の会社への支配力の程度は，譲渡人の下に生じている増加益の額に影響を及ぼすものではないのであって，…譲渡所得に対する課税の趣旨に照らせば，譲渡人の会社への支配力の程度に応じた評価方法を用いるべきものと解される。
> 　そうすると，譲渡所得に対する課税の場面においては，相続税や贈与税の課税の場面を前提とする評価通達の前記の定めをそのまま用いることはできず，所得税法の趣旨に則し，その差異に応じた取扱いがされるべきである。所得税基本通達59-6は，取引相場のない株式の評価につき，少数株主に該当するか否かの判断の前提となる『同族株主』に該当するかどうかは株式を譲渡又は贈与した個人の当該譲渡又は贈与直前の議決権の数により判定すること等を条件に，評価通達〔筆者注：財産評価基本通達〕の例により算定した価額とする旨を定めているところ，この定めは，上記のとおり，譲渡所得に対する課税と相続税等との性質の差異に応じた取扱いをすることとし，少数株主に該当するか否かについても当該株式を譲渡した株主について判断すべきことをいう趣旨のものということができる。」

　また，同最高裁判決には，宇賀克也裁判官，宮崎裕子裁判官の補足意見があり，参考になるので，以下に掲げることとしょう。

> 〔宇賀克也裁判官の補足意見〕
> 　私は法廷意見に賛成するものであるが，原審の通達に関する判示について，一言述べておきたい。
> 　原審は，租税法規の解釈は原則として文理解釈によるべきであり，みだりに拡張解釈や類推解釈を行うことは許されないとし，通達の意味内容についてもその文理に忠実に解釈するのが相当であり，通達の文言を殊更に読み替えて異なる内容のものとして適用することは許されないという。原審のいう租税法規の文理解釈原則は，法規命令については，あり得べき解釈方法の一つといえよう。しかし，通達は，法規命令ではなく，講学上の行政規則であり，下級行政庁は原則としてこれに拘束されるものの，国民を拘束するものでも裁判所を拘束するものでもない。確かに原審の指摘するとお

り，通達は一般にも公開されて納税者が具体的な取引等について検討する際の指針となっていることからすれば，課税に関する納税者の信頼及び予測可能性を確保することは重要であり，通達の公表は，最高裁昭和60年（行ツ）第125号同62年10月30日第三小法廷判決・裁判集民事152号93頁にいう『公的見解』の表示に当たり，それに反する課税処分は，場合によっては，信義則違反の問題を生ぜしめるといえよう。しかし，そのことは，裁判所が通達に拘束されることを意味するわけではない。さらに，所得税基本通達59-6は，評価通達の『例により』算定するものと定めているので，相続税と譲渡所得に関する課税の性質の相違に応じた読替えをすることを想定しており，このような読替えをすることは，そもそも，所得税基本通達の文理にも反しているとはいえないと考える。

　　もっとも，租税法律主義は課税要件明確主義も内容とするものであり，所得税法に基づく課税処分について，相続税法に関する通達の読替えを行うという方法が，国民にとって分かりにくいことは否定できない。課税に関する予見可能性の点についての原審の判示及び被上告人〔筆者注：第一審被告国〕らの主張には首肯できる面があり，より理解しやすい仕組みへの改善がされることが望ましいと思われる。」

〔宮崎裕子裁判官の補足意見〕

　　私は，法廷意見に賛成であるとともに，宇賀裁判官の補足意見に同調するものであるが，さらに以下の点を敷衍しておきたい。

　　法廷意見で指摘しているとおり，所得税法に基づく譲渡所得に対する課税と相続税法に基づく相続税，贈与税の課税とでは，課税根拠となる法律を異にし，それぞれの法律に定められた課税を受けるべき主体，課税対象，課税標準の捉え方等の課税要件も異にするという差異がある。その点を踏まえると，所得税法適用のための通達の作成に当たり，相続税法適用のための通達を借用し，しかもその借用を具体的にどのように行うかを必ずしも個別に明記しないという所得税基本通達59-6で採られている通達作成手法には，通達の内容を分かりにくいものにしているという点において問題があるといわざるを得ない。本件は，そのような通達作成手法の問題点が顕在化した事案であったということができる。租税法の通達は課税庁の公的見解の表示として広く国民に受け入れられ，納税者の指針とされていることを踏まえるならば，そのような通達作成手法については，分かりやすさという観点から改善が望まれることはいうまでもない。

　　さて，所得税基本通達59-6には上記の問題があることが認められるものの，より重要なことは，通達は，どのような手法で作られているかにかかわらず，課税庁の公的見解の表示ではあっても法規命令ではないという点である。そうであるからこそ，ある通達に従ったとされる取扱いが関連法令に適合するものであるか否か，すなわち適法であるか否かの判断においては，そのような取扱いをすべきことが関連法令の解釈によって導かれるか否かが判断されなければならない。税務訴訟においても，通達の文言がどのような意味内容を有するかが問題とされることはあるが，これは，通達が租税法の法規命令と同様の拘束力を有するからではなく，その通達が関連法令の趣旨目的及びその解釈によって導かれる当該法令の内容に合致しているか否かを判断する

ために問題とされているからにすぎない。そのような問題が生じた場合に，最も重要なことは，当該通達が法令の内容に合致しているか否かを明らかにすることである。通達の文言をいかに文理解釈したとしても，その通達が法令の内容に合致しないとなれば，通達の文理解釈に従った取扱いであることを理由としてその取扱いを適法と認めることはできない。このことからも分かるように，租税法の法令解釈において文理解釈が重要な解釈原則であるのと同じ意味で，文理解釈が通達の重要な解釈原則であるとはいえないのである。

　これを本件についてみると，本件においては，所得税法59条1項所定の『その時における価額』が争われているところ，同項は，譲渡所得について課税されることとなる譲渡人の下で生じた増加益の額を算定することを目的とする規定である。そして，所得税基本通達23〜25共－9の(4)ニは，取引相場のない株式のうち売買実例のある株式等に該当しないものの価額を『1株又は1口当たりの純資産価額等を参酌して通常取引されると認められる価額』とし，さらに同通達59-6は，その価額について，原則として，同通達(1)〜(4)によることを条件に評価通達の例により算定した価額としているとしていることは，法廷意見のとおりである。そして，先に述べたように，通達に従った取扱いは，当該通達が法令の内容に合致していない場合には，適法とはいえず，本件の場合，譲渡所得に対する所得税課税について相続税法に関する通達を借用した取扱いが適法となるのは，そのような借用が所得税法に合致する限度に限られる。

　所得税基本通達59-6は，取引相場のない株式に係る所得税法59条1項所定の『その時における価額』について，無限定に評価通達どおりに算定した額とするものとしているわけではなく，評価通達の『例により』算定した価額としていることは，法廷意見が指摘するとおりである。これは，同項の『その時における価額』の算定について評価通達を借用するに当たっては，少なくとも，譲渡所得に対して課される所得税と評価通達が直接対象としてきた相続税及び贈与税との差異から，所得税法の規定及びその趣旨目的に沿わない部分については，これを同法59条1項に合致するように適切な修正を加えて当てはめるという意味を含んでいると理解することができ，このことは，所得税基本通達59-6に，個別具体的にどのような修正をすべきかが明記されているか否かに左右されるものではない。このような理解を前提とする限り，所得税基本通達59-6による評価通達の借用は，所得税法59条1項に適合しているということができる。因みに，同項の『その時における価額』の算定においても評価通達の文言通りの取扱いをすべきとする根拠は，同項にもその他の関連する法令にも存在しない。

　そして，所得税基本通達59-6の(1)は，少数株主に該当するか否かの判断の前提となる『同族株主』に該当するかどうかにつき株式を譲渡又は贈与した個人（すなわち，株式を取得した者ではなく，株式の譲渡人）の当該譲渡又は贈与直前の議決権の数によると明記していることは原審判決も摘示しているとおりであるが，これは所得税法59条1項が譲渡所得に対する課税に関する規定であるため，同項に合致するよう評価通達に適切な修正を加える必要があるという理由から定められたものであることは明らかである。この理由は，評価通達188の(3)の少数株主の議決権の割合に言及している部分についても同様に当てはまる。なぜならば，譲渡人に課税される譲渡所得に対する所得税課税の場合には，譲渡の時までに譲渡人に生じた増加益の額の算定が問題となるのであるから，その額が，譲渡人が少数株主であったことによって影響を受け

> ることはあり得るとしても，当該譲渡によって当該株式を取得し，当該譲渡後に当該
> 株式を保有することとなる者が少数株主であるか否かによって影響を受けると解すべ
> き理由はないからである。したがって，所得税法59条1項所定の『その時における価
> 額』の算定に当たってなされる評価通達188の(3)を借用して行う少数株主か否かの判
> 断は，当該株式を取得した株主についてではなく，当該株式を譲渡した株主について
> 行うよう修正して同通達を当てはめるのでなければ，法令（すなわち所得税法59条1
> 項）に適合する取扱いとはいえない。」

　同最高裁の指摘するように，所得税法59条に該当するか否かを決する場合，
少数株主に該当するか否かの判断の前提となる「同族株主」該当性は，株式を
譲渡又は贈与した個人の当該譲渡又は贈与直前の議決権の数により判定するこ
とになるが，相続税・贈与税では，相続人・受遺者，受贈者からみた相続・贈
与後の議決権の数により判定することに注意を要する。

〔注〕
(1)　判例評釈として，品川芳宣・税研133号106頁（2007）など参照。
(2)　判例評釈として，品川芳宣・税研46号29頁（1992），石倉文雄・ジュリ1032号118頁
　　（1993）など参照。
(3)　判例評釈として，田代行孝・税理48巻14号107頁（2005），増田英敏＝久乗哲・TKC
　　税研情報15巻5号122頁（2006），岩武一郎・会計専門職紀要〔熊本学園大学大学院〕3
　　号89頁（2012）など参照。
(4)　この判決については，権田和雄「政治献金等収入と課税」税大ジャーナル18号1頁
　　（2012）が詳しい。
(5)　判例評釈として，大淵博義・税弘68巻11号113頁（2020），同・税弘69巻12号129頁
　　（2021），中里実・商事2289号36頁（2022），藤谷武史・ジュリ1548号10頁（2020），浅妻
　　章如・ジュリ1564号135頁（2021），得津晶・法教479号143頁（2020），田中晶国・民商
　　157巻2号90頁（2021），木山泰嗣・税通75巻8号6頁（2020），渡辺充・税理63巻10号
　　170頁（2020），伊川正樹・税法586号5頁（2021），増田英敏・税弘68巻7号128頁，8号
　　103頁，10号140頁（2020），林仲宣・税弘68巻7号129頁（2020），加藤友佳・令和2年度
　　重要判例解説〔ジュリ臨増〕158頁（2021）など参照。また，同事件を扱ったものとして，
　　酒井克彦「取引相場のない株式の評価」経理研究60号38頁（2018），同「取引相場のない
　　株式と低額譲渡（上）（下）」税務事例51巻5号94頁，6号107頁（2019）など参照。

24　株式評価を巡る問題点―合併後の会社の株式の評価―

　個人が２つの会社の株式を有しており，それぞれ，会社規模が「中の大」と「中の小」だったときに，この２社を合併させることにより「大会社」となり，株価が下がった場合，税務上の問題はないのであろうか。

　合併により「大会社」になり，類似業種比準方式を適用することができれば，株価の引下げができるように思われるが，これについては，①合併直後は，類似業種比準方式の適用に一定の制限を受ける，②合併直後から類似業種比準方式の適用ができる，との２つの考え方があり得る。

　まず，相続税法64条《同族会社等の行為又は計算の否認等》４項を確認してみよう。同条項は次のように規定する。

相続税法64条《同族会社等の行為又は計算の否認等》

４　合併，分割，現物出資若しくは法人税法第２条第12号の５の２に規定する現物分配又は同条第12号の16に規定する株式交換等若しくは株式移転（以下この項において「合併等」という。）をした法人又は合併等により資産及び負債の移転を受けた法人（当該合併等により交付された株式又は出資を発行した法人を含む。以下この項において同じ。）の行為又は計算で，これを容認した場合においては当該合併等をした法人若しくは当該合併等により資産及び負債の移転を受けた法人の株主若しくは社員又はこれらの者と政令で定める特別の関係がある者の相続税又は贈与税の負担を不当に減少させる結果となると認められるものがあるときは，税務署長は，相続税又は贈与税についての更正又は決定に際し，その行為又は計算にかかわらず，その認めるところにより，課税価格を計算することができる。

　この規定が適用されているケースがあるか否かは明らかでないが，ほとんどないものと推察される。

　では，国税当局はこの問題をどのように考えているかであるが，類似業種比準方式の適用について，ある書籍では，合併直後に類似業種比準方式を適用する場合には，一定の制限を受ける旨明らかにしている（櫻井元博編『令和３年版株式・公社債評価の実務』234-237頁（大蔵財務協会2021））。

　そこでは，比準３要素をとる場合に，合併の前後で会社実態に変化があるときには，合理的な数字が得られないので制限を受けるとしている。他方で，合

併の前後で会社実態に変化がない場合には，類似業種比準方式の適用も認められるとも記している。

　この取扱いは，相続税法はおろか，財産評価基本通達にさえ記載のないものであって，このような書籍の記載に何ら納税者は縛られないことは当然である。しかし，上記書籍にあるように比準3要素につき合理的な数字が得られないという指摘も理解できる。合併の前後で会社実態に変化がない場合には，類似業種比準方式の適用も認められると記載されてはいるものの，比準3要素に合理的な数字が得られない場合には，財産評価基本通達6《この通達の定めにより難い場合の評価》の適用も考えられる（いわゆる総則6項）。

財産評価基本通達6《この通達の定めにより難い場合の評価》
　この通達の定めによって評価することが著しく不適当と認められる財産の価額は，国税庁長官の指示を受けて評価する。

　仮に，課税庁が書籍により見解を表明して，それにより，通達と同様に納税者を拘束することを意図しているとするのであれば，その手法には疑問があるものの，合併直後は，類似業種比準方式の適用に一定の制限を受けるという考え方を受け入れざるを得ないものと考える。

　したがって，合併により会社規模が大きくなったとしても，合併直後は，類似業種比準方式の適用に一定の制限を受けると考えておいた方がよいと思われる。では，何年経てば大会社として評価して差し支えないかということであるが，おおむね合併後3年を経過すれば，各要素につき合理的な数字が出揃うものと思われる。したがって，合併直後に株式の贈与をするなどの性急な行動をとらずにおけば，合併により会社規模を大きくすることは，株価の引下げに効果があると解しておきたい。

25　法人版事業承継税制

(1)　制度の概要

　会社の後継者が，贈与，相続又は遺贈（以下「贈与等」という。）により，「中小企業における経営の承継の円滑化に関する法律」（以下「円滑化法」という。）の認定を受けた非上場会社の議決権株式等（総発行株式の100%が対象となる。）を取得した場合には，その後継者が納付すべき贈与税額，相続税額の全てに係る課税価格に対応する贈与税額，相続税額についてはその贈与者又は後継者の死亡等の日までその納税が猶予される（措法70の7の5，70の7の6。なお，制度の詳細については，酒井・事業承継税制第2章も参照）。

(2)　認定承継会社の主な要件

　認定承継会社とは，円滑化法に規定する中小企業者のうち円滑化法認定を受けた会社で相続開始の時に次の全てを満たすものをいう（措法70の7の6②）。

①　中小企業者要件……円滑化法に定める中小企業者であること。

②　円滑化法認定要件……当該会社が，円滑化法の認定を受けた会社に該当すること。

③　従業員要件……常時使用する従業員の数が1人以上であること。

④　資産保有型会社等非該当要件……資産保有型会社又は資産運用型会社に該当しないこと。

⑤　非上場株式等要件……当該会社及びその特定特別関係会社の株式等が，非上場株式等に該当すること。

⑥　風俗営業会社非該当要件……当該会社及びその特定特別関係会社が，風俗営業会社に該当しないこと。

⑦　直前の事業年度における主たる事業活動からの収入金額がゼロを超えること。

⑧　会社法108条《異なる種類の株式》1項8号の種類株式（いわゆる黄金株）を後継者以外の者が有していないこと。

(3)　贈与者，被相続人の主な要件

贈与者又は被相続人の主な要件を掲げると以下のとおりである。

① 　代表権保有要件……会社の代表権（制限が加えられたものを除く。）をいずれ
　かの時点で有していたこと。

② 　議決権保有要件……一族の中で，筆頭株主であること（後継者を除く。）。

(4)　後継者の主な要件

後継者の主な要件を掲げると以下のとおりである。

① 　代表権保有要件……贈与時，相続開始から5月を経過する日に当該会社
　の代表権を有すること。

② 　関係者による議決権保有要件……同族関係者と合わせて会社の総株主議
　決権数の50％を超える議決権の数を有すること。

③ 　議決権保有要件……一族の中で，筆頭株主であること。

④ 　役員要件……贈与時点で3年間役員であること。相続開始の直前におい
　て，当該会社の役員であること。ただし，当該被相続人が70歳未満で死亡
　した場合は不要である。

(5)　猶予税額の納付

特例承継期間等（申告期限の翌日から5年を経過する日まで）内に，後継者が代表
権を有しなくなった場合などは，猶予税額の全額を納付しなければならない。

また，特例承継期間等の経過後は，後継者が当該株式を譲渡した場合などは，
全額又は一部の猶予税額を納付しなければならない。

26 相続税・贈与税一体化の議論

(1) これまでの議論

　贈与税は，生前の財産分割による相続税の歪みを防ぐ意味で相続税を補完するものであるから，その負担は，相続税の負担との関連において定められることが適当とされてきた。近時，高齢化の進展により被相続人・相続人双方の年齢が上昇する中で，今後，特に親子間において，相続の機会を待つことなく財産を移転させる必要性が高まってきており，高齢者層に資産が偏在しているものを若年・中年世代への早期の財産移転を図ることが，経済社会の活性化を図る上で望ましいとの考え方から，平成13年から基礎控除が60万円から110万円に引き上げられた。また，平成15年には，生前における贈与と相続との間で，資産の移転時期の選択に対する中立性を確保することにより，生前における贈与による資産の移転の円滑化に資することを目的とする相続時精算課税制度が選択制で導入された。

(2) 令和5年度税制改正大綱

　そうした背景の中，令和4年12月16日に発表された自由民主党・公明党「令和5年度税制改正大綱」は，その基本的考え方等の中で「資産移転の時期の選択により中立的な税制の構築」として以下のように述べていた。

　「高齢化等に伴い，高齢世代に資産が偏在するとともに，いわゆる『老老相続』が増加するなど，若年世代への資産移転が進みにくい状況にある。高齢世代が保有する資産がより早いタイミングで若年世代に移転することとなれば，その有効活用を通じた経済の活性化が期待される。
　一方，相続税・贈与税は，税制が資産の再分配機能を果たす上で重要な役割を担っている。高齢世代の資産が，適切な負担を伴うことなく世代を超えて引き継がれることとなれば，格差の固定化につながりかねない。
　わが国の贈与税は，相続税の累進負担の回避を防止する観点から，相続税よりも高い税率構造となっている。実際，相続税がかからない者や，相続税がかかる者であってもその多くの者にとっては，贈与税の税率の方が高いため，生前にまとまった財産を贈与しにくい。他方，相続税がかかる者の中でも相続財産の多いごく一部の者にとっては，財産を生前に分割して贈与する場合，相続税よりも低い税率が適用される。

　このため，資産の再分配機能の確保を図りつつ，資産の早期の世代間移転を促進する観点から，生前贈与でも相続でもニーズに即した資産移転が行われるよう，諸外国の制度も参考にしつつ，資産移転の時期の選択により中立的な税制を構築していく必要がある。
　①　相続時精算課税制度の使い勝手向上
　相続時精算課税制度は，平成15年度に次世代への早期の資産移転と有効活用を通じた経済社会の活性化の観点から導入されたものである。選択後は生前贈与か相続かによって税負担は変わらず，資産移転の時期に中立的な仕組みとなっており，暦年課税との選択制は維持しつつ，同制度の使い勝手を向上させる。具体的には，申告等に係る事務負担を軽減する等の観点から，相続時精算課税においても，暦年課税と同水準の基礎控除を創設する。これにより，生前にまとまった財産を贈与しにくかった者にとっても，相続時精算課税を活用することで，次世代に資産を移転しやすい税制となる。
　②　暦年課税における相続前贈与の加算
　現行，相続開始前3年以内に受けた贈与は相続財産に加算することとなっている。暦年課税においても，資産移転の時期に対する中立性を高めていく観点から，相続財産に加算する期間を7年に延長する。その際，過去に受けた贈与の記録・管理に係る事務負担を軽減する観点から，延長した期間（4年間）に受けた贈与のうち一定額については，相続財産に加算しないこととする。」

(3)　令和5年度税制改正

　これを受け，令和5年度税制改正において，以下のような改正が行われた。
　まず，相続時精算課税制度に関し，令和6年1月1日以後に贈与により取得する財産に係る相続税又は贈与税について，次のように改正された。
　すなわち，相続時精算課税適用者が特定贈与者から贈与により取得した財産に係るその年分の贈与税については，現行の基礎控除とは別途，課税価格から基礎控除110万円を控除できることとされるとともに，特定贈与者の死亡に係る相続税の課税価格に加算等をされる当該特定贈与者から贈与により取得した財産の価額は，上記の控除をした後の残額となることとされた。
　また，暦年贈与の生前贈与加算に関しては，令和6年1月1日以後に贈与により取得する財産に係る相続税について，次のように改正された。
　すなわち，相続又は遺贈により財産を取得した者が，当該相続の開始前7年以内（現行：3年以内）に当該相続に係る被相続人から贈与により財産を取得したことがある場合には，当該贈与により取得した財産の価額（当該財産のうち当該相続の開始前3年以内に贈与により取得した財産以外の財産については，当該財産の価額

の合計額から100万円を控除した残額）が相続税の課税価格に加算されることとなったのである。

(4)　実務の対応

このように，令和6年1月からの贈与については，大きな改正が行われたところである。そうした中での実務の対応としては以下のことが考えられる。

①　令和5年分は，暦年贈与の生前贈与加算が3年のままなので，推定相続人への贈与を積極的に行うことが考えられる。このときに，配偶者への贈与は，仮に3年以内に相続が発生した場合には，支払った贈与税額が控除し切れずに還付ができないことが想定されるので，大きな金額はよく検討してからにすべきである。

②　令和5年分も含め，令和6年分以降も，推定相続人以外（孫）への贈与は，当該受贈者が相続又は遺贈により被相続人から財産を取得しない限り，生前贈与加算はないので，推奨される。

③　令和6年分以降は，推定相続人に対しては，110万円の別枠の基礎控除が設けられる相続時精算課税制度を利用していくことも考慮してよいと思われる。

　✍　ただし，相続時精算課税制度の選択には，以下のようなリスクがあることを理解しておくべきである。
　　①　贈与財産の価値が下落しても，相続時に加算する金額は贈与時点の課税価額となる。
　　②　受贈者が特定贈与者より先に死亡すると二重課税になるおそれがある。
　　③　小規模宅地等の特例制度の適用ができない。

第 6 章

事業・組織戦略の資金手当て

27　資金手当ての重要性

(1)　はじめに

　中小企業の経営において資金繰りは重要である。近年において，経営者は新型コロナウイルス感染症の拡大，豪雨等の大型災害，国際情勢不安，為替の急激な変動等，経営者自身が予測・統制できない事態に直面し，緊急時の資金繰りの重要性はさらに高まっている。本章では経営者の資金繰りや金融機関の融資に伴う経営者保証の動向等について様々な視点から検討する。

(2)　中小企業の資金繰り

　中小企業の経営において，毎期安定した利益を計上することは大変重要である。赤字が連続したことで，その企業が恒常的に赤字体質であると判断されれば，金融機関からの融資を受けることが難しくなる。大きな売上げがあったとしても，利益が計上されなければその会社の経営は順調とはいえない。その期間が長く続けば，事業の継続はいずれ限界を迎えることになる。

　財務諸表上の利益には，売上総利益，営業利益，経常利益，税引前当期純利益，当期純利益がある。これらの利益を確保できたとしてもまだ十分ではない。利益は収益から費用を差し引くことで求められるが，収益や費用は必ずしも現金の入出金と一致しない。例えば，売上げが発生しても代金をすぐに受け取ることができず，売掛金や受取手形が計上されることがある。他方で，費用が発生しても代金をすぐには支払わず，買掛金や支払手形が計上されることもある。借入金を返済することにより現金が減少しても費用が発生するわけではなく，借入れをして現金が増加しても収益が発生するわけではない。企業の収益が常に収入となり，費用が常に支出になるとは限らない。黒字倒産という言葉が存在するように，利益の計上と資金繰りは別であるということを，中小企業の経営者は理解しなければならない。

　　✐　令和 3 年 2 月18日付け日本経済新聞によると，経済産業省は約束手形について令和 8 年をめどに利用廃止を目指す方針を掲げている。

　売上げ・仕入れと収入・支出のバランスが崩れ，支出に見合った収入が得られなくなると，経営のために必要な手元資金が枯渇するようになる。商品の仕入代金や従業員の給与等の支払が困難となり，その資金不足に耐えられなくなったタイミングで，事業の継続が困難となる。中小企業にとって手元資金はそれだけ重要であり，安定した経営を続けるためには，売上げや利益だけでなく，資金繰りを重視する必要がある。

　資金繰りとは，企業の経営において，一定の期間の資金の収入と支出とを対照させることで，過不足を調整することである。資金繰りを安定させるためには，収入金額を大きくし，支出金額を少なくすることだけでなく，収入の時期，支出の時期をコントロールすることが重要である。売上代金をできるだけ早く回収する一方，仕入代金等の支払をできるだけ遅くすることで，手元資金に余裕を持たせ，会社の経営を安定させることができる。そのためには資金繰り表を作成し，企業の収入と支出，資金の流れを把握することが求められる。

　中小企業庁のホームページでは，図表1のように，中小企業が自社の資金の流れを把握するために利用できるツール（「簡易資金予定表」等）を公開している。資金繰りに苦しむことがあるものの，資金繰り表を作成したことがないといった経営者は，まずこれらの作成にチャレンジしてみるとよいであろう。

図表1

簡易資金予定表

| 達成率見込 | 60% |

資金予定表

	R5年2月	R5年3月	R5年4月	R5年5月	R5年6月	R5年7月
月初現金残高	4,000	2,705	810	525	450	925

	R5年2月	R5年3月	R5年4月	R5年5月	R5年6月	R5年7月
売上	4,000	2,500	6,000	6,000	5,000	4,500
入金	1,600	1,000	3,600	4,350	4,550	5,400

	R5年2月	R5年3月	R5年4月	R5年5月	R5年6月	R5年7月
仕入	2,100	1,200	3,000	3,000	2,500	2,500
仕入支払	1,470	1,470	2,460	3,000	2,650	2,500

人件費	250	250	250	250	250	250
営業経費	700	700	700	700	700	700
支払利息	25	25	25	25	25	25
借入金返済	250	250	250	250	250	250
税金・社会保険料	50	50	50	50	50	50
その他支払経費	150	150	150	150	150	150
支出合計	2,895	2,895	3,885	4,425	4,075	3,925

当月収支	-1,295	-1,895	-285	-75	475	1,475
月末現金残高	2,705	810	525	450	925	2,400

達成率を加味した資金予定表

	R5年2月	R5年3月	R5年4月	R5年5月	R5年6月	R5年7月
月初現金残高	4,000	2,653	946	205	-410	-695

	R5年2月	R5年3月	R5年4月	R5年5月	R5年6月	R5年7月
売上	2,400	1,500	3,600	3,600	3,000	2,700
入金	960	600	2,160	2,610	2,730	3,240

	R5年2月	R5年3月	R5年4月	R5年5月	R5年6月	R5年7月
仕入	1,260	720	1,800	1,800	1,500	1,500
仕入支払	882	882	1,476	1,800	1,590	1,500

人件費	250	250	250	250	250	250
営業経費	700	700	700	700	700	700
支払利息	25	25	25	25	25	25
借入金返済	250	250	250	250	250	250
税金・社会保険料	50	50	50	50	50	50
その他支払経費	150	150	150	150	150	150
支出合計	2,307	2,307	2,901	3,225	3,015	2,925

当月収支	-1,347	-1,707	-741	-615	-285	315
月末現金残高	2,653	946	205	-410	-695	-380

(出所) 中小企業庁 HP「早期経営改善計画策定支援」より

(3) 資金使途

　中小企業には様々な資金使途がある。ここでは運転資金，設備投資資金，緊急時の資金，事業承継時の資金の4つに分けて説明しよう。

ア 運転資金

　運転資金とは，その企業が日々の事業を続けていくために必要となる資金である。売上げを計上するための資産（売上債権，棚卸資産）を回転させるためのコストであり，回転資金と呼ばれることもある。

【運転資金の計算方法】

$$\underset{(\text{売掛金, 受取手形等})}{\text{売上債権}} + \text{棚卸資産} - \underset{(\text{買掛金＋支払手形等})}{\text{仕入債務}} = \text{運転資金}$$

　企業の手元資金として必要な運転資金の目安は業種や企業の規模等によっても異なるものの，おおよそ2〜3か月分といわれている。現金取引が主体の企業や，売掛金の回収が早い企業であれば手元の運転資金は少なくてもよいが，売上債権を現金化するまでに時間がかかる企業であれば，経営者は手元の運転資金が十分かどうか常に目を光らせておく必要がある。手元資金が不足する場合，売上債権を現金化するために手形割引やファクタリング（☞ファクタリングとは）を利用することが考えられるが，その場合，手数料等のコストが発生することになる。

> ☞ **ファクタリング**とは，売掛債権を期日前に譲渡することで現金を得ることをいい，中小企業の資金繰り対応として活用されている手法の1つである。

　なお，中小企業白書〔2021年版〕では，手元現預金に対する企業の意識の変化が指摘されている（中小企業庁編『中小企業白書〔2021年版〕』Ⅱ-52（2021））。図表2は，安定的な事業継続のために必要な現預金は月商の何か月程度と企業が考えているかについて調査したものである。新型コロナウイルス感染症の流行後，3か月未満と回答する企業の割合が減少し，3か月以上と回答する割合が増加している。不確実性に備えるため，手元現預金の積増しが必要と考えている企業が増加したものと推察される。

図表2 安定的な事業継続のために必要だと考える現預金水準

(n=5,673)

	6か月以上	5〜6か月未満	4〜5か月未満	3〜4か月未満	2〜3か月未満	1〜2か月未満	1か月未満	分からない
感染症流行前	11.0%	6.1%		14.9%		28.5%	24.0%	6.2%
感染症流行後	19.0%	10.2%	7.2%	16.5%		22.0%	13.9%	8.1%

0　10　20　30　40　50　60　70　80　90　100　(%)

□ 6か月以上　　　□ 4〜5か月未満　　　■ 2〜3か月未満　　　■ 1か月未満
▧ 5〜6か月未満　　▨ 3〜4か月未満　　　▧ 1〜2か月未満　　　■ 分からない

資料：(株) 東京商工リサーチ「中小企業の財務・経営及び事業承継に関するアンケート」
(注) 月商の何か月程度かを聞いている。
(出所) 中小企業庁編『中小企業白書〔2021年版〕』Ⅱ−52 (2021) より

イ　設備投資資金

　機械設備やシステムの導入，工場や社屋等を建設するための資金であり，金融機関からの借入金等によって対応することが多い。金額は比較的高額となり，返済期間は長期となる。中小企業の設備投資は，ほぼ横ばいで推移してきた。

　設備投資に関しては，中小企業の設備投資を支援する各種の税制優遇制度や

図表3　企業規模別に見た設備投資の推移

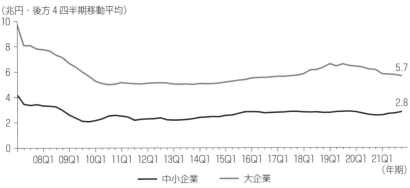

(兆円・後方4四半期移動平均)

5.7
2.8

08Q1　09Q1　10Q1　11Q1　12Q1　13Q1　14Q1　15Q1　16Q1　17Q1　18Q1　19Q1　20Q1　21Q1
(年期)

—— 中小企業　　—— 大企業

資料：財務省「法人企業統計調査季報」
(注) 1．ここでいう大企業とは資本金10億円以上の企業，中小企業とは資本金1千万円以上1億円未満の企業とする。
　　 2．金融業，保険業は含まれていない。
　　 3．設備投資は，ソフトウェアを除く。
(出所) 中小企業庁編『中小企業白書〔2022年版〕』Ⅰ−17 (2022) より筆者一部修正

地方自治体の補助金，助成金等が存在する。設備投資を検討する際には，その目的に合わせて，これらの支援策を積極的に利用することを検討したい。令和3年には，企業の新分野展開，業態転換，事業・業種転換，事業再編又はこれらの取組みを通じた規模の拡大等，中小企業の事業の再構築，そのための設備投資等を支援する経済産業省の事業再構築補助金制度も創設されている。採択された場合，補助金として得ることができる金額が高額であることから中小企業や税理士等の間で注目されている。

> ✍ 事業再構築補助金の公募は，令和5年8月31日現在において第11回公募まで行われている。

ウ　緊急時の資金

取引先の破綻等による貸倒れ，トラブルによる取引先や従業員等への損害賠償，大型設備の修理，災害による被害の発生等，何らかの理由により，緊急の資金が必要となる場合がある。内部留保が蓄積されている企業であれば自己資金で乗り切ることができるが，中小企業の場合，急な資金需要への対応ができなければその企業の存続にも関わってくることになる。

令和2年以降の新型コロナウイルス感染症の拡大によって，数多くの企業が資金を必要とし，自治体や政府系金融機関等が緊急の融資を行った。これらの融資制度を利用する際には，経営者の個人保証が必要となることも多い。中小

図表4　中小企業向け貸出金の推移

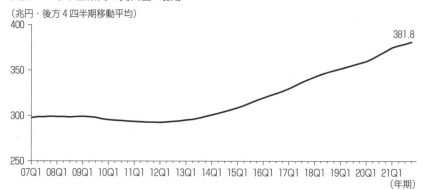

資料：日本銀行「貸出先別貸出金」
（出所）中小企業庁編『中小企業白書〔2022年版〕』I—24（2022）より

企業は経営を立て直し，これらの借入金を確実に返済していくことが求められている。

エ　事業承継時の資金

経営者の退職金，廃業資金，M&A のための資金等，中小企業の事業承継等に際して必要となる資金がある。後継者による経営権確保のための株式取得資金，相続時に自社株に課せられる相続税の納税資金等，企業ではなく後継者等が個人として必要になる資金もある。これらの資金を計画的に準備するために，生命保険が利用される場合がある。

なお，事業承継や M&A を契機とした経営革新等への挑戦や，M&A による経営資源の引継ぎ，廃業・再チャレンジを行おうとする中小企業者等を後押しするため，「事業承継・引継ぎ補助金」といった支援制度も存在する。

(4)　資金調達

企業がこれらの資金を調達する手段としては，デットファイナンス（借入れによる資金調達），エクイティファイナンス（株式発行などによる資金調達），手元資産の売却，固定費の削減による余剰資金の蓄積などが考えられる。小規模企業の場合，エクイティファイナンスを行うことはまれであり，一般的には手元資産の売却や知人，取引先，金融機関等からの借入れが資金調達の中心的な手段となる。

財務省の法人企業統計調査によると，資本金1,000万円未満の小規模企業の借入金依存度は比較的高い水準で推移しており，令和元 (2019) 年度時点で60.1%となっている。小規模企業が借入金に依存した経営を行っていることを読み取ることができる。

図表5　資金調達構造の変遷（企業規模別）

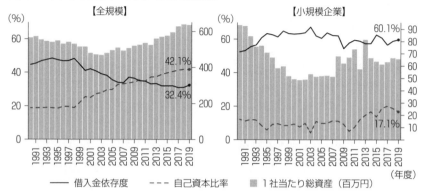

財務省「法人企業統計調査年報」
(注)1．小規模企業とは資本金1千万円未満の企業。
　　　2．借入金依存度＝（金融機関借入金＋その他の借入金＋社債）÷総資産
　　　3．自己資本比率＝純資産÷総資産
(出所)中小企業庁編『中小企業白書〔2021年版〕』Ⅱ－4（2021）より筆者一部加工

28　生命保険の活用

(1)　事業保険とは

　法人を契約者とし，その法人の経営者や従業員を被保険者とする生命保険は一般的に「事業保険」と呼ばれている。多くの中小企業が様々な目的で生命保険に加入している。

　経営者を被保険者とし，保険金受取人を法人とする事業保険では，経営者が死亡したり病気で入院したりした場合に，法人に保険金や給付金が支払われる。中小企業の大黒柱である経営者の不在という緊急時において，その不在による売上げや利益の減少を，保険金や給付金収入で補填することが期待できる。

　契約した保険の種類によっては，保険契約を解約した場合，保険会社から解約返戻金が支払われることがある。また，解約返戻金がある保険種類の多くでは，契約者貸付け（☞契約者貸付けとは）を利用することができる。事業保険に加入しておくことで，企業が資金繰りに苦しんでいるときに，死亡時の保険金や入院時の給付金だけでなく，様々な形で緊急時の資金を確保することができる。

　　☞　**契約者貸付け**とは，契約者が契約している生命保険の解約返戻金の一定範囲内で，所定の金利を負担し，保険会社から貸付けを受けることをいう。

(2)　中小企業の資金手当てとの関係

ア　保険金・給付金

　事業保険の支払事由が発生し，死亡保険金や入院給付金等を受け取ることによって，企業は経営者死亡時，経営者不在時の資金を得ることができる。企業の当面の資金繰りや死亡退職金の原資とすることが想定される。

イ　解約返戻金・契約者貸付金

　企業が資金繰りに窮したとき，事業保険の解約返戻金や契約者貸付金を利用することができる。また，契約者の勇退時に事業保険を解約し解約返戻金を得ることで，退職慰労金の原資とすることができる。

ウ　保険料

　企業が資金繰りに窮したとき，事業保険を新たな内容に見直したり，保険金額を下げたりすることで，企業が支払う保険料の負担を低減させることができる場合がある。恒常的な支出を減らすことで，企業の資金繰りを改善することができる。

〔事業保険の契約例〕

定期保険

解約返戻金

契約者・死亡保険金受取人：法人，被保険者：経営者（50歳男性）
死亡保険金額：5,000万円，保険期間・保険料払込期間：100歳まで
口振月払保険料：129,500円
・保険期間内に経営者が死亡　　　　　⇒ 死亡保険金 5,000万円
・資金繰り困難で10年目に解約　　　　⇒ 解約返戻金 約1,200万円
・資金繰り困難で10年目に契約者貸付け ⇒ 借入限度額 約1,000万円

※本書で紹介するエヌエヌ生命の商品内容（保険料等）は本書作成時のものであり，将来は変更している場合があります。

(3)　事業保険の税務

ア　基本的な考え方

　課税実務上，主要な生命保険の保険料の取扱いは法人税基本通達等に示されている。契約者である法人がそれらの規定に基づいて保険料を損金に算入していた場合，後日法人が得ることになる保険金や給付金，解約返戻金は益金に算入する。保険料の一定額を資産に計上していた場合，保険金等とその資産計上額との差額を益金若しくは損金に算入するというのが保険税務の基本的な考え方となる（村井・事業保険の基礎18頁も参照）。

〔法人が行う経理処理のイメージ〕

契約形態	契約者	被保険者	保険金・給付金受取人
	法人	役員・従業員	法人

〈仕訳例①〉

保険料を支払ったとき（保険料の全額を損金算入する場合）

借方	貸方
定期保険料　　　　　　＊＊＊万円 （費用の発生）	現金・預金　　　　　　　＊＊＊万円 （資産の減少）

保険金・解約返戻金等を受け取ったとき

借方	貸方
現金・預金　　　　　　＊＊＊万円 （資産の増加）	雑収入　　　　　　　　　＊＊＊万円 （収益の発生）

〈仕訳例②〉

保険料を支払ったとき（保険料の一部を資産計上する場合）

借方	貸方
前払保険料　　　　　　＊＊＊万円 （資産の増加） 定期保険料　　　　　　＊＊＊万円 （費用の発生）	現金・預金　　　　　　　＊＊＊万円 （資産の減少）

保険金・解約返戻金等を受け取ったとき

借方	貸方
現金・預金　　　　　　＊＊＊万円 （資産の増加）	前払保険料　　　　　　　＊＊＊万円 （資産の減少） 雑収入　　　　　　　　　＊＊＊万円 （収益の発生）

イ　保険税務の変遷

　生命保険の保険料の取扱いに係る法人税基本通達等は，これまでに度重なる改正が行われている。事業保険の税務を検討する際には，これらの通達等の適用時期に十分注意する必要がある。

　近年における主要な改正としては次の２つを挙げることができる。詳細についてはそれぞれの通達等によられたい（村井・事業保険の基礎21頁，48頁も参照）。

（ア）　令和元年における法人税基本通達の改正

　定期保険・第三分野保険の保険料の取扱いについて，令和元年，法人税基本通達9-3-5の2《定期保険等の保険料に相当多額の前払部分の保険料が含まれる場合の取扱い》が新設された。これによって，定期保険・第三分野保険の保険料の取扱いは，その契約の最高解約返戻率等により4つに区分されることになった。一部を除いて令和元年7月8日以降の契約に適用されている。

　同通達は，法人が自己を契約者とし，役員又は使用人を被保険者とする定期保険又は第三分野保険に加入してその保険料を支払った場合の取扱いを明らかにしている。定期保険とは，一定期間内における被保険者の死亡を保険事故とする生命保険をいう。第三分野保険の商品内容は極めて多岐にわたるが，例えば，傷害保険，疾病保険，がん保険，医療保険，介護保険と称される保険商品などが該当する。

〈仕訳例〉定期保険　※数値等は架空のものを使用している。

契約者・死亡保険金受取人：法人，被保険者：経営者（50歳男性）

死亡保険金額：5,000万円，保険期間・保険料払込期間：20年間

年払保険料：100万円，最高解約返戻率：60％

　最高解約返戻率が50％超70％以下の場合，保険期間の当初100分の40相当期間は保険料の100分の40を資産計上，保険期間の100分の75相当期間経過後にその資産計上額を期間の経過に応じて取り崩す。

〔1年目〜8年目〕

借方		貸方	
前払保険料 （資産の増加）	40万円	現金・預金 （資産の減少）	100万円
定期保険料 （費用の発生）	60万円		

〔9年目〜15年目〕

借方		貸方	
定期保険料 （費用の発生）	100万円	現金・預金 （資産の減少）	100万円

〔16年目～20年目〕

借方		貸方	
定期保険料 （費用の発生）	164万円	現金・預金 （資産の減少）	100万円
		前払保険料 （資産の減少）	64万円

(イ)　令和3年における所得税基本通達の改正

　令和3年において，保険契約等に関する権利の評価方法を規定する所得税基本通達36-37《保険契約等に関する権利の評価》が改正された。

　保険契約の契約者変更等の際には，その契約上の地位（権利）を，解約返戻金の額で評価することが原則とされている。一方，「低解約返戻金型保険」など解約返戻金の額が著しく低いと認められる期間のある保険契約等については，第三者との通常の取引において低い解約返戻金の額で名義変更等を行うことは想定されないことから，低解約返戻期間の保険契約等を解約返戻金の額で評価することへの疑問が生じていた。そのため，使用者が低解約返戻期間に保険契約上の地位を役員等に支給した場合には，次により評価することとし，その旨を同通達の後段で明らかにしている。

①　支給時解約返戻金の額が支給時資産計上額の70％に相当する金額未満である保険契約等に関する権利を支給した場合には，支給時資産計上額により評価する。

②　復旧することのできる払済保険その他これに類する保険契約等に関する権利を支給した場合には，支給時資産計上額に法人税基本通達9-3-7の2《払済保険へ変更した場合》の取扱いにより使用者が損金に算入した金額を加算した金額により評価する。

29 ケーススタディ

　本節では，中小企業の資金繰り，事業承継，M&A 等と事業保険の関係について考えてみたい。近年のデータや新設された制度等を取り上げて，具体的に検討することとする。

(1) 新型コロナウイルス感染症の拡大
ア　新型コロナウイルス感染症の拡大と中小企業への影響

　令和2年以降，新型コロナウイルス感染症の拡大により経済状況が急激に悪化したことで，運輸，観光，飲食業等を中心に多くの中小企業が資金繰りに苦しむことになった。政府は，これらの企業を支援するため，政府系金融機関等を活用した無利子・無担保融資を実施，持続化給付金，家賃支援給付金の制度の創設等を行ったものの，感染症は長期間にわたり終息せず，中小企業には厳しい状況が続いている。また，各種支援策の効果により経営破綻こそしていないものの，売上げの改善や借入金の返済等の目途が立っていない企業，身の丈に合わない過剰な債務を抱えてしまっている企業が多く存在することが指摘されている。

図表 6　政府系金融機関における融資承諾件数の推移

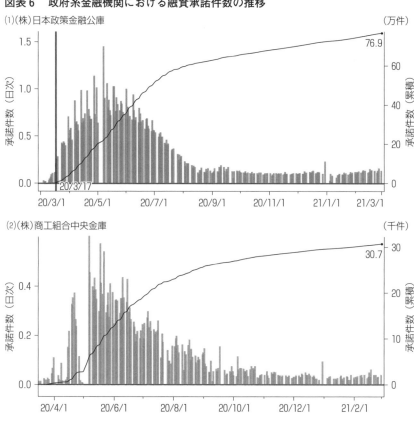

(1)(株)日本政策金融公庫

(2)(株)商工組合中央金庫

■ 承諾件数（日次）　　―― 承諾件数（累積）

資料：中小企業庁舎調べ（2021年2月末時点）
(注)　1．（株）日本政策金融公庫（国民生活事業・中小企業事業）及び（株）商工組合中央金庫における融資の
　　　　承諾件数を集計している。
　　　2．営業日以外の申込・承諾は翌営業日に合算して集計しているため、申込件数（日次）は必ずしも1日
　　　　の申込件数を示しているとは限らない。
(出所)　中小企業庁編『中小企業白書〔2021年版〕』Ⅱ-33頁（2021）より

イ　資金繰りの重要性

　　新型コロナウイルス感染症拡大により，中小企業の資金繰りの重要性が改め
て注目されることになった。ところで，経営者はどれくらい先まで自社の資金
繰りを予測しているのであろうか。

図表7　業績・資金繰り予測の期間

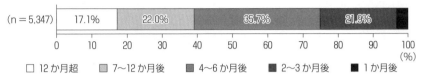

資料：（株）東京商工リサーチ「中小企業の財務・経営及び事業承継に関するアンケート」
（注）業績や資金繰りの先行きについて、どの程度まで管理しているか聞いたもの。
（出所）中小企業庁編『中小企業白書〔2021年版〕』Ⅱ-18頁（2021）より

　図表7は中小企業による「業績・資金繰り予測の期間」について調査したものであるが，「4～6か月後」まで管理していると回答した企業の割合が最も高い。また，図表8は「業績・資金繰り予測の管理主体」についての調査結果である。多くの企業において，経営者自らが業績・資金繰りを管理していることを読み取ることができる。仮に経営者自身が感染症等に罹患し重症化した場合，会社の運営に大きな支障が生じることが予想される。

図表8　業績・資金繰り予測の管理主体

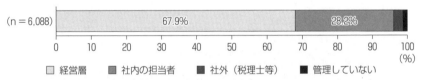

資料：（株）東京商工リサーチ「中小企業の財務・経営及び事業承継に関するアンケート」
（注）管理資料を用いて、業績や資金繰りの先行きについて誰が主体的に管理しているか聞いたもの。
（出所）中小企業庁編『中小企業白書〔2021年版〕』Ⅱ-15頁（2021）より

ウ　事業保険と資金繰りの関係

　新型コロナウイルス感染症拡大等による売上げの減少，資金繰りの悪化等に対処するため，多くの中小企業が事業保険を有効に活用した。事業保険には解約した場合の解約返戻金がないいわゆる掛捨てのものと，これとは異なり一定の解約返戻金が発生するものがある。前者は保険期間が短期の定期保険，後者は保険期間が長期の定期保険，逓増定期保険，終身保険，養老保険等が例として挙げられる。解約返戻金が発生する事業保険では，解約返戻金額の金額を上限とする契約者貸付けが可能であることが多い。契約者が貸付けを受けている間も保障は継続し，保険金等が支払われる際には保険金等から貸付金を相殺す

図表9　新型コロナウイルス感染症における生命保険会社の契約者貸付けの特別取扱いの例（エヌエヌ生命の場合）

対象契約者	全契約者（法人及び個人） （ただし，変額保険・変額年金保険・一時払変額年金保険を除く。）
金利	年利0.0%
上記金利適用金額	契約者貸付限度額まで
特別金利適用期間	令和2年2月18日から令和4年3月31日まで
受付期間	令和2年2月18日から令和3年12月31日まで

※上記の金利は特別の取扱いとして年利0.0%とされているが，エヌエヌ生命の場合，通常は年1.85～7％（複利，契約日等によって異なる。）である。

ることで精算を行う。

　新型コロナウイルス感染症拡大の際，各生命保険会社は災害発生時の特別な対応として一定期間，無利息での契約者貸付けを行った。事業保険に加入していた多くの中小企業は，自社の資金繰り等の状況を考慮し，解約返戻金や契約者貸付金を有効に利用することができた。また，金融機関等からの借入れと異なり，生命保険会社の解約手続，契約者貸付けの手続が簡易であり，請求から契約者口座への入金までの期間が短く，その利便性が高いことが改めて注目されることになった。

　　✍　なお，本書執筆日現在において，生命保険会社各社による契約者貸付けの利息免除の対応は終了している。

　また，事業保険を適切に見直すことで，契約者である中小企業の保険料負担を減らし，企業の資金繰りを改善することも可能である。解約返戻金がある保険期間が長期の定期保険等を解約し，解約返戻金がない保険期間が短い定期保険等に改めて加入することで，受け取った解約返戻金により手元資金を増やし，負担する保険料を削減することで月々の資金繰りを改善するといった行動が多く行われている。経営状況が良好なうちに事業保険に加入しておくことが将来的には様々な場面で役立つことが，中小企業経営者に再認識される機会となった。

(2)　中小企業の経営資源の集約化に資する税制の創設

ア　中小企業の経営資源の集約化に資する税制の創設

　企業が，ポストコロナ社会における「新たな日常」に対応していくためには，従来のような設備投資，研究開発等を進めるだけではなく，業態転換等を含めた大胆なビジネスモデルの変革を進めることで生産性を向上させることが重要と考えられる。他方，大企業ほど経営資源が潤沢ではない中小企業にとって，既存の企業体の存在のみを前提として変革を進めることには限界がある。

　そこで，政府は，地域経済・雇用を担う中小企業による経営資源の集約化等（統合・再編等）を後押しするために，各種の制度を創設している。令和3年度税制改正では，中小企業の経営資源の集約化による事業の再構築などにより，生産性を向上させ，足腰を強くする仕組みを構築していくことが重要との認識のもと，経営資源の集約化によって生産性向上等を目指す計画の認定を受けた中小企業が，中小企業の株式の取得後に簿外債務，偶発債務等が顕在化するリスクに備えるため準備金（中小企業事業再編投資損失準備金。**21**も参照）を積み立てたときは，損金算入を認める措置が講ぜられた。併せて，同計画に必要な事項を記載して認定を受けた中小企業は，新たな類型として中小企業経営強化税制の適用を可能とし，さらに，所得拡大促進税制の上乗せ要件に必要な計画の認定を不要とすることにより，M&A後の積極的な投資や雇用の確保を促すこととなった。

イ　中小企業事業再編投資損失準備金

　令和3年度税制改正により創設された制度である。青色申告書を提出する中小企業者（適用除外事業者に該当するものを除く。）のうち，令和6年3月31日までの間に，中小企業等経営強化法の経営力向上計画（経営資源集約化措置が記載されたものに限る。）の認定を受けたものが，その認定に係る経営力向上計画に従って他の法人の株式等の取得（購入による取得に限る。）をし，かつ，これをその取得の日を含む事業年度終了の日まで引き続き有している場合（その株式等の取得価額が10億円を超える場合を除く。）において，その株式等の価格の低落による損失に備えるため，その株式等の取得価額の70%以下の金額を中小企業事業再編投資損失準備金として積み立てたときは，その積み立てた金額は，その事業年度において損金算入できる。

　この準備金は，その株式等の全部又は一部を有しなくなった場合，その株式

等の帳簿価額を減額した場合等において取り崩すほか，その積み立てた事業年度終了の日の翌日から5年を経過した日を含む事業年度から5年間でその経過した準備金残高の均等額を取り崩して，益金に算入する。

　なお，ここでいう「中小企業者」とは，中小企業等経営強化法の中小企業者等であって租税特別措置法の中小企業者に該当するものをいう。

図表10

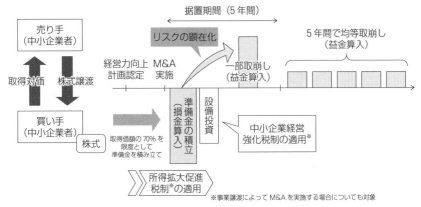

（出所）財務省「パンフレット　令和3年度税制改正」9頁より

□**株式取得時の買い手の仕訳例①**（取得価額5億円の場合）

借方		貸方	
子会社株式（有価証券）	5億円	現金・預金	5億円
事業再編投資損失	3億5,000万円	中小企業事業再編投資損失準備金	3億5,000万円

□**据置期間経過後の買い手の仕訳例①**（損失準備金3億5,000万円の場合）

借方		貸方	
中小企業事業再編投資損失準備金	7,000万円	中小企業事業再編投資損失準備金取崩益	7,000万円

※上記は1年分の益金算入額（3億5,000万円÷5年間＝7,000万円）

■株式取得時の買い手の仕訳例②（取得価額5億円の場合）

借方		貸方	
子会社株式（有価証券）	5億円	現金・預金	5億円
繰越利益剰余金	3億5,000万円	中小企業事業再編投資 損失準備金	3億5,000万円

■据置期間経過後の買い手の仕訳例②（損失準備金3億5,000万円の場合）

借方		貸方	
中小企業事業再編投資 損失準備金	7,000万円	繰越利益剰余金	7,000万円

※上記は1年分の益金算入額（3億5,000万円÷5年間＝7,000万円）

ウ　事業保険との関係

中小企業事業再編投資損失準備金の利用を検討する中小企業と，その中小企業を契約者とする生命保険の関係につき検討する。

買い手である当該企業は，株式の取得資金を準備する必要がある。資金の調達方法は様々だろうが，その1つとして当該企業が加入していた事業保険を解約し，保険会社から支払われる解約返戻金を利用することが考えられる。この場合，当該事業保険に係る資産計上額と解約返戻金額の差額を雑収入又は雑損失に計上することになる。

〔事業保険の契約例〕

契約者・死亡保険金受取人：法人，被保険者：経営者
年払保険料1,000万円，契約10年目の解約返戻金：8,000万円

〔解約時の仕訳〕

借方		貸方	
現金・預金	8,000万円	前払保険料	5,000万円
		雑収入	3,000万円

事業保険の解約により，当該企業に必要な保障がなくなってしまうため，必要に応じて新たに事業保険に加入する。この場合，解約返戻金がなく保険料が

割安な定期保険に加入することで，それまでよりも保険料の負担額が減り，当
該企業の資金繰りの改善につながることがある。

   ✎　無解約返戻金型の定期保険として，一部の生命保険会社が取扱いを行っている。

(3)　法人版事業承継税制

ア　法人版事業承継税制

　法人版事業承継税制は，中小企業の後継者である受贈者・相続人等が，円滑
化法の認定を受けている非上場会社の株式等を贈与又は相続等により取得した
場合において，その非上場株式等に係る贈与税・相続税について，一定の要件
のもとその納税を猶予し，後継者の死亡等により猶予されていた分の納付が免
除される制度である（法人版事業承継税制については，🔍**25**参照。酒井・事業承継税制も
参照）。平成30年度税制改正では，法人版事業承継税制について，それまでの措
置に加え，10年間の措置として，納税猶予の対象となる非上場株式等の制限
（総株式数の3分の2まで）の撤廃や，納税猶予割合の引上げ（80％から100％）等が
された特例措置が創設された。この特例措置の創設により，法人版事業承継税
制の利用者は徐々に増加している。

　さらなる利便性向上のため，令和3年度税制改正では，相続税に係る適用要
件が緩和されている。後継者が被相続人の相続開始の直前において特例認定承
継会社の役員でないときであっても，次に掲げる場合には適用を受けることが
できるようになった。

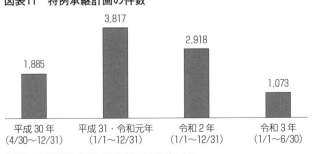

図表11　特例承継計画の件数

平成30年
(4/30～12/31)　1,885

平成31・令和元年
(1/1～12/31)　3,817

令和2年
(1/1～12/31)　2,918

令和3年
(1/1～6/30)　1,073

（出所）経済産業省「令和4年度税制改正要望」より

①　被相続人が70歳未満（改正前：60歳未満）で死亡した場合

②　後継者が中小企業における経営の承継の円滑化に関する法律施行規則の確認を受けた特例承継計画に特例後継者として記載されている場合

　令和4年度税制改正では，特例措置を適用するための前提となる特例承継計画の各都道府県への提出期限が，令和5年3月31日から令和6年3月31日に1年間延長されることになった。なお，「令和9年12月末までの適用期限については今後とも延長を行わない」と補足されていることにも留意しておきたい。

イ　生命保険との共存

　中小企業のいわゆる「自社株」は，事業承継のタイミングにおいて経営者の想像以上に高額となっている場合がある。経営者が死亡した場合，多額の相続税がかかり，後継者がその納税資金に窮することが考えられる。そのための対策の1つとして，生命保険を活用して相続税の納税資金を準備することが行われる。この場合，契約者・被保険者を経営者，死亡保険金受取人を後継者とする終身保険や保険期間が長期の定期保険を利用する。経営者が死亡し相続が発生した場合，後継者は保険会社から受け取った保険金を，相続税の納税資金に充てることになる。

　法人版事業承継税制が創設された当時，この制度を利用することで自社株に課される相続税への不安が完全に解消されるのであれば，今後，納税資金準備のための生命保険は不要になるのではないか，という声が多かった。結論として，そのようなことはなく，生命保険も変わらず広く利用されている。法人版事業承継税制は後継者の納税資金を猶予するものであるが，後継者ではない相続人に対してメリットがあるものではない。換言すると，後継者が高額の自社株を相続することで相続財産の合計が高額となり，後継者以外が取得する財産に対して課される相続税も高額になることが想定されるが，法人版事業承継税制はそれに対して何ら解決策を与えるものではない。意外に見落とされている視点である。後継者である相続人のために法人版事業承継税制を利用する場合，後継者ではない相続人の納税資金のために生命保険を利用する。この場合，契約者・被保険者は経営者，死亡保険金受取人は後継者以外の相続人ということになる。

ウ　生命保険での代替

　法人版事業承継税制は，中小企業の事業承継を推進する制度であるが，法人，

経営者，後継者それぞれについて適用のための要件が多い。これらの要件を満たすことができず，現実には利用できないケースも考えられる。適用後においても，継続届出書の未提出等により猶予税額全額と利子税を納付する必要が生じるといった事態も生じ得る。特に小規模企業の場合，これらの実務の負荷と制度利用による効果とのバランスを考慮した結果，法人版事業承継税制を利用しないという選択をする場合も少なからず存在する。

　このような企業では，納税資金を準備するために，従来どおり生命保険を利用することが考えられる。生命保険の場合，保険料の負担が発生することや，健康上の理由等により保険会社との契約の締結ができない場合が考えられるものの，法人版事業承継税制よりはるかに簡単な手続で加入することができる。また，事業承継に向けて想定していたシナリオが変わった場合，例えば，後継者を変更したい，事業を継続せず廃業することにしたい，事業を売却することにしたいとき等は，保険契約を解約，追加，保険金受取人を変更すること等によって，それぞれの具体的な状況に合わせて柔軟に対応をすることができる。これは，確定したシナリオと厳格な手続を必要とする法人版事業承継税制にはない利点である。

30 経営者保証に関するガイドライン

(1)　経営者保証に関するガイドライン

「経営者保証に関するガイドライン」(以下「本ガイドライン」ともいう。) は，日本商工会議所と一般社団法人全国銀行協会を事務局とする「経営者保証に関するガイドライン研究会」により策定され，平成25年12月に公表されたものである。平成26年2月から適用が開始され，徐々にその利用が広がっている。以下では，本ガイドラインの概要，現状等について解説する。

(2)　策定までの経緯

我が国では中小企業が金融機関から融資を受ける場合，その債務について経営者個人が保証を行う場合が多い。経営者保証は，経営者個人が会社経営に対するリスクを負うことによる経営者への規律付けや，中小企業の信用補完として資金調達の円滑化に寄与する面があるとされている。

一方，この経営者保証への依存が，①借り手・貸し手双方が本来期待される機能 (情報開示，事業目利き等) を発揮する意欲を阻害している，②個人保証の融資慣行化が，貸し手側の説明不足，過大な保証債務負担の要求とともに，借り手・貸し手間の信頼関係構築の意欲を阻害している，③経営者の原則交代，不明確な履行基準，保証債務の残存等の保証履行時等の課題が，中小企業の創業，成長・発展，早期の事業再生や事業清算への着手，円滑な事業承継，新たな事業の開始等，事業取組みの意欲を阻害しているという指摘がある。

経営者保証の契約時・履行時等において以上のような課題が存在することに鑑み，平成25年1月，中小企業庁と金融庁が「中小企業における個人保証等の在り方研究会」を設置し，課題の解決策の方向性を具体化したガイドライン策定が適当である旨を取りまとめた。同年6月に政府が公表した「日本再興戦略」においても同ガイドラインの策定が明記されている。このような流れの中で，日本商工会議所と全国銀行協会が「経営者保証に関するガイドライン研究会」を設置し，同年12月，同研究会により「経営者保証に関するガイドライン」が策定・公表され，平成26年2月から適用されることになった。

(3) 本ガイドラインの概要

ア 目 的

本ガイドラインは，中小企業金融における経営者保証について，主たる債務者（中小企業），保証人（経営者）及び債権者（金融機関）において，合理性が認められる保証契約の在り方等を示すとともに，主たる債務の整理局面における保証債務の整理を公正かつ迅速に行うための準則を定めている。

これにより，経営者保証の弊害を解消し，主たる債務者，保証人及び債権者の継続的かつ良好な信頼関係を構築・強化するとともに，中小企業の各種課題への取組意欲の増進を図り，ひいては中小企業金融の実務の円滑化を通じて中小企業の活力が一層引き出され，日本経済の活性化に資することを目的とする（本ガイドライン1項）。

本ガイドラインは，中小企業団体及び金融機関団体の関係者が中立公平な学識経験者，専門家等とともに協議を重ねて策定したものであって，法的拘束力はないものの，関係者によって自発的に尊重され遵守されることが期待され，次の全ての要件を充足する保証契約に適用される（本ガイドライン3項）。

① 保証契約の主たる債務者が中小企業であること。

② 保証人が個人であり，主たる債務者である中小企業の経営者であること。ただし，以下に定める特別の事情がある場合又はこれに準じる場合は適用対象に含める。

　(i) 実質的な経営権を有している者，営業許可名義人又は経営者の配偶者（当該経営者とともに当該事業に従事する配偶者に限る。）が保証人となる場合

　(ii) 経営者の健康上の理由のため，事業承継予定者が保証人となる場合

③ 主たる債務者及び保証人の双方が弁済について誠実であり，債権者の請求に応じ，それぞれの財産状況等（負債の状況を含む。）について適時適切に開示していること。

④ 主たる債務者及び保証人が反社会的勢力ではなく，そのおそれもないこと。

イ 本ガイドラインの適用が想定される場面

(ア) 新規融資

中小企業が経営者保証を提供することなしに資金調達することを希望する場合，金融機関は，経営者保証を求めない可能性，経営者保証に代わる代替的な

融資手法を活用する可能性について，債務者の意向も踏まえた上で検討する。

　経営者保証が提供されない場合，金融機関が返済を期待できるのは債務者である中小企業の資力だけとなるため，中小企業には次の3項目が求められる（本ガイドライン4項(1)）。新規融資だけでなく既存融資の経営者保証を解除する場面等においてもこの3項目が重要となるが，本ガイドラインの表記に合わせて，以下ではこの3項目を「4項(1)に掲げる経営状態」と記すこととする。

　①　法人と経営者との関係の明確な区分・分離

　　　主たる債務者は，法人の業務，経理，資産所有等に関し，法人と経営者の関係を明確に区分・分離し，法人と経営者の間の資金のやりとり（役員報酬・賞与，配当，オーナーへの貸付等をいう。以下同じ。）を，社会通念上適切な範囲を超えないものとする体制を整備するなど，適切な運用を図ることを通じて，法人個人の一体性の解消に努める。また，こうした整備・運用の状況について，外部専門家（公認会計士，税理士等をいう。以下同じ。）による検証を実施し，その結果を，対象債権者に適切に開示することが望ましい。

　②　財務基盤の強化

　　　経営者保証を提供しない場合においても，事業に必要な資金を円滑に調達するために，主たる債務者は財務状況及び経営成績の改善を通じた返済能力の向上等により信用力を強化する。

　③　財務状況の正確な把握，適時適切な情報開示等による経営の透明性確保

　　　主たる債務者は，資産負債の状況（経営者のものを含む。），事業計画や業績見通し及びその進捗状況等に関する対象債権者からの情報開示の要請に対して，正確かつ丁寧に信頼性の高い情報を開示・説明することにより，経営の透明性を確保する。なお，開示情報の信頼性の向上の観点から，外部専門家による情報の検証を行い，その検証結果と合わせた開示が望ましい。また，開示・説明した後に，事業計画・業績見通し等に変動が生じた場合には，自発的に報告するなど適時適切な情報開示に努める。

(イ)　**既存融資**

主たる債務者及び保証人は，金融機関に既存の保証契約の解除等を申し入れる場合，それに先立ち4項(1)に掲げる経営状態を将来にわたって維持するよう努めることとする（本ガイドライン6項(1)①）。金融機関は，主たる債務者である中小企業において経営の改善が図られたこと等により，申入れの内容に応じて

改めて経営者保証の必要性や適切な保証金額等について真摯かつ柔軟に検討を行うとともに，その検討結果について主たる債務者及び保証人に対して丁寧かつ具体的に説明することとする（本ガイドライン6項(1)②）。

事業承継時には，主たる債務者及び後継者は，債権者からの情報開示の要請に対し適時適切に対応する。特に，経営者の交代により経営方針や事業計画等に変更が生じる場合には，その点についてより誠実かつ丁寧に，債権者に対して説明を行う。主たる債務者が，後継者による個人保証を提供することなしに，対象債権者から新たに資金調達することを希望する場合には，主たる債務者及び後継者は4項(1)に掲げる経営状態であることが求められる（本ガイドライン6項(2)①）。

(ウ) 保証債務の整理

保証人は，以下の全ての要件を充足する場合，当該保証人が負担する保証債務について，本ガイドラインに基づく保証債務の整理を対象債権者に対して申し出ることができる。また，当該保証人の申し出を受けた対象債権者は，本ガイドラインに沿って，誠実に対応することとする（本ガイドライン7項(1)）。

① 保証契約が本ガイドライン3項の適用要件を充足すること。

② 主たる債務者が破産手続，民事再生手続，会社更生手続若しくは特別清算手続の開始申立て又は利害関係のない中立かつ公正な第三者が関与する私的整理手続及びこれに準ずる手続（中小企業再生支援協議会による再生支援スキーム，事業再生ADR，私的整理ガイドライン，特定調停等をいう。）の申立てをこのガイドラインの利用と同時に現に行い，又は，これらの手続が係属し，若しくは既に終結していること。

③ 主たる債務者の資産及び債務並びに保証人の資産及び保証債務の状況を総合的に考慮して，主たる債務及び保証債務の破産手続による配当よりも多くの回収を得られる見込みがあるなど，対象債権者にとっても経済的な合理性が期待できること。

④ 保証人に破産法252条《免責許可の決定の要件等》1項（10号を除く。）[(1)]に規定される免責不許可事由が生じておらず，そのおそれもないこと。

保証人は，安定した事業継続等のために必要な一定期間の生計費に相当する額や華美でない自宅等について残存資産に含めることを希望する場合には，その必要性について，対象債権者に対して説明する。対象債権者は，保証人から

説明を受けた場合には，本ガイドラインの考え方に即して，当該資産を残存資産に含めることについて，真摯かつ柔軟に検討することとする（本ガイドライン7項(3)）。

(4) 事業承継時に焦点を当てた特則

ア　特則策定までの経緯

平成26年2月より本ガイドラインの適用が開始されたことにより，経営者保証に依存しない中小企業融資の拡大に向けた取組みが進んだものの，事業承継に際しては，経営者保証を理由に後継者候補が承継を拒否するケースが一定程度あることが指摘されるなどの課題が残されている。後継者が未定の中小企業が多数存在する中，経営者が事業の承継を断念し，廃業する企業が増加することで，地域経済の持続的な発展にとって支障を来たすことになりかねない点が懸念される。

このため，「成長戦略実行計画」（令和元年6月21日閣議決定）では，中小企業の生産性を高め，地域経済にも貢献するという好循環を促すための施策として，経営者保証が事業承継の阻害要因とならないよう，原則として前経営者，後継者の双方からの二重徴求を行わないことなどを盛り込んだ特則策定が明記され，「事業承継時に焦点を当てた『経営者保証に関するガイドライン』の特則」（以下「特則」ともいう。）が令和元年12月に公表され，令和2年4月から適用されている。

特則は本ガイドラインを補完するものとして，主たる債務者，保証人及び債権者のそれぞれに対して，事業承継に際して求め，期待される具体的な取扱いを定めている。主たる債務者，保証人及び債権者において広く活用され，経営者保証に依存しない融資の一層の実現に向けた取組みが進むことで，円滑な事業承継が行われることが期待されている。

イ　特則の概要

事業承継時の経営者保証の取扱いについて，債権者である金融機関は，原則として前経営者，後継者の双方から二重には保証を求めないこととする。後継者との保証契約に当たっては経営者保証が事業承継の阻害要因となり得る点を十分に考慮し，保証の必要性を慎重かつ柔軟に判断すること，前経営者との保証契約については，前経営者がいわゆる第三者となる可能性があることを踏ま

えて保証解除に向けて適切に見直しを行うことが必要である。また，こうした判断は本ガイドラインの考え方に即して検討しつつ，経営者保証の意味（規律付けの具体的な意味や実際の効果，保全としての価値）を十分に考慮し，合理的かつ納得性のある対応を行うことが求められる（特則2項）。

　例外的に二重に保証を求めることが真に必要な場合には，その理由や保証が提供されない場合の融資条件等について，前経営者，後継者の双方に十分説明し，理解を得ることとする（特則2項(1)）。

(5)　本ガイドラインに関連する施策等
ア　日本再興戦略
　「日本再興戦略」は，第2次安倍晋三内閣による成長戦略で，平成25年6月14日に閣議決定され，その後改訂されている。同戦略には，「個人保証制度の見直し」として，経営者本人による保証について，法人の事業資産と経営者個人の資産が明確に分離されている場合等，一定の条件を満たす場合には保証を求めないことや，履行時において一定の資産が残るなど早期事業再生着手のインセンティブを与えること等のガイドラインを早期に策定すること，停止条件付保証契約，ABL（動産・売掛金担保融資）等の代替的な融資手法の充実と利用促進を図ること，個人保証を免除又は猶予する融資制度の拡充・推進，民間金融機関との連携強化など政府系金融機関等による対応の強化を図ること等が盛り込まれており，本ガイドラインの策定にも大きな影響を与えている。
イ　民法の改正
　平成29年5月に成立した「民法の一部を改正する法律」では，主債務者に代わり債務を負担する可能性がある保証人の保護を目的として，極度額の定めのない個人の根保証契約の無効，公証人による保証意思確認手続の新設，保証人に対する情報提供義務の新設等が規定され，令和2年4月1日から施行されている。同改正は，特則における前経営者との保証契約に対する考え方等に影響を与えている。
ウ　成長戦略実行計画
　前述のとおり，令和元年6月21日に閣議決定された「成長戦略実行計画」では，経営者保証が事業承継の阻害要因とならないよう，原則として前経営者，後継者双方からの二重徴求を行わないことを明記した「経営者保証に関するガ

イドライン」の特則を年内を目途に策定すること，中小企業等が経営者保証を
不要とするための要件の充足をできるよう専門家の確認・支援を受けることが
できる体制を整備すること，事業承継時に後継者の経営者保証を不要とする新
たな信用保証メニューを創設し，保証料負担を最大ゼロまで軽減する政策を推
進すること，商工中金が原則無保証化することなどが記され，令和元年12月の
特則策定へと繋がっている。

(6)　本ガイドラインの現状

ア　利用実績

　中小企業庁は，ホームページにおいて本ガイドラインの活用実績を公表して
いる[2]。それによると，政府系金融機関において，新規に無保証で融資した件
数は累計で73万3,831件（新規融資に占める割合は34%），金額は29兆1,850億円（同
52%），保証契約を解除した件数は2万7,242件，金額は3兆3,146億円，本ガイ
ドラインに基づく保証債務整理を成立させた件数は1,301件とされている（いず
れも平成26年2月〜令和4年9月の実績累計）。民間金融機関における活用実績は金
融庁が公表しており[3]，令和4年4月〜9月において新規に無保証で融資した
件数は39万9,402件とされている。

図表12 経営者保証に依存しない新規融資の割合

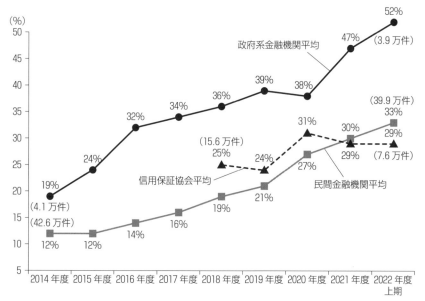

（出所）中小企業庁 HP「経営者保証」より

イ 活用例

金融庁は，「『経営者保証に関するガイドライン』の活用に係る参考事例集（令和元年 8 月改訂版）」を公表している[4]。

そこでは，「経営者保証に依存しない融資の一層の促進に関する事例」，「適切な保証金額の設定に関する事例」，「既存の保証契約の適切な見直しに関する事例」，「保証債務の整理に関する事例」の 4 つに分類し，金融機関ごとに73例が記されている。

ウ 課題

平成31年 4 月，金融庁が「地域銀行に対する『経営者保証に関するガイドライン』のアンケート調査の結果について」を公表している[5]。

それによると，地域銀行にとって，本ガイドラインの活用促進が顧客との信頼関係の強化や職員の目利き力の向上，他行との差別化やブランド力強化に繋がるというメリットがある一方，活用促進によるデメリットとして，経営者の

規律付けの低下を招くことを危惧していることが窺える。

　また，事業承継時の二重徴求の状況下で，前経営者の保証を解除できない要因として，前経営者が引き続き代表権や一定程度の株式を保持しているなど，明らかに経営権を有していることのほか，実質的に経営権を有していることが挙げられている。

エ　廃業時における「経営者保証に関するガイドライン」の基本的考え方

　令和4年3月4日，金融庁は「廃業時における『経営者保証に関するガイドライン』の基本的考え方」を公表した[6]。これは，中小企業の廃業時に焦点を当て，中小企業の経営規律の確保に配慮しつつ，本ガイドラインの趣旨を明確化している。主たる債務者・保証人，対象債権者及び保証債務の整理に携わる支援専門家の理解の一助となり，中小企業，経営者及び金融機関において，本ガイドラインが広く活用されることが期待されている。また，同日において，「中小企業の事業再生等に関する研究会」が取りまとめた「中小企業の事業再生等に関するガイドライン」が公表されている[7]。両ガイドラインが一体的に運用されることで，迅速かつ円滑な私的整理手続に資することが期待される。

オ　経営者保証改革プログラム

　令和4年10月28日に閣議決定された「物価高克服・経済再生実現のための総合経済対策」では，個人保証に依存しない融資慣行の確立に向けた施策を令和4年内に取りまとめるという方向性が示され，その1つとして「中小・地域金融機関向けの総合的な監督指針」等の一部改正が行われることになった[8]。同改正は，中小企業が融資を受ける際の経営者個人による連帯保証について，金融機関に説明義務を課し，保証を求める理由や不要とする条件などを明示させ，金融機関が個人保証に安易に頼らないような仕組みを作り，中小企業の積極的な投資や事業承継を後押しすることを目的としたものである。

　さらに，令和4年12月23日には「経営者保証改革プログラム」が公表された[9]。経営者保証は，経営の規律付けや信用補完として資金調達の円滑化に寄与する面がある一方で，スタートアップ（☞スタートアップとは）の創業や経営者による思い切った事業展開を躊躇させる，円滑な事業承継や早期の事業再生を阻害する要因となっているなど，様々な課題も存在する。これらの課題を解消するために本ガイドラインの活用促進等の取組みが進められてきたが，取組みを更に加速させるため，経済産業省，金融庁，財務省が連携し，①スタートアップ・

創業融資，②民間金融機関による融資，③信用保証付融資，④中小企業のガバナンスの促進の4分野に重点的に取り組むという内容になっている。

> ☞　**スタートアップ**とは，起業して間もない会社や急成長する組織のことをいう。明確な定義はないが，単なる新興企業等ではなく，新しい価値や革新的，独創的なアイディアを持つ新興企業等を意味することが多い（🔍**16**も参照）。

カ　「新しい資本主義実現会議」における議論

政府は，「成長と分配の好循環」と「コロナ後の新しい社会の開拓」をコンセプトとした新しい資本主義を実現していくため，令和3年10月15日，内閣総理大臣を本部長とする「新しい資本主義実現本部」の設置を閣議決定した。新しい資本主義の実現に向けたビジョンを示し，その具体化を進めるため，令和3年10月26日以降，「新しい資本主義実現会議」を開催している。

令和5年4月25日に行われた第17回会議では，中小企業の経営者に向けたアンケートによると，経営者保証が経営に与えるネガティブな影響として，「前向きな投資や事業展開が抑制されてしまう」，「早期の事業再生への着手が遅れてしまう」という声が半数近くを占めること，経営者保証が付いている融資の割合は徐々に減少しているものの，引き続き，民間の新規融資のうち7割で経営者保証が付いていることが確認された。

そして，今後の論点として，経営者保証の存在が起業を行う際の障壁となっていることから，企業のノウハウや顧客基盤等の無形資産を評価して融資する，いわゆる事業成長担保融資を拡大すべきではないか，これは，企業経営者に退出する希望がある場合の退出の円滑化にも資するのではないか，といった案が提示されている[10]。

(7)　**本ガイドラインと生命保険**

ア　事業保険の機能

我が国における中小企業の経営者の役割・責任は大きい。経営者として経営を担うだけにとどまらず，その会社で最も優れた営業担当者，社員の採用・教育・福利厚生の担当者，資金繰りの担当者，金融機関との交渉ができる唯一の担当者である場合がある。また，会社の株式の大部分を保有するオーナーという側面を持つことがある。その経営者が突然死亡したり，病気・ケガ等により職務に就くことができなくなったりした場合，会社に与える影響は多大なもの

となる。

　それらに対するリスクヘッジとして，古くから「事業保険」や「経営者保険」と呼ばれる生命保険が利用されている。契約者を法人，被保険者を経営者，死亡保険金受取人や入院給付金等の受取人を法人とする定期保険等に加入することで，経営者の死亡や疾病等の不測の事態に備える。生命保険の支払事由が生じた場合，法人は保険会社から受け取った保険金を会社の資金繰りや債務の返済等のために利用することができる。これが事業保険の一般的な機能である。

イ　本ガイドラインと事業保険

　ところで，本ガイドラインは経営者保証のない融資や，経営者保証の解除，保証債務を整理する際の経営者の負担を軽減することを目的するものであるが，経営者個人の負担を軽減するという点において，事業保険と軌を一にする。事業保険は，経営者が死亡や疾病に罹患した場合，法人が受け取る保険金を金融機関に対する債務の返済資金に充てることができるので，これによって保証人のリスクを低減することが可能である。債務者である中小企業，保証人である経営者が本ガイドラインの利用を検討する際には，法人の債務や経営者保証の状況を改めて確認することになるが，そのタイミングに合わせて事業保険の加入状況等を確認するべきであろう。例えば，経営者保証が解除されることで，債務へのリスクヘッジとして加入していた事業保険が不要になるということであれば，その生命保険を解約するか，契約者を経営者個人に変更することで，以後は個人の相続対策のために生命保険を転用することが考えられる。また，本ガイドラインを活用する意思はあるものの，経営者保証の解除までに時間がかかるということであれば，それまでの経過措置として事業保険を利用することが考えられる。経営者保証が解除されたとしても，法人としての財務基盤を強化したいということであれば，万一に備えて事業保険の保障を充実させるという選択もあると思われる。

　本ガイドラインと事業保険を一体的に捉え，それぞれを適切に活用することで，事業承継に対する後継者の不安の解消を図ることができよう。

図表13　本ガイドラインと事業保険

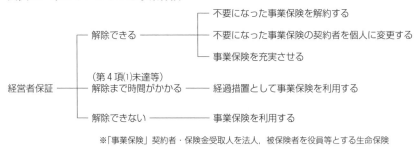

※「事業保険」契約者・保険金受取人を法人，被保険者を役員等とする生命保険

(8)　小　括

　本節では，経営者保証に関するガイドラインと特則が策定されるまでの背景，その概要，利用状況と生命保険との関係等を取り上げた。本ガイドラインは，中小企業と経営者，後継者にとって非常に有用であり，経済の活性化にも資するものと考える。今後，更に利用が拡がっていくことを期待したい。

〔注〕
(1)　破産法252条1項は次のように規定する。
　　破産法252条《免責許可の決定の要件等》
　　　裁判所は，破産者について，次の各号に掲げる事由のいずれにも該当しない場合には，免責許可の決定をする。
　　一　債権者を害する目的で，破産財団に属し，又は属すべき財産の隠匿，損壊，債権者に不利益な処分その他の破産財団の価値を不当に減少させる行為をしたこと。
　　二　破産手続の開始を遅延させる目的で，著しく不利益な条件で債務を負担し，又は信用取引により商品を買い入れてこれを著しく不利益な条件で処分したこと。
　　三　特定の債権者に対する債務について，当該債権者に特別の利益を与える目的又は他の債権者を害する目的で，担保の供与又は債務の消滅に関する行為であって，債務者の義務に属せず，又はその方法若しくは時期が債務者の義務に属しないものをしたこと。
　　四　浪費又は賭と博その他の射幸行為をしたことによって著しく財産を減少させ，又は過大な債務を負担したこと。
　　五　破産手続開始の申立てがあった日の一年前の日から破産手続開始の決定があった日までの間に，破産手続開始の原因となる事実があることを知りながら，当該事実がないと信じさせるため，詐術を用いて信用取引により財産を取得したこと。

六　業務及び財産の状況に関する帳簿，書類その他の物件を隠滅し，偽造し，又は変造したこと。

七　虚偽の債権者名簿（第248条第5項の規定により債権者名簿とみなされる債権者一覧表を含む。次条第1項第6号において同じ。）を提出したこと。

八　破産手続において裁判所が行う調査において，説明を拒み，又は虚偽の説明をしたこと。

九　不正の手段により，破産管財人，保全管理人，破産管財人代理又は保全管理人代理の職務を妨害したこと。

十　次のイからハまでに掲げる事由のいずれかがある場合において，それぞれイからハまでに定める日から七年以内に免責許可の申立てがあったこと。

　　イ　免責許可の決定が確定したこと　当該免責許可の決定の確定の日

　　ロ　民事再生法（平成11年法律第225号）第239条第1項に規定する給与所得者等再生における再生計画が遂行されたこと　当該再生計画認可の決定の確定の日

　　ハ　民事再生法第235条第1項（同法第244条において準用する場合を含む。）に規定する免責の決定が確定したこと　当該免責の決定に係る再生計画認可の決定の確定の日

十一　第40条第1項第1号，第41条又は第250条第2項に規定する義務その他この法律に定める義務に違反したこと。

(2)　中小企業庁 HP「経営者保証」参照（https://www.chusho.meti.go.jp/kinyu/keieihosyou/#jisseki〔令和5年3月1日訪問〕）。

(3)　金融庁 HP「『経営者保証に関するガイドライン』の活用実績について」参照（https://www.fsa.go.jp/news/r4/ginkou/20221227-2.html〔令和5年3月1日訪問〕）。

(4)　金融庁 HP「『経営者保証に関するガイドライン』の活用に係る参考事例集（令和元年8月改訂版）の公表について」参照（https://www.fsa.go.jp/news/r1/ginkou/20190807.html〔令和5年3月1日訪問〕）。

(5)　金融庁 HP「地域銀行に対する『経営者保証に関するガイドライン』のアンケート調査の結果について」参照（https://www.fsa.go.jp/news/30/ginkou/20190411.html〔令和5年3月1日訪問〕）。

(6)　金融庁 HP「廃業時における『経営者保証に関するガイドライン』の基本的考え方の公表について」参照（https://www.fsa.go.jp/news/r3/ginkou/20220304-2.html〔令和5年3月1日訪問〕）。

(7)　全国銀行協会 HP「中小企業事業再生等ガイドライン」参照（https://www.zenginkyo.or.jp/adr/sme/sme-guideline/〔令和5年3月1日訪問〕）。

(8)　金融庁 HP「『中小・地域金融機関向けの総合的な監督指針』等の一部改正（案）の公表について」参照（https://www.fsa.go.jp/news/r4/ginkou/20221101/20221101.html〔令和5年3月1日訪問〕）。

(9)　金融庁 HP「『経営者保証改革プログラム』の策定について」参照（https://www.fsa.go.jp/news/r4/ginkou/20221223-3/20221223-3.html〔令和5年3月1日訪問〕）。

(10)　内閣官房 HP「新しい資本主義実現会議（第17回）」参照（https://www.cas.go.jp/jp/seisaku/atarashii_sihonsyugi/kaigi/dai17/gijisidai.html〔令和5年4月27日訪問〕）。

第7章

重要裁判例

31　マイルストンペイメント

●本件各金員は，本件持分の譲渡による譲渡所得には当たらないというべきであり，また，非対価性要件を満たすものではなく，一時所得にも当たらないというべきであるとされた事例

〈第一審〉大阪地裁平成27年12月18日判決・訟月63巻4号1183頁[1]
〈控訴審〉大阪高裁平成28年10月6日判決・訟月63巻4号1205頁[2]
〈上告審〉最高裁平成29年6月29日第一小法廷決定・税資267号順号13029

(1)　事案の概要

ア　概　観

　甲事件及び乙事件は，X（原告・控訴人・上告人）が，B株式会社（以下「B社」という。）との間で締結した特許を受ける権利に係るXの持分の譲渡に関する契約（以下「本件譲渡契約」という。）に基づいてB社から支払を受けた金員（甲事件につき，平成23年2月に支払を受けた金員を「本件金員1」という。乙事件につき，平成24年11月に支払を受けた金員を「本件金員2」といい，以下「本件金員1」と併せて「本件各金員」という。）に関し，雑所得とする確定申告をした後，一時所得に該当するとして更正の請求をしたが，所轄税務署長から更正をすべき理由がない旨の通知を受けたため，国Y（被告・被控訴人・被上告人）に対し，同通知処分の取消しを求めた事案である。

イ　具体的事実

㋐　本件譲渡契約の締結等

　〔1〕　医学博士であるXは，B社と新規化合物の共同研究開発を行い，平成17年6月○日から同月○日にかけて，その成果である発明に関する特許を共同出願した。

　〔2〕　Xは，平成18年3月9日，本件譲渡契約に基づいて本件持分をB社に譲渡し，同年5月22日，本件持分の譲渡の対価としてB社から（省略）の支払を受けた。

〔3〕 B社は，平成18年4月18日，米国の製薬会社であるC社との間で，本件特許の実施を許諾する旨の契約（以下「別件実施許諾契約」という。）を締結した。別件実施許諾契約では，本件特許の実施許諾に関し，C社からB社に対する金員の支払条件が定められている。

〔4〕 C社は，平成22年12月24日，別件実施許諾契約における「フェーズ3臨床治験における患者に対する最初の投薬」を達成したことから，平成23年1月27日，B社に対し，（省略）を支払った。そして，B社は，本件譲渡契約に基づき，同年2月21日，Xに対し，平成22年12月分として，「本件金員1」を支払った。

〔5〕 C社は，平成24年10月15日，別件実施許諾契約における「米国における最初の新薬申請書類が米国食品医薬局によって審査受理されたとき」を達成したことから，同年11月19日，B社に対し，（省略）を支払った。そして，B社は，本件譲渡契約に基づき，同月30日，Xに対し，同年10月分として，「本件金員2」を支払った。

(イ) 本件訴訟に至る経緯等

（甲事件に関する経緯等）

〔1〕 Xは，平成23年3月10日，所轄税務署長に対し，本件金員1を雑所得とする平成22年分の所得税の確定申告書を提出した。

〔2〕 Xは，平成24年3月6日，所轄税務署長に対し，本件金員1が一時所得に該当するとして，平成22年分の所得税につき更正の請求をしたが，同署長は，平成24年12月19日付けで，Xに対し，本件金員1は雑所得に該当するとして，更正をすべき理由がない旨を通知した（以下「本件通知処分1」という。）。

（乙事件に係る経緯等）

〔1〕 Xは，平成25年2月25日，所轄税務署長に対し，本件金員2を雑所得とする平成24年分の所得税の確定申告書を提出した。

〔2〕 Xは，平成25年3月21日，所轄税務署長に対し，本件金員2が一時所得に該当するとして，平成24年分の所得税につき更正の請求をしたが，同署長は，平成25年6月17日付けで，Xに対し，本件金員2は雑所得に該当するとして，更正をすべき理由がない旨を通知した（以下「本件通知処分2」という。）。

⑵　争　点

本件の争点は，本件通知処分1及び本件通知処分2の適法性，具体的には，本件各金員が譲渡所得又は一時所得に当たるか否かである。

⑶　当事者の主張

ア　Xの主張

㈎　譲渡所得該当性

所得税法33条《譲渡所得》1項は，「譲渡所得とは資産の譲渡による所得をいう」旨を規定するのみであるから，資産の譲渡に基因する所得であれば譲渡所得に該当するというべきである。本件各金員は，本件譲渡契約に基づいて特許を受ける権利を譲渡する条件として支払われたものであるから，資産の譲渡に基因する所得であるということができる。したがって，本件各金員は譲渡所得に該当する。

㈏　一時所得該当性

一時所得は，〈1〉所得税法34条《一時所得》1項所定の利子所得から譲渡所得までのいずれの所得にも該当しないものであり（以下，この要件を「除外要件」という。），〈2〉営利を目的とする継続的行為から生じた所得以外の一時の所得で（以下，この要件を「非継続性要件」という。），かつ，〈3〉労務その他の役務又は資産の譲渡の対価としての性質を有しないもの（以下，この要件を「非対価性要件」という。）に該当するものをいうところ，本件各金員が譲渡所得に当たらないとすれば，本件各金員は除外要件を満たすということができるし，本件各金員が非継続性要件を満たすことは明らかである。そして，本件各金員については非対価性要件が適用されないか，又は非対価性要件を満たすということができるから，本件各金員は一時所得に該当する。

イ　Yの主張

㈎　譲渡所得該当性

譲渡所得に係る課税の趣旨や所得税法上の費用等の控除の仕組み等からすると，譲渡所得に該当するためには，資産の譲渡益が所有者の支配を離れる機会に一挙に実現したものであること，すなわち，資産の所有権その他の権利が相手方に移転する機会に一時に実現した所得であることを要すると解するのが相当であり，その裏返しとして，権利が移転する機会にいまだ確定しておらず，

実現していない所得は譲渡所得に該当しないというべきである。

　これを本件各金員についてみると，ＸがＢ社に本件持分を移転した平成18年3月9日時点では，いまだ別件実施許諾契約は締結されておらず，本件各金員の支払の有無やその具体的金額は確定していなかった。そして，本件各金員の支払及びその具体的金額が確定したのは，別件実施許諾契約が締結された後，Ｃ社が別件実施許諾契約に定められた化合物及び薬品に関する事項を達成したことにより，Ｃ社が達成された事項に対応するマイルストンペイメントをＢ社に支払うことが確定した時である。そうすると，本件各金員は，本件持分の移転の機会に一時に実現した所得ではなく，譲渡所得に該当するものとはいえない。

(イ)　一時所得該当性

　本件各金員は，除外要件及び非継続性要件を満たすものではあるものの，非対価性要件を満たすものではないから，一時所得に該当しない。すなわち，所得税法34条1項の「資産の譲渡の対価としての性質」を有するとは，特定の給付等と資産の譲渡とが契約の定め等により反対給付の関係にあるようなものに限られず，資産の譲渡に関連してされた給付等であって，それがされた事情に照らし偶発的に生じた利益とはいえないものも含まれると解されるところ，本件譲渡契約の規定に照らせば，本件各金員が，Ｘが本件持分をＢ社に譲渡したことの対価としての性質を有していることは明らかある。したがって，本件各金員は非対価性要件を満たさないものである。

(4)　判決の要旨
ア　大阪地裁平成27年12月18日判決

> 「1　本件各金員の譲渡所得該当性
> (1)　譲渡所得とは，資産の譲渡による所得（所得税法33条1項）であるところ，資産の譲渡所得に対する課税は，資産の値上がりによりその資産の所有者に帰属する増加益（キャピタルゲイン）を所得として，その資産が所有者の支配を離れて他に移転するのを機会に，これを清算して課税する趣旨のものであり，売買交換等によりその資産の移転が対価の受入れを伴うときは，その増加益は対価のうちに具体化されるので，これを課税の対象として捉えたのが所得税法33条1項の規定である（最高裁昭和43年10月31日第一小法廷判決・集民92号797頁参照）。そして，年々に蓄積された当該資産の増加益が所有者の支配を離れる機会に一挙に実現したものとみる建前から，累

進税率のもとにおける租税負担が大となるので，同条3項2号のいわゆる長期譲渡所得（資産の譲渡でその資産の取得の日以後5年経過後にされたものによる所得など）については，その租税負担の軽減を図る目的で，同法22条2項2号により，長期譲渡所得の金額の2分の1に相当する金額をもって課税標準とされている（最高裁昭和47年12月26日・民集26巻10号2083頁参照）。

　また，譲渡所得の金額は，その年中の当該所得に係る総収入金額から当該所得の基因となった資産の取得費及びその資産の譲渡に要した費用の額の合計額を控除し，その残額の合計額から譲渡所得の特別控除額（50万円）を控除した金額とするものとされているが（所得税法33条3項及び4項），所得税法上，同一の原因に基づく譲渡所得が複数年度にわたる場合の控除の方法について定めた規定はなく，仮に複数年度にわたり資産の取得費等が控除されるとすれば二重控除となり課税の公平を害する不合理な結果となることを考慮すると，同法は，同一の原因に基づく譲渡所得が複数年度にわたり計上されることを想定していないと解するのが合理的である。

　以上のような譲渡所得に係る課税の趣旨や制度の仕組み等からすれば，ある所得が譲渡所得に該当するためには，その所得が譲渡に基因して譲渡の機会に生じたものであることを要するというべきである。

　(2)　そこで，いかなる場合に譲渡に基因して譲渡の機会に生じた所得といえるかについて検討するに，所得税法36条1項は，その年分の各種所得の金額の計算上収入金額とすべき金額又は総収入金額に算入すべき金額につき，原則として，その年において『収入すべき金額』とする旨を定めていることからすると，同法は，現実の収入がなくても，その収入の原因となる権利が確定的に発生した場合には，その時点で所得の実現があったものとして，当該権利発生の時期の属する年度の課税所得を計算するという建前（いわゆる権利確定主義）を採用しているものと解される（最高裁昭和49年3月8日第二小法廷判決・民集28巻2号186頁，最高裁昭和53年2月24日第二小法廷判決・民集32巻1号43頁参照）。そして，資産の譲渡によって発生する譲渡所得について収入の原因たる権利が確定的に発生するのは，当該資産の所有権その他の権利が相手方に移転する時であり（最高裁昭和40年9月24日第二小法廷判決・民集19巻6号1688頁参照），収入の原因となる権利が確定的に発生したというためには，それが納税者に具体的の所得税の納税義務を課する基因となる事由であることを考慮すると，単に権利の発生要件が満たされたというだけでは足りず，客観的にみて権利の実現が可能な状態になったことを要するというべきである。したがって，当該資産の所有権その他の権利が相手方に移転する時に客観的に実現が可能になったということのできない権利は，当該資産に係る譲渡所得に当たらないというべきである。

　(3)　これを本件についてみると，…前提となる事実によれば，XがB社に本件持分を譲渡した平成18年3月9日当時，いまだ別件実施許諾契約は締結されていなかったのであるから，本件持分の移転時に本件各金員それ自体の支払請求権が発生していたということはできない。また，本件各金員は，別件実施許諾契約に定められたマイルストンペイメントの一部がXに支払われたものであるところ，別件実施許諾契約に基づくマイルストンペイメントは，本件特許に係る新規化合物（新薬）について臨床治験の実施，所管庁の審査受理等の段階に至ったときに支払われるものであること…，新薬の研究開発には多大な費用を要する上，開発後も発売までに安全性，有効性等に

対する様々な試験を実施する必要があるため製品化されない場合があること…などに
照らせば，上記のマイルストンペイメントの支払の有無は，医薬品開発に関する技術
的状況，Ｃ社の経営状況，所管庁の方針，市場の動向等によって左右されるものと認
められ，本件持分の移転時に客観的に権利の実現が可能になったということはできな
い。これらの諸点に照らすと，本件各金員は，本件持分の譲渡に基因して譲渡の機会
に生じたものということはできず，本件持分の譲渡による譲渡所得には当たらないと
いうべきである。

　2　本件各金員の一時所得該当性
　(1)　…同法〔筆者注：所得税法〕が…所得区分を定めて税額計算等に差異を設けて
いるのは，応能負担の原則の下，所得の発生原因又は発生形態の相違による担税力の
相違を考慮したものである。この点，一時所得については，所得がある以上は担税力
があるとして昭和22年の所得税法改正において課税対象とされることとなったものの，
臨時的又は偶発的に発生する所得であるため一般的には担税力が低いと考えられるこ
とから，課税標準としての総所得金額に加えられる額が制限され（所得税法22条2項
2号），他方で，一時所得の範囲を臨時的又は偶発的な所得に限定するために非対価
性要件が定められ，『労務その他の役務又は資産の譲渡の対価としての性質』を有す
る所得は一時所得から除外するものとされている。このように，同法34条1項が資産
の譲渡の対価としての性質を有する所得を一時所得から除外する趣旨は，そのような
性質を有する所得は臨時的又は偶発的に生じたものとはいえないことにあると解され
るのであり，このような同項の趣旨に照らすと，同項の『資産の譲渡の対価としての
性質』を有する所得には，資産の譲渡と反対給付の関係にあるような給付に限られる
ものではなく，資産の譲渡と密接に関連する給付であってそれがされた事情に照らし
偶発的に生じた利益とはいえないものも含まれると解するのが相当である。このよう
に解することが，『資産の譲渡の対価「としての性質」を有しない』とした同項の文言
にも整合する。

　(2)　これを本件についてみると，…〈1〉本件譲渡契約上，本件各金員は，本件持分
の譲渡の対価として支払われるものであること，〈2〉Ｂ社は，Ｘから本件持分の譲渡
を受けることによりＣ社との間で本件特許の実施を許諾する別件実施許諾契約を締結
したこと，〈3〉本件各金員は，別件実施許諾契約に基づいてＢ社に支払われたマイル
ストンペイメントの一部がＸに支払われたものであることが認められ，これらの事実
に照らすと，本件各金員は，本件持分の譲渡を基礎とする契約関係から生じた金員が
本件持分の譲渡の対価としてＸに支払われたものということができる。そうすると，
本件各金員の支払は，本件持分の譲渡と密接に関連するものであってそれがされた事
情に照らし偶発的に生じた利益とはいえないものであり，『資産の譲渡の対価として
の性質』を有する所得であるということができるから，本件各金員は，非対価性要件
を満たすものではなく，一時所得には当たらないというべきである。

　(3)　Ｘは，非対価性要件は，短期保有山林の伐採又は譲渡による所得を一時所得か
ら除外して雑所得に整理することを目的として定められたものであるから，山林以外
の資産の譲渡の対価については非対価性要件が適用されることはないと主張する。

　しかし，…昭和39年の所得税法改正により一時所得の定義につき非対価性要件が付
加されたのは，短期保有山林の伐採又は譲渡による所得を一時所得から除外するため

に法文の技術的な整備を行ったものにすぎず，非対価性要件の付加は一時所得の範囲に変更を生じさせるものではないことが認められる。そして，非対価性要件が山林以外の資産の譲渡に適用されないとすることは所得税法34条1項の文理に反する上，前記のとおり，同項が非対価性要件を設けた趣旨は，一時所得として課税対象となる所得の範囲を一般的に担税力が低いと考えられる臨時的又は偶然的な所得に限定するためであり，このような趣旨は山林以外の資産の譲渡の対価にも妥当するものである。これらの諸点に照らすと，山林以外の資産の譲渡の対価について非対価性要件を適用しない合理的な理由はなく，Xの上記主張は採用することができない。

　(4)　Xは，所得税法33条1項の『資産の譲渡による所得』と同法34条1項の『資産の譲渡の対価』とは統一的に解釈されるべきであり，これらを別異に解することは租税法律主義に反するとし，本件各金員が資産の譲渡による所得（譲渡所得）に当たらない以上，資産の譲渡の対価たる性質を有しないというべきであると主張する。

　しかし，…所得税法は，所得の発生原因又は発生形態の相違による担税力の相違を考慮して所得区分を定めているところ，資産の譲渡所得に対する課税は，資産の値上がりによりその資産の所有者に帰属する増加益を所得として，その資産が所有者の支配を離れて他に移転するのを機会に，これを清算して課税するものであるのに対し，一時所得に対する課税は，臨時的又は偶発的に発生する所得に課税するものであり，非対価性要件は，一時所得の範囲を上記のような性質を有する所得に限定するために設けられたものである。上記のような譲渡所得と一時所得の課税根拠の相違に照らすと，譲渡所得該当性と一時所得における非対価性要件とを統一的に解釈すべきであるということはできない。そして，前記のとおり，同法34条1項の趣旨に照らすと，一時所得における『資産の譲渡の対価としての性質』を有する所得は，資産の譲渡と反対給付の関係にあるような給付のみならず，資産の譲渡と密接に関連する給付であってそれがされた事情に照らし偶発的に生じた利益とはいえないものを含むというべきであり，このように解釈することは，『資産の譲渡の対価「としての性質」を有しない』とした同項の文言にも整合するものであるから，上記のような解釈が租税法律主義に反するものともいえない。したがって，Xの上記主張は採用することができない。」

イ　大阪高裁平成28年10月6日判決

大阪高裁は，原審判断を維持した。

ウ　最高裁平成29年6月29日第一小法廷決定

最高裁は，Xの上告を棄却し，上告不受理とした。

(5)　解　説

ア　譲渡所得の法的性格

(ア)　増加益清算課税説

譲渡所得の性質論を巡っては，大きく分けて2つの議論が対立している。す

なわち，第1に，譲渡所得とは譲渡した資産に内在する含み益が譲渡というタイミングで一挙に実現したものと考える立場である。本来の包括的所得概念の下では，毎年の資産の内在的な含み益（キャピタル・ゲイン）は毎期課税されるべきものであるところ，かような時価課税はその評価を巡って正確な課税計算をすることが実務的に困難であることから，期首と期末のキャピタル・ゲインを認定して課税することを諦め，次善の策として，資産の取得時の評価額と資産の譲渡時の評価額との差額をもって，譲渡所得課税を実現しようとする考え方が採用されていると解するのである。一般的に資産は市場から取得するであろうし，手放すのも通常は市場においてなされることになる。そのように考えると，市場における客観的交換価値を対象資産の評価額と置き換えることが可能となるため，客観的な課税の実行可能性も担保され得る。さすれば，本来毎年課税されるべきキャピタル・ゲインの課税が繰り延べられており，最終的に資産の所有者の支配を離れた段階で，課税してこなかったキャピタル・ゲインを清算して課税しようとするものであると考えることから，かような譲渡所得に対する考え方は「増加益清算課税説」と呼ばれている。金子宏東京大学名誉教授は，「譲渡所得に対する課税は，資産が譲渡によって所有者の手を離れるのを機会に，その所有期間中の増加益を清算して課税しようとするものである」と説明される（金子・租税法264頁）。

　このような考え方は，例えば，最高裁昭和47年12月26日第三小法廷判決（民集26巻10号2083頁）[3]が「一般に，譲渡所得に対する課税は，資産の値上りによりその資産の所有者に帰属する増加益を所得として，その資産が所有者の支配を離れて他に移転するのを機会に，これを清算して課税する趣旨のものと解すべきであることは，当裁判所の判例…とするところである」と述べている点に表れている。判例は増加益清算課税説の立場を採っているとの見方が通説である（最高裁昭和43年10月31日第一小法廷判決（訟月14巻12号1442頁），最高裁昭和50年5月27日第三小法廷判決（民集29巻5号641頁）など参照）。

　また，破綻したゴルフ場に係るゴルフ会員権の譲渡が譲渡所得に該当するか否かが争点となった事例において，国税不服審判所平成13年5月24日裁決（裁決事例集61号246頁）は，増加益清算課税説の考え方に立ち，「請求人が譲渡した本件会員権は，本件会員権に内包されている施設利用権が消滅した後の預託金返還請求権を譲渡したにすぎず，本件会員権のゴルフ場施設優先利用権は消滅

していたものと認めるのが相当であり，譲渡所得の基因となる資産の譲渡であるゴルフ会員権と認定することはできない」と断じたのである。その後，名古屋高裁平成17年12月21日判決（税資255号順号10249）など[4]においても同様の判断が示されている[5]。

ここでは，増加益清算課税説の立場からすれば，金銭債権からはキャピタル・ゲインが発生しないから，金銭債権としての性質を有する「資産」（この場合，預託金返還請求権としての性質のみを有する破綻したゴルフ会員権）は，所得税法33条1項にいう「譲渡所得の基因となる資産」には該当しない旨を論じたのである。

かような考え方は，所得税基本通達にも表れている。例えば，同通達33-1《譲渡所得の基因となる資産の範囲》は「譲渡所得の基因となる資産とは，法第33条第2項各号に規定する資産及び金銭債権以外の一切の資産をいい，当該資産には，借家権又は行政官庁の許可，認可，割当て等により発生した事実上の権利も含まれる」と通達している。

> ✍　所得税基本通達33-3《極めて長期間保有していた不動産の譲渡による所得》，同33-4《固定資産である土地に区画形質の変更等を加えて譲渡した場合の所得》，同33-5《極めて長期間保有していた土地に区画形質の変更等を加えて譲渡した場合の所得》にも増加益清算課税説の考え方が示されている。

このように通達においても，増加益清算課税説の考え方が示されており，国税庁は，かかる見解に立った上で譲渡所得を捉えているとみることができよう。

> ✍　国税庁が暗号資産の譲渡から譲渡所得が発生しないとする立場に立つのも，この増加益清算課税説を国税庁が採用していることと大いに関係を有していると解される。すなわち，国税庁は，暗号資産については，単なる資金決済の手段であるから，そこからはキャピタル・ゲインを生じないと解しているのである。

(イ)　譲渡益説

第2に，所得税法33条にいう資産の譲渡とは有償譲渡を規定したものと解すべきとの見解がある（竹下重人「譲渡所得課税の二，三の問題点」シュト100号107頁(1970)）。この見解は「譲渡益説」と呼ばれる考え方である。この立場は，同法36条《収入金額》1項の解釈を踏まえて譲渡所得課税がなされ得るとし，あらゆる有償譲渡が所得税法33条1項にいう「資産の譲渡」と解釈する余地を残すものであるといえよう（伊川正樹「譲渡所得課税における『資産の譲渡』」税法561号22頁）。

　✍　伊川正樹教授が指摘するとおり，譲渡益説の全ての見解が，あらゆる有償譲渡を所得税法33条1項にいう「資産の譲渡」と解する見解と捉えるものではない。もっとも，増加益清算課税説と比較すれば，譲渡益説の方がより譲渡所得の基因となる資産の範囲を広く捉えるものであるといえよう。

　佐藤英明教授は，いわゆる右山事件最高裁平成17年2月1日第三小法廷判決（集民216号279頁）[6]や土地改良区決済金事件最高裁平成18年4月20日第一小法廷判決（集民220号141頁）[7]などが，譲渡所得の金額の計算において，「実現した譲渡所得」の金額に焦点を当てたものとして，一定程度譲渡益説へ傾いた判断を行っているとも考えられると指摘している（佐藤英明『スタンダード所得税法〔第3版〕』147頁（弘文堂2022））。また，これらの事案は極めて学説上も注目を集めているものであることから，かかる観察は軽視することができないものであるといえよう。他方，いわゆるタキゲン事件最高裁令和2年3月24日第三小法廷判決（集民263号63頁）[8]は，「譲渡所得に対する課税は，資産の値上がりによりその資産の所有者に帰属する増加益を所得として，その資産が所有者の支配を離れて他に移転するのを機会に，これを清算して課税する趣旨のものである（最高裁昭和41年（行ツ）第8号同43年10月31日第一小法廷判決・裁判集民事92号797頁，最高裁同41年（行ツ）第102号同47年12月26日第三小法廷判決・民集26巻10号2083頁等参照）。」と判示しており，譲渡所得の意義について清算課税説の立場からの説明を行った判決として極めて注目すべきであると思われる。

　なるほど，増加益清算課税説の立場から解釈論のみで譲渡所得の基因となる「資産」をいわば縮小解釈することについての疑問も呈されてきたところではある。例えば，上記名古屋高裁平成17年12月21日判決の第一審名古屋地裁平成17年7月27日判決（判タ1201号136頁）[9]が，「明文の規定がないにもかかわらず（むしろ，…資産とは，一般にその経済的価値が認められて取引の対象とされ，資産の増加益の発生が見込まれるようなすべてのものと解されている。），およそ金銭債権のすべてを譲渡所得の基因となる資産から除外する見解は，金銭債権の譲渡により生じる利益なるものは，その債権の元本の増加益すなわちキャピタル・ゲインそのものではなく，期間利息に相当するものであるとの理解に基づいていると考えられる。もちろん，そのような場合があることは否定できないが，現実の経済取引の実態に照らせば，金銭債権の譲渡金額は，むしろ債務者の弁済に対する意思及び能力（に関する客観的評価）によって影響を受けることが多く，これは元本債権そのものの経済的価値の増減（ただし，債権額を上限とする。），すなわちキャ

ピタル・ゲイン（ロス）というべきであるから，上記理解は一面的にすぎるとの批判を免れ難く，上記通達の合理性には疑問を払拭できないというべきである。」とするとおり，前述の所得税基本通達33-1の合理性に否定的な見解もある。

　　✍　金子宏教授は同通達に対して，実質的には認めつつも疑問を呈されている（金子「所
　　　得税とキャピタル・ゲイン」同『課税単位及び譲渡所得の研究』89頁（有斐閣1996），同
　　　「総説―譲渡所得の意義と範囲」日税研論集50号3頁（2002））。

(ウ)　清算課税説優位と文理解釈上の不安

　しかしながら，これまで多くの裁判例において増加益清算課税説が採用され[10]，キャピタル・ゲインを生じない資産の譲渡に関して譲渡所得該当性が否定されてきた[11]。その論拠のほとんどは増加益清算課税説に立つものである。かような意味では，国税庁の見解は多くの裁判例においても支持されているというべきであろう。

　本件において，Xは，所得税法33条1項の「資産の譲渡による所得」と同法34条1項の「資産の譲渡の対価」とは統一的に解釈されるべきであり，これらを別異に解することは租税法律主義に反するとし，本件各金員が資産の譲渡による所得（譲渡所得）に当たらない以上，資産の譲渡の対価たる性質を有しないというべきであると主張したが，本件大阪地裁は，譲渡所得に対する課税が増加益清算課税説の立場から捉えられるべきであるのに対して，一時所得に対する課税はそのような考え方に立つものではなく，「臨時的又は偶発的に発生する所得に課税するものであり，非対価性要件は，一時所得の範囲を上記のような性質を有する所得に限定するために設けられたもの」であるとする。したがって，譲渡所得と一時所得の課税根拠の相違に照らすと，文理上，類似の規定がなされているからといっても，譲渡所得該当性と一時所得該当性における非対価性要件とを統一的に解釈すべきであるということはできないというのである。

イ　権利確定主義

　本件大阪地裁は，権利確定主義にいう「収入の原因となる権利が確定的に発生した」というためには，「単に権利の発生要件が満たされたというだけでは足りず，客観的にみて権利の実現が可能な状態になったことを要するというべきである。」とし，「したがって，当該資産の所有権その他の権利が相手方に移転する時に客観的に実現が可能になったということのできない権利は，当該資

産に係る譲渡所得に当たらないというべきである。」とする。

その上で，次のように説示する。

> ❶　XがB社に本件持分を譲渡した当時，いまだ別件実施許諾契約は締結されていなかった。
> ➡　本件持分の移転時に本件各金員それ自体の支払請求権が発生していたということはできない。

> ❷　別件実施許諾契約に基づくマイルストンペイメントは，本件特許に係る新規化合物（新薬）について臨床治験の実施，所管庁の審査受理等の段階に至ったときに支払われるものであること
> ❸　新薬の開発後も製品化されない場合があること
> ➡　上記のマイルストンペイメントの支払の有無は，医薬品開発に関する技術的状況，C社の経営状況，所管庁の方針，市場の動向等によって左右されるため，本件持分の移転時に客観的に権利の実現が可能になったということはできない。

❶からは，本件持分移転時の支払請求権の存在を否定し，❷❸からは，本件持分移転時の支払請求権の実現が可能になったということはできないとする。

果たして，本件各金員の支払が請求権に基づくものとはいえないと考えるのか（❶），支払請求権の存在はあったとしても，その実現が不可能であったのか（❷❸）が必ずしも明確にされていないように思われる。

そして，本件大阪地裁は，「これらの諸点（❶❷❸）に照らすと，❹本件各金員は，本件持分の譲渡に基因して譲渡の機会に生じたものということはできず，本件持分の譲渡による譲渡所得には当たらないというべきである。」とする。

しかし，上記した本件大阪地裁のロジックからは，なぜ，本件各金員が譲渡の機会に生じたものとはいえないと考えるのかが必ずしも判然とはしないように思われる。

> ❶　本件各金員が支払請求権に基づくものではないと考えているのか？
> ❷❸　本件持分移転時には支払請求権の実現が不可能であったと考えているのか？

〔注〕
(1)　判例評釈として，谷口智紀・特許研究71号50頁（2021），中野浩幸・近畿大学法学67巻1＝2号105頁（2019）など参照。

(2)　判例評釈として，佐藤修二・ジュリ1509号10頁（2017）など参照。

(3)　判例評釈として，清永敬次・民商69巻 1 号159頁（1973），堺澤良・税通28巻 6 号209頁（1973），一杉直・税通33巻14号150頁（1978），同・税通39巻15号76頁（1984），渡辺徹也・租税判例百選〔第 4 版〕74頁（2005），小塚真啓・租税判例百選〔第 5 版〕74頁（2011），越智砂織・租税判例百選〔第 6 版〕78頁（2016），中野浩幸・租税判例百選〔第 7 版〕82頁（2021）など参照。

(4)　国税不服審判所平成16年 5 月17日裁決（裁決事例集67号401頁），同平成18年11月29日裁決（裁決事例集72号169頁），東京地裁平成18年 4 月18日判決（税資256号順号10368），東京高裁平成19年 3 月27日判決（税資257号順号10670），東京地裁平成19年 6 月 7 日判決（税資257号順号10724）など。譲渡所得の同質性が認められるか否かに中心的関心を置く論稿として，伊川正樹「譲渡所得課税における『資産の譲渡』」税法561号12頁（2009）。

(5)　批判的な見解として，三木義一＝大森健「ゴルフ場施設利用券が消滅した場合の譲渡損失」三木＝田中治＝占部裕典編著『〔租税〕判例分析ファイル I 〔所得税編〕』241頁（税務経理協会2006），増田英敏・ジュリ1339号180頁（2007）など参照。

(6)　判例評釈として，品川芳宣・TKC 税研情報14巻 4 号133頁（2005），同・税研122号80頁（2005），塩崎勤・登記インターネット71号127頁（2005），一高龍司・民商133巻 3 号151頁（2005），高野幸大・ジュリ1319号182頁（2006），神山弘行・租税判例百選〔第 5 版〕83頁（2011），神山弘行・租税判例百選〔第 5 版〕83頁（2011），小塚真啓・租税判例百選〔第 7 版〕92頁（2021）など参照。

(7)　判例評釈として，渡辺充・判評577号184頁（2007），渡辺裕泰・ジュリ1334号257頁（2007），一高龍司・民商136巻 1 号63頁（2007），高橋祐介・税研148号70頁（2009），松村一成・平成18年度主要民事判例解説〔判タ臨増〕254頁（2007）など参照。

(8)　判例評釈として，中里実・商事2289号36頁（2022），浅妻章如・ジュリ1564号135頁（2021），藤谷武史・ジュリ1548号10頁（2020），加藤友佳・令和 2 年度重要判例解説〔ジュリ臨増〕158頁（2021），伊川正樹・税法586号 5 頁（2021），大淵博義・税弘68巻11号113頁（2020），同69巻12号129頁（2021），渡辺充・税理63巻10号170頁（2020），田中晶国・民商157巻 2 号90頁（2021），木山泰嗣・税通75巻 8 号 6 頁（2020），奥谷健・速報判例解説31号〔法セ増刊〕249頁（2022）など参照。また，同事件を扱ったものとして，酒井克彦「取引相場のない株式の評価」経理研究60号38頁（2018），同「取引相場のない株式と低額譲渡（上）（下）」税務事例51巻 5 号94頁， 6 号107頁（2019）など参照。

(9)判例評釈として，増田英敏・ジュリ1339号180頁（2007），伊藤義一＝金坂和正・TKC 税研情報15巻 3 号36頁（2006）など参照。

(10)　増加益清算課税説を採用した裁判例には枚挙に暇がないが，例えば，新潟地裁平成 8 年 1 月30日判決（行集47巻 1 ＝ 2 号67頁），東京地裁平成 3 年 2 月28日判決（行集42巻 2 号341頁），東京地裁平成 4 年 3 月10日判決（訟月39巻 1 号139頁），東京高裁平成26年 5 月19日判決（税資264号順号12473），最高裁令和 2 年 3 月24日第三小法廷判決（集民263号63頁）など参照。

(11)　破産宣告を受け多額の債務超過の状態にある会社の株式の譲渡が，購入者からみれば記念として買ったことが認められるなどとして，キャピタル・ゲインを生ずるような性質を有する譲渡所得の基因となる資産には該当しないとした事例として，千葉地裁平成18年 9 月19日判決（訟月54巻 3 号771頁）がある。

32 ヤフー事件

●**法人税法132条の2の適用が争われた事例**

〈**第一審**〉東京地裁平成26年3月18日判決・民集70巻2号331頁[1]

〈**控訴審**〉東京高裁平成26年11月5日判決・民集70巻2号448頁[2]

〈**上告審**〉最高裁平成28年2月29日第一小法廷判決・民集70巻2号242頁[3]

(1) 事案の概要

ア 概 観

　本件は，平成21年2月24日にソフトバンク株式会社（以下「ソフトバンク」という。）からソフトバンクIDCソリューションズ株式会社（同月2日に変更されるまでの商号はソフトバンクIDC株式会社。以下「IDCS社」という。）の発行済株式全部を譲り受け（以下「本件買収」という。），同年3月30日にIDCS社を被合併会社とする吸収合併（以下「本件合併」という。）をしたX社（原告・控訴人・上告人）が，同20年4月1日から同21年3月31日までの事業年度（以下「本件事業年度」という。）に係る法人税の確定申告に当たり，法人税法（平成22年法律第6号による改正前のもの。以下「法」ともいう。）2条《定義》12号の8の適格合併に適用される法57条《欠損金の繰越し》2項によりIDCS社の未処理欠損金額をX社の欠損金額とみなして，これを損金の額に算入したところ，所轄税務署長が，組織再編成に係る行為計算の否認規定である法132条の2《組織再編成に係る行為又は計算の否認》を適用し，上記未処理欠損金額をX社の欠損金額とみなすことを認めず，本件事業年度の法人税の更正処分及び過少申告加算税の賦課決定処分（以下「本件更正処分等」という。）をしたため，X社が，国Y（被告・被控訴人・被上告人）に対し本件更正処分等の取消しを求めた事案である。

イ 基礎事実

　〔1〕　X社は，情報処理サービス業及び情報提供サービス業等を目的とする株式会社であり，本件合併当時，Iはその代表取締役社長を，Sはその取締役会長を務めていた。なお，X社の議決権の所有割合は，ソフトバンクが約

42.1%，米国の Yahoo!Inc. が約34.9%，その他の株主が約23.0%であった。

　ソフトバンクは，国内外の会社の株式等を取得することにより当該会社の事業活動を支配，管理することを目的とする株式会社であり，本件合併当時，Sはその代表取締役社長を，Ⅰはその取締役を務めていた。

　〔2〕　ソフトバンクは，平成17年2月，英国の企業から，IDCS 社の発行済株式の全部を取得し，同社を完全子会社とした。IDCS 社は，情報通信事業用施設の保守，管理及び運営等を目的とする株式会社であり，同年5月に通信事業を分割して売却するなどし，データセンターに関する事業に特化して事業を行っていた。

　IDCS 社には，平成14年3月期（平成13年4月1日から同14年3月31日までの事業年度。以下，他の事業年度も同様に表記する。）から平成18年3月期まで欠損金が発生し，平成20年3月31日時点で，その未処理欠損金額は合計約666億円であったところ，IDCS 社の利益は，平成19年3月期以降，毎年20億円程度であり，上記未処理欠損金額を償却するには相当な期間がかかることが見込まれていた。なお，本件で問題とされているのは，上記未処理欠損金額のうち平成15年3月期から同18年3月期までに発生した542億6,826万2,894円（以下「本件欠損金額」という。）である。

　〔3〕　IDCS 社は，平成20年3月頃，同社の営むデータセンターに係る設備投資資金の調達とソフトバンクへの財務面の寄与を目的として，IDCS 社を分割して新設会社の株式を公開するなどの案を検討したが，ソフトバンクの担当部署は，この案では IDCS 社の未処理欠損金額の全てを損金算入等により処理することができないと見込まれることなどから，これに代わる案として，同年10月頃までに，事業譲渡による案と分社化による案を作成した。これらの案においては，IDCS 社の未処理欠損金額のうち，平成14年3月期に発生した約124億円は，法57条2項にいう前7年内事業年度において生じた未処理欠損金額に該当しないことから，事業譲渡又は非適格合併により処理し，それ以外のものは，IDCS 社とソフトバンクの他の子会社との適格合併により処理することとされたが，これらの案は，IDCS 社の有する未処理欠損金額を全て処理することを可能とするものであった。

　〔4〕　Sは，平成20年10月中旬，IDCS 社に関する上記の各案について報告を受け，IDCS 社をソフトバンクの他の子会社ではなくX社に売却し合併させる

ことが適切であると考えた。そこで，Ｓは，同月27日，ＩらＸ社の常勤取締役に対し，Ｘ社によるIDCS社の買収を提案し，さらに，ソフトバンクは，同年11月21日，Ｘ社に対し，書面により，Ｘ社がIDCS社を700億円で買収することなど，次の〈1〉から〈4〉までの手順で組織再編成を行う提案（以下「本件提案」という。）をした。

本件提案における組織再編成の手順は４段階で構成されており，その概要は，〈1〉IDCS社が新設分割により簿価34億円の新会社を設立する，〈2〉IDCS社がＸ社に対し新会社の発行済株式全部を174億円で譲渡し，IDCS社は新会社の株式譲渡益140億円を平成14年３月期分及び同15年３月期分の未処理欠損金額の一部と相殺する，〈3〉ソフトバンクがＸ社に対しIDCS社の発行済株式全部を700億円で譲渡する，〈4〉Ｘ社が平成21年３月31日までにIDCSを吸収合併し，IDCS社の未処理欠損金額の残額を承継し，Ｘ社の事業収益と相殺する，というものであった。

〔5〕　Ｓは，平成20年11月27日，Ｉに対し，IDCS社の取締役副社長に就任するよう依頼し，Ｉはこれを了承した。また，Ｓは，同年12月10日頃，IDCS社の代表取締役であるＮに対し，本件提案を実行する旨告げたところ，Ｎは，これを了承するとともに，ＩがIDCS社の取締役副社長に就任することについても了承した。そして，Ｉは，同月26日，IDCS社の株主総会決議及び取締役会決議を経て，IDCS社の取締役副社長に選任された（以下「本件副社長就任」という。）。

ＳからＩに対する上記の就任依頼がされた当時，ソフトバンク及びＸ社においては，IDCS社とＸ社との間で法人税法施行令（以下「施行令」ともいう。）112条《適格合併等による欠損金の引継ぎ等》７項２号の事業規模要件を満たすことは不可能であったため（例えば，平成20年３月31日現在のＸ社の売上金額は，IDCS社の20倍以上であった。），本件買収及び本件合併によりＸ社がIDCS社から本件欠損金額を引き継ぐためには，本件合併において，施行令112条７項５号の特定役員引継要件を満たしておく必要があることが認識されており，Ｓに対しても，ソフトバンクの財務部長からその旨が伝えられていた。

他方，Ｎら従来のIDCS社の役員については，当時，本件合併後にＸ社の特定役員となる事業上の必要性はないと判断されており，Ｉ以外のIDCS社の特定役員が本件合併後にＸ社の特定役員に就任することは予定されていなかった。

〔6〕　I は，本件副社長就任後，平成21年 1 月 7 日に，N らと IDCS 社の今後
の事業方針について会議を行い，X 社やその子会社と IDCS 社との協業可能性
を検討するよう指示したり，同月21日に開催された IDCS 社の取締役会に出席
し，IDCS 社の中期計画に関する議案等の審議に参加し，議決権を行使したり
した。また，I は，本件買収後の同年 2 月26日，N らと会議を行い，IDCS 社
の設備投資計画の方針を指示し，X 社の子会社と IDCS 社との業務提携を決定
するなどした。しかし，I は，IDCS 社の代表権を有しない非常勤の取締役で
あった上，IDCS 社の事業に関し具体的な権限を伴う専任の担当業務を有して
おらず，IDCS 社から役員報酬を受領していなかった。

〔7〕　IDCS 社は，平成21年 1 月 7 日，データセンターの営業，販売及び商品
開発に係る事業に関する権利義務を新設分割により新たに設立する会社に承継
させる旨の新設分割計画を作成し，同月21日開催の取締役会において，新設会
社の成立の日を同年 2 月 2 日とすることを決定した。そして，同日，株式会社
IDC フロンティア（以下「IDCF 社」という。）が上記分割により設立され，IDCS
社の取締役が IDCF 社の取締役にも就任し，IDCS 社の従業員も全て IDCF 社
に雇用されることとなった。

〔8〕　X 社は，平成21年 2 月19日開催の取締役会において，IDCS 社から
IDCF 社の発行済株式全部を115億円で買収すること，ソフトバンクから IDCS
社の発行済株式全部を450億円で買収することを決定した。なお，同取締役会
においては，買収価格は合計565億円であるが，実際の買収価格は450億円であ
り，上記115億円は短期間で X 社に戻ることが確認された。

〔9〕　IDCS 社は，X 社との間で，平成21年 2 月19日付けで，保有する IDCF
社の発行済株式全部を X 社に対して115億円で譲渡する旨の株式譲渡契約を締
結し，同月20日，これを X 社に譲渡した。

〔10〕　ソフトバンクは，X 社との間で，平成21年 2 月23日付けで，保有する
IDCS 社の発行済株式全部を X 社に対して450億円で譲渡する旨の株式譲渡契
約を締結し，同月24日，これを X 社に譲渡した（本件買収）。これにより，IDCS
社は X 社の完全子会社となり，両者の間に特定資本関係が生じた。

〔11〕　X 社は，平成21年 2 月25日開催の取締役会において，IDCS 社との合
併を決定し，同日，IDCS 社との間で，X 社が IDCS 社の権利義務全部を承継し，
IDCS 社が合併後に解散する旨の合併契約を締結した。そして，同年 3 月30日，

上記合併契約に基づく X 社と IDCS 社との本件合併の効力が発生した。なお，本件合併は，法 2 条12号の 8 イの適格合併に当たるものである。

　I を除く IDCS 社の取締役は，全員，本件合併に伴って取締役を退任し，本件合併に際して X 社の取締役には就任しなかった。

　〔12〕　X 社は，平成21年 6 月30日，本件合併の際に X 社の代表取締役社長であった I が IDCS 社の取締役副社長に就任していたため，本件合併は特定役員引継要件を満たしており，施行令112条 7 項 1 号の事業関連性要件も満たしていることから，法57条 3 項のみなし共同事業要件に該当するとして，同条 2 項に基づき，本件欠損金額を X 社の欠損金額とみなして，同条 1 項に基づきこれを損金の額に算入し，本件事業年度に係る法人税の確定申告を行った。

　〔13〕　これに対し，所轄税務署長は，本件副社長就任を含む X 社の一連の行為は，特定役員引継要件を形式的に満たし，本件欠損金額を X 社の欠損金額とみなすこと等を目的とした異常ないし変則的なものであり，これを容認した場合には，法人税の負担を不当に減少させる結果となると認められるとして，法132条の 2 に基づき，本件欠損金額を X 社の欠損金額とみなすことなく X 社の本件事業年度に係る所得金額を計算し，本件更正処分等をした。

(2)　争　点
　本件副社長就任は，法132条の 2 にいう「法人税の負担を不当に減少させる結果となると認められるもの」に該当するか否か。

(3)　判決の要旨
ア　東京地裁平成26年 3 月18日判決

> 「(2)　組織再編税制の概要
> 　平成13年度税制改正（以下『本件改正』という。）における企業組織再編成に係る税制の…内容〔のうち〕…本件に関連する部分の概要は以下のとおりである。
> 　ア　本件改正においては，①組織再編成により移転する資産等について，原則として，その譲渡損益を計上しなければならないこととし（法62条），②合併・分割・現物出資及び事後設立という 4 種類の組織再編成のうち，『企業グループ内の組織再編

成』及び『共同事業を行うための組織再編成』であって一定の要件を満たすもの（適格組織再編成）について，帳簿価額の引継ぎによる課税の繰り延べが認められた（法62条の2以下）。

　イ　また，本件改正においては，欠損金の繰越控除について，従来の規定（法57条1項，58条1項）をほぼそのまま存続させることとした上で，組織再編税制の一環として，新しい規定を設け，適格合併又は合併類似適格分割型分割が行われた場合において，一定の範囲で繰越欠損金額（未処理欠損金額）等を引き継ぐことができることとした（法57条2項）。もっとも，共同で事業を行うことを目的としないグループ内適格合併等について，グループ関係が生じる前に生じた被合併法人等の欠損金額等を繰越控除の対象から除外することによって，租税回避に対処することとした（法57条3項）。

　ウ　法人の組織再編成においては種々の租税回避行為が行われることに鑑み，組織再編成に関する行為・計算の包括的否認規定が設けられた（法132条の2）。

　すなわち，組織再編成を利用した租税回避行為の例として，①繰越欠損金や含み損のある会社を買収し，その繰越欠損金や含み損を利用するために組織再編成を行う，②複数の組織再編成を段階的に組み合わせることなどにより，課税を受けることなく，実質的な法人の資産譲渡や株主の株式譲渡を行う，③相手先法人の税額控除枠や各種実績率を利用する目的で，組織再編成を行う，④株式の譲渡損を計上したり，株式の評価を下げるために，分割等を行うなどの方法が考えられるところ，このうち，繰越欠損金や含み損を利用した租税回避行為に対しては，個別に防止規定（法57条3項，62条の7）を設けるが，これらの組織再編成行為は上記のようなものにとどまらず，その行為の形態や方法が相当に多様なものと考えられることから，これに適正な課税を行うことができるように包括的な組織再編成に係る租税回避防止規定が設けられた。

　(3)　法132条の2にいう『法人税の負担を不当に減少させる結果となると認められるもの』（以下『不当性要件』という。）の解釈について

　ア　上記…のとおり，①法132条の2は，組織再編税制の導入と共に設けられた個別否認規定と併せて新たに設けられた包括的否認規定であること，②組織再編税制において包括的否認規定が設けられた趣旨は，組織再編成の形態や方法は複雑かつ多様であり，ある経済的効果を発生させる組織再編成の方法は単一ではなく，同じ経済的効果を発生させ得る複数の方法があり，これに対して異なる課税を行うこととすれば，租税回避の温床を作りかねないという点などにあることが認められる。そして，組織再編税制に係る個別規定は，特定の行為や事実の存否を要件として課税上の効果を定めているものであるところ，立法時において，複雑かつ多様な組織再編成に係るあらゆる行為や事実の組み合わせを全て想定した上でこれに対処することは，事柄の性質上，困難があり，個別規定の中には，その想定外の行為や事実がある場合において，当該個別規定のとおりに課税上の効果を生じさせることが明らかに不当であるという状況が生じる可能性があるものも含まれているということができる。

　以上のような法132条の2が設けられた趣旨，組織再編成の特性，個別規定の性格などに照らせば，同条が定める『法人税の負担を不当に減少させる結果となると認められるもの』とは，(i)法132条と同様に，取引が経済的取引として不合理・不自然である場合〔最高裁昭和50年（行ツ）第15号同52年7月12日第三小法廷判決・裁判集民

事121号97頁，最高裁昭和55年（行ツ）第150号同59年10月25日第一小法廷判決・裁判集民事143号75頁参照）のほか，(ii)組織再編成に係る行為の一部が，組織再編成に係る個別規定の要件を形式的には充足し，当該行為を含む一連の組織再編成に係る税負担を減少させる効果を有するものの，当該効果を容認することが組織再編税制の趣旨・目的又は当該個別規定の趣旨・目的に反することが明らかであるものも含むと解することが相当である。このように解するときは，組織再編成を構成する個々の行為について個別にみると事業目的がないとはいえないような場合であっても，当該行為又は事実に個別規定を形式的に適用したときにもたらされる税負担減少効果が，組織再編成全体としてみた場合に組織再編税制の趣旨・目的に明らかに反し，又は個々の行為を規律する個別規定の趣旨・目的に明らかに反するときは，上記(ii)に該当するものというべきこととなる。」

イ　東京高裁平成26年11月 5 日判決

東京高裁も第一審判断をおおむね維持した。

ウ　最高裁平成28年 2 月29日第一小法廷判決

　「一　組織再編成は，その形態や方法が複雑かつ多様であるため，これを利用する巧妙な租税回避行為が行われやすく，租税回避の手段として濫用されるおそれがあることから，法132条の 2 は，税負担の公平を維持するため，組織再編成において法人税の負担を不当に減少させる結果となると認められる行為又は計算が行われた場合に，それを正常な行為又は計算に引き直して法人税の更正又は決定を行う権限を税務署長に認めたものと解され，組織再編成に係る租税回避を包括的に防止する規定として設けられたものである。このような同条の趣旨及び目的からすれば，同条にいう『法人税の負担を不当に減少させる結果となると認められるもの』とは，法人の行為又は計算が組織再編成に関する税制（以下「組織再編税制」という。）に係る各規定を租税回避の手段として濫用することにより法人税の負担を減少させるものであることをいうと解すべきであり，その濫用の有無の判断に当たっては，〈1〉当該法人の行為又は計算が，通常は想定されない組織再編成の手順や方法に基づいたり，実態とは乖離した形式を作出したりするなど，不自然なものであるかどうか，〈2〉税負担の減少以外にそのような行為又は計算を行うことの合理的な理由となる事業目的その他の事由が存在するかどうか等の事情を考慮した上で，当該行為又は計算が，組織再編成を利用して税負担を減少させることを意図したものであって，組織再編税制に係る各規定の本来の趣旨及び目的から逸脱する態様でその適用を受けるもの又は免れるものと認められるか否かという観点から判断するのが相当である。

　　二(1)　組織再編税制の基本的な考え方は，実態に合った課税を行うという観点から，原則として，組織再編成により移転する資産等（以下『移転資産等』という。）についてその譲渡損益の計上を求めつつ，移転資産等に対する支配が継続している場合には，その譲渡損益の計上を繰り延べて従前の課税関係を継続させるというものである。このような考え方から，組織再編成による資産等の移転が形式と実質のいずれにおいて

もその資産等を手放すものであるとき（非適格組織再編成）は，その移転資産等を時価により譲渡したものとされ，譲渡益又は譲渡損が生じた場合，これらを益金の額又は損金の額に算入しなければならないが（法62条等），他方，その移転が形式のみで実質においてはまだその資産等を保有しているということができるものであるとき（適格組織再編成）は，その移転資産等について帳簿価額による引継ぎをしたものとされ（法62条の2等），譲渡損益のいずれも生じないものとされている。

(2)　組織再編成に伴う未処理欠損金額の取扱いについても，基本的に，移転資産等の譲渡損益に係る取扱いに合わせて従前の課税関係を継続させることとするか否かを決めることとされており，適格合併が行われた場合につき，被合併法人の前7年内事業年度において生じた未処理欠損金額は，それぞれ当該未処理欠損金額の生じた前7年内事業年度の開始の日の属する合併法人の各事業年度において生じた欠損金額とみなすものとして（法57条2項），その引継ぎが認められるものとされている。

もっとも，適格合併には，大別して，企業グループ内の適格合併（法2条12号の8イ及びロ。本件合併もこれに含まれる。）と共同事業を営むための適格合併（同号ハ）があるところ，企業グループ内の適格合併については，共同事業を営むための適格合併よりも要件が緩和されているため，その未処理欠損金額の引継ぎを無制限に認めると，例えば，大規模な法人が未処理欠損金額を有するグループ外の小規模な法人を買収し完全子会社として取り込んだ上で，当該法人との適格合併を行うことにより，当該法人の未処理欠損金額が不当に利用されるなどのおそれがある。そこで，そのような租税回避行為を防止するため，法57条3項において，企業グループ内の適格合併が行われた事業年度開始の日の5年前の日以後に特定資本関係が発生している場合については，『当該適格合併等が共同で事業を営むための適格合併等として政令で定めるもの』（みなし共同事業要件）に該当する場合を除き，特定資本関係が生じた日の属する事業年度前の各事業年度において生じた欠損金額等を引き継ぐことができないものとされている。

(3)　法57条3項のみなし共同事業要件は，施行令112条7項において，適格合併のうち，〈1〉同項1号から4号までに掲げる要件…又は〈2〉同項1号及び5号に掲げる要件…に該当するものとされているところ，上記〈1〉の各要件は，上記(2)の趣旨から，双方の法人の事業が合併の前後において継続しており合併後には共同で事業が営まれているとみることができるかどうかを事業規模等から判定するものである。これに対し，上記〈2〉の各要件は，同項2号から4号までの事業規模要件等が充足されない場合であっても，合併法人と被合併法人の特定役員が合併後において共に合併法人の特定役員に就任するのであれば，双方の法人の経営の中枢を継続的かつ実質的に担ってきた者が共同して合併後の事業に参画することになり，経営面からみて，合併後も共同で事業が営まれているとみることができることから，同項2号から4号までの要件に代えて同項5号の要件（特定役員引継要件）で足りるとされたものと解される。

三(1)　前記事実関係等によれば，本件の一連の組織再編成に係る行為は，ソフトバンクによる平成20年11月の本件提案の手順を基礎として，X社が，ソフトバンクからIDCS社の発行済株式全部を譲り受けて完全子会社とした上で（本件買収），その約1か月後にIDCS社を法2条12号の8イの適格合併として吸収合併すること（本件合併）により，法57条2項に基づき，IDCS社の利益だけでは容易に償却し得ない約543

億円もの未処理欠損金額（本件欠損金額）をＸ社の欠損金額とみなし，これをＸ社の損金に算入することによりその全額を活用することを意図して，同21年３月30日までのごく短期間に計画的に実行されたものというべきである。なお，本件提案において，IDCS社の多額の未処理欠損金額をＸ社に引き継ぐことが前提とされていたことは，IDCS社の発行済株式全部の売却想定価額700億円に，IDCS社の未処理欠損金額のうち約500億円に税率40％を乗じて算出された『税務上資産200億円』が含まれていたことからも明らかである。

　(2)　もっとも，本件合併は，平成21年３月31日までに行われることが予定されており，特定資本関係の発生（本件買収）から本件合併までの期間が５年に満たないため，本件合併によりＸ社が法57条２項に基づきIDCS社の本件欠損金額を引き継ぐためには同条３項のみなし共同事業要件を満たさなければならず，さらに，本件合併において施行令112条７項２号の事業規模要件を満たすことは事実上不可能であったため，みなし共同事業要件を満たすためには同項５号の特定役員引継要件を満たさなければならない状況にあった。そして，本件では，Ｎら従来のIDCS社の特定役員については，本件合併後にＸ社の特定役員となる事業上の必要性はないと判断され，実際にそのような予定もなかったため，本件合併後にＩがＸ社の代表取締役社長の地位にとどまってさえいれば特定役員引継要件が満たされることとなるよう，本件買収の前にＩがIDCS社の取締役副社長に就任することとされたものということができる。このように，本件副社長就任が，法人税の負担の軽減を目的として，特定役員引継要件を満たすことを意図して行われたものであることは，上記一連の経緯のほか，ソフトバンクとＸ社の各担当者の間で取り交わされた電子メールの『税務ストラクチャー上の理由』等の記載…に照らしても明らかというべきである。

　(3)　そして，本件においては，〈1〉本件副社長就任は，本件提案が示された後に，ソフトバンクの代表取締役社長であるＳの依頼を受けて，Ｘ社のＩ及びIDCS社のＮがこれを了承するという経緯で行われたものであり，上記依頼の前からIDCS社とＸ社においてその事業上の目的や必要性が具体的に協議された形跡はないこと，〈2〉本件提案，本件副社長就任，本件買収等の行為は平成21年３月31日までに本件合併を行うという方針の下でごく短期間に行われたものであって，ＩがIDCS社の取締役副社長に就任していた期間もわずか３か月程度であり，本件買収により特定資本関係が発生するまでの期間に限ればわずか２か月程度にすぎないこと，〈3〉Ｉは，本件副社長就任後，IDCS社の取締役副社長として一定の業務を行っているものの，その業務の内容は，おおむね本件合併等に向けた準備やその後の事業計画に関するものにとどまること，〈4〉Ｉは，IDCS社の取締役副社長となったものの，代表権のない非常勤の取締役であった上，具体的な権限を伴う専任の担当業務を有していたわけでもなく，IDCS社から役員報酬も受領していなかったことなどの事情が存する。

　これらの事情に鑑みると，Ｉは，IDCS社において，経営の中枢を継続的かつ実質的に担ってきた者という施行令112条７項５号の特定役員引継要件において想定されている特定役員の実質を備えていたということはできず，本件副社長就任は，本件合併後にＩがＸ社の代表取締役社長の地位にとどまってさえいれば上記要件が満たされることとなるよう企図されたものであって，実態とは乖離した上記要件の形式を作出する明らかに不自然なものというべきである。

　また，本件提案から本件副社長就任に至る経緯（上記〈1〉）に照らせば，IDCS社及びX社において事前に本件副社長就任の事業上の目的や必要性が認識されていたとは考え難い上，Iの IDCS 社における業務内容（上記〈3〉）もおおむね本件合併等に向けた準備やその後の事業計画に関するものにとどまり，Iの取締役副社長としての在籍期間や権限等（上記〈2〉及び〈4〉）にも鑑みると，本件副社長就任につき，税負担の減少以外にその合理的な理由といえるような事業目的等があったとはいい難い。
　四　以上を総合すると，本件副社長就任は，組織再編成を利用して税負担を減少させることを意図したものであって，適格合併における未処理欠損金額の引継ぎを定める法57条2項，みなし共同事業要件に該当しない適格合併につき同項の例外を定める同条3項及び特定役員引継要件を定める施行令112条7項5号の本来の趣旨及び目的を逸脱する態様でその適用を受けるもの又は免れるものと認められるというべきである。
　そうすると，本件副社長就任は，組織再編税制に係る上記各規定を租税回避の手段として濫用することにより法人税の負担を減少させるものとして，法132条の2にいう『法人税の負担を不当に減少させる結果となると認められるもの』に当たると解するのが相当である。所論の点に関する原審の判断は，以上の趣旨をいうものとして是認することができる。」

(4)　解　説

　本件の争点は，繰越欠損金の引継ぎが組織再編によって遮断されるか否かという点にあるが，本質的な解釈論は，組織再編成に係る行為計算の否認を定める法人税法132条の2の適用の及ぶ範囲の問題であるといえよう。

ア　本件東京地裁の判断

　本件東京地裁は，法人税法132条の2の趣旨から，およそ本件のようなケースは，そもそも，同条が予定していた適用の射程内にあるとした上で，形式的に個別の取引のみをみれば合理的なものといえるような場合であっても，全体としてみれば，法人税の負担を不当に減少するといえるようなケースにおいては同条が適用されるとしたのである。すなわち，法人税法132条の2は，次のような場合に適用されるとしたのである。

(ⅰ)　法132条と同様に，取引が経済的取引として不合理・不自然である場合
(ⅱ)　組織再編成に係る行為の一部が，組織再編成に係る個別規定の要件を形式的には充足し，当該行為を含む一連の組織再編成に係る税負担を減少させる効果を有するものの，当該効果を容認することが組織再編税制の趣旨・目的又は当該個別規定の趣旨・目的に反することが明らかである場合

　これらのうち，(i)は，従来からの法人税法132条《同族会社等の行為又は計算の否認》の射程範囲であるが，法人税法132条の2についてみれば，これに加えて(ii)が射程範囲となるというのである。

　これに対して，Xは，法人税法132条の2の不当性要件は，同法132条と同様に，私的経済取引として異常又は変則的で，かつ，租税回避以外に正当な理由ないし事業目的が存在しないと認められる場合（すなわち，(i)の範囲）に限られる旨主張していた。

　その理由として，次の3つを示している。すなわち

① 　法人税法132条の枝番として132条の2が規定され，両者の規定振りが酷似し，否認の要件の文言も同様であることなどから，両者を別異に解すべき理由はないこと。

② 　租税回避の概念は，私法上の選択可能性を利用し，私的経済取引として合理性がないのに，通常用いられない法形式を選択するものとして定義されており，法の定める課税要件自体を修正するものは含まれず，法制度の濫用はこれとは別の概念であるというべきこと。

③ 　上記②を含めるという解釈は，個別規定の要件を実質的に拡張して適用するものであり，納税者の予測可能性を著しく害し，租税法律主義に反する。

　とりわけ，③については，金子宏意見書，中里実意見書，田中治意見書，大淵博義意見書，水野忠恒意見書，佐藤英明意見書，占部裕典意見書などが提出されている。

　これに対して，本件東京地裁は次のように説示する。

　「法132条の2により対処することが予定されている第1の類型は，繰越欠損金等を利用する組織再編成における租税回避行為であるところ，そもそも，繰越欠損金自体には資産性はなく，それが企業間の合併で取引の対象となり得るのは，租税法がその引継ぎを認めることの反射的な効果にすぎないのであり，企業グループ内における繰越欠損金の取引を含む組織再編成それ自体についていかに正当な理由や事業目的があったとしても，法57条3項が定める要件を満たさないのであれば，未処理欠損金額の引継ぎは認められない。したがって，上記の類型に属する租税回避行為の不当性の有無については，経済合理性の有無や事業目的の有無といった基準によって判断することはできず，『租税回避以外に正当な理由ないし事業目的が存在しないと認められる』か否かという基準は，それのみを唯一の判断基準とすることは適切ではないといわざ

　るを得ない。」

　すなわち，繰越欠損金は資産性がないことからすれば，そもそも，合理性があるから欠損法人を取引の対象とすると考えるのには限界があり，その取引に経済的合理性があるとすれば，すなわちそれは，租税法における欠損金の引継ぎが認められているからにほかならない。そうであるとすれば，そもそも，欠損金の引継ぎ自体に経済合理性の追求という観点での視角を持ち込むことに意味はないから，経済的合理性基準説によってこれを判断することは妥当ではないと考えているようである。この理論構成については次の2点が注意されるべきであろう。

　第1に，ここでの経済的合理性とは，当然に，租税負担面での経済的合理性である（Apart from tax effects）。

　第2に，本当に，欠損金が取引されるのはタックスメリットがある場合だけと考えること自体に問題はないのであろうか。そもそも，欠損金を引き継いででも，かかる事業を再生し，ビジネスチャンスがあると見込んで投資あるいは組織再編を試みるケースはいくらでも考えられることからすれば，「繰越欠損金自体には資産性はなく，それが企業間の合併で取引の対象となり得るのは，租税法がその引継ぎを認めることの反射的な効果にすぎない」との説示に疑問も浮かぶ。また，「組織再編成それ自体についていかに正当な理由や事業目的があったとしても，法57条3項が定める要件を満たさないのであれば，未処理欠損金額の引継ぎは認められない。」という点を理由に，経済的合理性はこの際関係がないかのように論じているが，正当な理由や事業目的が適用要件である場合にのみ，行為計算否認の不当性要件として経済的合理性基準説が適用され得るとすれば，逆に同基準の適用を狭く解しすぎているようにも思えるのである。すなわち，例えば，いかに正当な理由や事業目的があったとしても，法人税法34条《役員給与の損金不算入》にいう役員給与の損金算入要件を満たさなければ，役員に対する給与は損金に算入することは認められないのであるから，この説示に従えば，役員給与の経済的合理性は同族会社等の行為計算の否認規定の適用における「不当性」の判断基準にならないということにもなろう。しかし，実際には，役員給与等につき同族会社等の行為計算の否認規定を適用した事例は枚挙に暇がないところである。

　また，本件東京地裁が示す法人税法132条と同法132条の２は異なるものとする積極的理由は次のようなものであるが，いずれも必ずしも説得的ではないように思われるのである。

> 　「〔X社主張の〕①の点について検討するに，法132条は，同族会社においては，所有と経営が分離している会社の場合とは異なり，少数の株主のお手盛りによる税負担を減少させるような行為や計算を行うことが可能であり，また実際にもその例が多いことから，税負担の公平を維持するため，同族会社の経済的合理性を欠いた行為又は計算について，『不当に減少させる結果となると認められるもの』があるときは，これを否認することができるものであるとしたものであり，法132条の２とはその基本的な趣旨・目的を異にする。したがって，両者の要件を同義に解しなければならない理由はなく，X社の上記①の主張は採用することができない。」

⬇

　法人税法132条の規定の適用に当たっては，同族会社であるがゆえに容易になし得る行為や計算のみならず適用するとするのが通説であるから，解釈論的には，法人税法132条を「同族会社ゆえに」との立場で解釈することは通例していない。この点から，上記の説示については若干の不安を覚えるところである。

> 　「②の点について検討するに，法132条の２により対処することが予定されている第２の類型は，複数の組織再編成を段階的に組み合わせることなどによる租税回避行為であるところ，組織再編成の形態や方法は，複雑かつ多様であり，同一の経済的効果をもたらす法形式が複数存在し得ることからすると，そもそも，ある経済的効果を発生させる組織再編成の方法として何が『通常用いられるべき』法形式であるのかを，経済合理性の有無や事業目的の有無という基準により決定することは困難であり，これらの基準は，上記の類型に属する租税回避行為の判定基準として十分に機能しないものといわざるを得ない。他方，組織再編税制に係る個別規定は，特定の行為や事実の存否を要件として課税上の効果を定めているものであるところ，立法時において，複雑かつ多様な組織再編成に係るあらゆる行為や事実の組み合わせを全て想定した上でこれに対処することは，事柄の性質上，困難があり，想定外の行為や事実がある場合には，当該個別規定を形式的に適用して課税上の効果を生じさせることが明らかに不当であるという状況が生じる可能性があることは上記アで判示したとおりである。組織再編成とそれに伴い生じ得る租税回避行為に係るこれらの特性に照らすと，同条の適用対象を，通常用いられない異常な法形式を選択した租税回避行為のみに限定することは当を得ないというべきである。したがって，X社の上記②の主張は採用することができない。」

■

　法人税法132条の 2 よりも同法132条の方が，その適用範囲はより広いのであるから，予測し得ない行為や計算についても適用がなされるべきという点からすれば，この説示については説得力に欠けるといわざるを得ない。個別規定を形式的に適用して課税上の効果を生じさせるケースは，組織再編税制においてのみ認められるユニークなものではないはずである。

> 　「③の点について検討するに，一般に，法令において課税要件を定める場合には，その定めはなるべく一義的で明確でなければならず，このことが租税法律主義の一内容であるとされているところ，これは，私人の行う経済取引等に対して法的安定性と予測可能性を与えることを目的とするものと解される。もっとも，税法の分野においても，法の執行に際して具体的事情を考慮し，税負担の公平を図るため，何らかの不確定概念の下に課税要件該当性を判断する必要がある場合は否定できず（法132条がその典型例であるということができる。），このような場合であっても，具体的な事実関係における課税要件該当性の判断につき納税者の予測可能性を害するものでなければ，租税法律主義に反するとまではいえないと解されるところである。しかるところ，法132条の 2 は，上記(ii)のとおり，税負担減少効果を容認することが組織再編税制の趣旨・目的又は当該個別規定の趣旨・目的に反することが明らかであるものに限り租税回避行為に当たるとして否認できる旨の規定であると解釈すべきものであり，このような解釈は，納税者の予測可能性を害するものではないから，これをもって租税法律主義に反するとまではいえないというべきである。この点に関する X 社の上記③の主張は採用することができない。」

■

　法制度の濫用を読み込む規定と解釈することが，直接に，課税要件法定主義や課税要件明確主義に反するとはいえないと思われる。それは，法人税法132条においても文理上読み込むことができる否認類型の 1 つであると考えるからである。かような意味では，X 社の主張については検討を要する。

　上記①及び②の点からすれば，X 社の主張を排斥する本件東京地裁の説示にはやや説得力に欠けるところがあるように思われるのである。

　他方，X 社の主張のロジックは，上記理由にいうように，法人税法132条は，いわゆる講学上の租税回避のみを対象とする租税回避否認規定であるところ，同法132条の 2 は，同法132条と同様の趣旨に出た規定であるとし，同法132条の 2 の解釈を拡張することは許されないと論じている。ここにいう，講学上の

租税回避と法制度の濫用とは異なるものであるから，講学上の租税回避のみを
否認の対象とする法人税法132条及び同法132条の2は，法制度の濫用を否認す
る規定ではないとするのである。

　さて，このX社の主張に疑問の余地はないのであろうか。すなわち，ここで
は，次の2点について検討が必要であろう。

　①　法人税法132条と同法132条の2は同種の規定であるとみることの是非
　②　法人税法132条はそもそも講学上の租税回避否認規定であると位置付け
　　　ることの是非

　①の点については，両規定ともに規定の仕方が極めて近似していること，枝
番であることというX社の主張は妥当であるといえよう。議論の余地もあるが，
それ以上に，②の点に関心が寄せられるべきではなかろうか。

　少なくとも，法人税法132条が，「法人税の負担を不当に減少」すると認めら
れる場合に適用される規定であるとの要件から，濫用ケースが排除されるとす
る理解が果たして妥当であるのかどうかについては改めて検証されるべき点で
はないかと思われるのである。

　次に，誰の行為又は計算かという点についても議論があるが，この点，本件
東京地裁判決は，取引全体からみる観察法を説示している。これに類似するの
が，いわゆる平和事件東京地裁平成9年4月25日判決（訟月44巻11号1952頁）[4]で
ある。

　同地裁は次のように判示している。

　　「否認されるべき同族会社の行為又は計算とは，同族会社を当事者とする株主等の
　所得計算上のそれであることは明らかである。すなわち，大正12年法律第8号所得税
　法中改正法律によって，所得税法73条ノ3に『前条ノ法人ト其ノ株主又ハ社員及其親
　族，使用人其ノ他特殊ノ関係アリト認ムル者トノ間ニ於ケル行為ニ付所得税逋脱ノ目
　的アリト認ムル場合』において政府が当該行為を否認し得るとする規定が設けられ，
　それが漸次その適用範囲を拡大して本件規定となったという沿革，及び…本件規定の
　趣旨に照らせば，本件規定にいう同族会社の行為又は計算とは，同族会社と株主等と
　の間の取引行為を全体として指し，その両者間の取引行為が客観的にみて経済的合理
　性を有しているか否かという見地からその適用の有無及び効果を判断すべきものとい
　うべきである。」

　この事例は，同族会社の代表者が当該同族会社に対して，無利息貸付けを行
った場合に，所得税法157条《同族会社等の行為又は計算の否認等》の規定の適用に

より，かかる貸付けに係る利息相当額を代表者個人の雑所得として認定し得るかどうかが争われた事例である。ここでは，貸付行為を行っていたのは，代表者個人であって，同族会社の行為とはいえないから，同条の適用はないとする原告側の主張を排斥しているのである。その際，同族会社そのものの行った行為又は計算のみならず，株主との間で行った取引を総合的に観察して解釈すべきであるとしているのである。本件東京地裁判決は，この平和事件東京地裁判決よりも更に踏み込む形の判示を展開している点は注目に値するものといえよう。

欠損金の利用について法人税法がいかなる態度を示しているかについて必ずしも明らかであったとはいえない中にあって[5]，本件東京高裁も認めているであろうと思われる上記判断は[6]，おおむねYの主張を受け入れ，平成12年10月に政府税制調査会が明らかにした基本的考え方や平成13年度税制改正の概要を踏まえたものであった。すなわち，法人税法132条の2が包括的否認規定であるという点を認めたものであった。

イ　本件最高裁の判断

本件東京地裁が上述のように，(i)及び(ii)の場合に，法人税法132条の2の適用があるとした点（↘230頁参照）のうち，特に(ii)については，これがドイツ法によるいわゆる「一体的観察法」ないし「全体的観察法」に近接したものであって，国民の予測可能性や法的安定性を制約するように租税法規が解釈適用されるおそれがあるとの指摘があった（例えば，岩﨑政明・民商153巻6号133頁（2018））。これに対して，本件最高裁は，この点について，法人税法132条の2を租税回避の包括的否認規定であると位置付けながら，次のように解している。

> 「組織再編成は，その形態や方法が複雑かつ多様であるため，これを利用する巧妙な租税回避行為が行われやすく，租税回避の手段として濫用されるおそれがあることから，法132条の2は，税負担の公平を維持するため，組織再編成において法人税の負担を不当に減少させる結果となると認められる行為又は計算が行われた場合に，それを正常な行為又は計算に引き直して法人税の更正又は決定を行う権限を税務署長に認めたもの」

すなわち，ここに濫用基準たる基準性を打ち出し，法人税法132条の2の適用を濫用法理の文脈で捉えようとしている点に特徴があるといえよう。さらに，本件最高裁は，かかる「濫用」の判断について，❶法人の行為又は計算が，通

常は想定されない組織再編成の手順や方法に基づいたり，実態とは乖離した形
式を作出したりするなど，不自然なものであるかどうか，❷租税負担の減少以
外にそのような行為又は計算を行うことの合理的な理由となる事業目的その他
の事由が存在するかどうか等の事情を考慮するとしており，一定の明確な判断
基準を示したのである（徳地淳＝林高史・曹時69巻5号299頁（2017））。

　❶の「不自然」という要素についても議論が起こり得るし（藤原健太郎・法協
135巻9号2234頁），❷については，当該行為又は計算が，組織再編成を利用して
租税負担を減少させることを「意図」という点を認定することを前提とした判
断を示しており，かかる判断枠組みに妥当性が見出されたとしても，この点は
事実認定上の困難を招来することにもなりそうである。

　本件最高裁は，かかる「意図」が組織再編税制に係る各規定の本来の趣旨及
び目的から逸脱する態様でその適用を受けるもの又は免れるものと認められる
か否かという観点から判断しようとしている。「意図」の認定については主観
説と客観説の対立があり得ようが，「意図」は客観的な判定にさらされること
になろう（岩﨑・前掲稿135頁）。

〔注〕
(1)　判例評釈として，吉村政穂・ジュリ1470号8頁（2014），大淵博義・税通69巻9号17
　　頁（2014），太田洋・商事2037号4頁，2038号38頁（2014），浅妻章如・ビジネス法務14
　　巻9号84頁（2014），岩品信明・金法2028号46頁（2015），朝長英樹・税弘62巻7号8頁
　　（2014），北村導人・経理情報1383号46頁（2014），田島秀則・税務事例46巻8号8頁
　　（2014），豊田孝二・速報判例解説16号〔法セ増刊〕225頁（2015），酒井克彦・会社法務
　　A2Z 96号58頁（2015）など参照。
(2)　判例評釈として，長戸貴之・ジュリ1490号135頁（2016），渕圭吾・平成26年度重要判
　　例解説〔ジュリ臨増〕217頁（2015），太田洋・税弘63巻3号31頁（2015），竹内綱敏・税
　　法573号139頁（2015），今村隆・税弘64巻1号73頁（2016）など参照。
(3)　判例評釈として，徳地淳＝林史高・曹時69巻5号274頁（2017），岡村忠生・ジュリ
　　1495号10頁（2016），伊藤剛志・ジュリ1496号31頁（2016），渡辺徹也・商事2112号4頁，
　　2113号23頁（2016），本庄資・ジュリ1498号155頁（2016），岩﨑政明・民商153巻6号118
　　頁（2018），今村隆・税弘64巻7号54頁（2016），藤原健太郎・法協135巻9号2234頁
　　（2018），太田洋・税弘64巻6号44頁（2016），木山泰嗣・税通71巻6号10頁（2016），佐
　　藤修二・NBL1071号68頁（2016），泉絢也・税務事例48巻6号32頁（2016），北村導人＝
　　黒松昴蔵・ビジネス法務16巻9号82頁（2016），竹内綱敏・税法576号93頁（2016），小塚
　　真啓・平成28年度重要判例解説〔ジュリ臨増〕214頁（2017），多賀谷博康・アコード・
　　タックス・レビュー9＝10号64頁（2018），酒井貴子・租税判例百選〔第7版〕126頁
　　（2021）など参照。

⑷　判例評釈として，品川芳宣・税研74号53頁（1997），大淵博義・税務事例32巻7号1頁（2000），高野幸大・判評474号187頁（1998），高橋祐介・税法538号147頁（1997）など参照。

⑸　渕圭吾教授は，本件当時の法人税法については，欠損金の利用に関する原理が必ずしも明らかではなかったとされる（渕・前掲注⑵218頁）。

⑹　長戸・前掲注⑵137頁。

33　IBM 事件

> ●有価証券の譲渡損失が生じたことによる法人税の負担減少が，法人税法132
> 条1項にいう「不当」なものと評価することができるか否かが争われた事例
> 〈第一審〉東京地裁平成26年5月9日判決・訟月61巻11号2041頁[1]
> 〈控訴審〉東京高裁平成27年3月25日判決・訟月61巻11号1995頁[2]
> 〈上告審〉最高裁平成28年2月18日第一小法廷判決・税資266号順号12802[3]

(1)　事案の概要

　外国法人である米国 WT 社を唯一の社員とする同族会社であった内国法人
X社（原告・被控訴人・被上告人：IBMABH）は，平成14年2月に海外の親会社であ
る米国 WT 社（米国 IBM が全株式を保有する会社）から日本 IBM の発行済株式の
全部の取得（本件株式購入）をした（X社は，米国 WT 社から日本 IBM の株式の購入資
金（1兆8,182億2,000円）の貸付けを受け（1,317億8,000万円の資金を加えて），米国 WT 社
から日本 IBM の全株式を総額1兆9,500億円で取得した。）。その後，平成17年12月まで
に3回にわたり同株式の一部をそれを発行した法人である日本 IBM に譲渡（本
件各譲渡）をした。なお，平成13年度税制改正において，みなし配当税制が改正
され，株主が株式の発行会社に株式を買い取らせる場合（発行会社が自己株式を取
得する場合）に，株主において，みなし配当と株式譲渡損が両建てで計上される
状態が生ずることがあり得ることとなった（このため，X社は，みなし配当と株式譲
渡損4,040億円1,810万254円を計上していたと思われる。）。

　X社は，当該株式の譲渡に係る対価の額（利益の配当とみなされる金額に相当する
金額を控除した金額）と当該株式の譲渡に係る原価の額との差額である有価証券
（日本 IBM の株式）の譲渡に係る譲渡損失額を本件各譲渡事業年度の所得の金額
の計算上損金の額にそれぞれ算入し，本件各譲渡事業年度において生じた欠損
金額に相当する金額を，平成20年1月1日に連結納税の承認があったものとみ
なされた連結所得の金額の計算上損金の額に算入して同年12月連結期の法人税
の確定申告をした。

その後，処分行政庁は，法人税法132条〈同族会社等の行為又は計算の否認〉１項の規定を適用して，本件各譲渡に係る上記の譲渡損失額を本件各譲渡事業年度の所得の金額の計算上損金の額に算入することを否認する旨の更正の処分（本件各譲渡事業年度更正処分）をそれぞれした。

本件は，これに対して，X社が，本件各譲渡事業年度更正処分は法人税法132条１項の規定を適用する要件を満たさずにされた違法なものであるとして，国Y（被告・控訴人・上告人）を相手取りそれらの取消しを求めた事案である。

なお，X社には，専任の役員や使用人はなく，固有の事務所を所有していなかった。X社の本件各事業年度における主たる収入は日本 IBM からの配当及び本件譲渡代金であり，主たる支出は米国 WT 社に対する借入金の返済及び日本 IBM に対する経理，財務，税務等に係る業務委託料（月額50万円）の支払であった。

図表1　事案の概要[4]

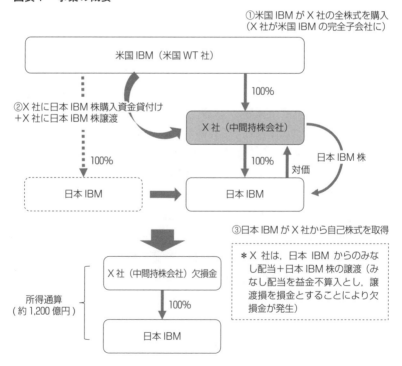

(2)　争　点

① 　本件各譲渡による有価証券の譲渡に係る譲渡損失額が本件各譲渡事業年度においてX社の所得の金額の計算上損金の額に算入されて欠損金額が生じたことによる法人税の負担の減少が，法人税法132条1項にいう「不当」なものと評価することができるか否か（争点1）…本件裁判所の判断においては，「不当」なものと評価されなかったことから，この争点1のみが取り上げられている。

② 　前記①において法人税の負担の減少が法人税法132条1項にいう「不当」なものと評価することができる場合に，処分行政庁による本件各譲渡事業年度の課税標準等に係る引き直し計算が適法であるか否か（争点2）

③ 　本件更正理由に理由附記の不備による違法があるか否か（争点3）

(3)　判決の要旨

ア　東京地裁平成26年5月9日判決

　「法人税法132条1項は，税務署長は，内国法人である同族会社（同項1号）に係る法人税につき更正又は決定をする場合において，その法人の行為又は計算で，これを容認した場合には法人税の負担を不当に減少させる結果となると認められるものがあるときは，その行為又は計算にかかわらず，税務署長の認めるところにより，その法人に係る法人税の課税標準若しくは欠損金額又は法人税の額を計算することができる旨を定めており，同項は，その趣旨，目的に照らすと，上記の『法人税の負担を不当に減少させる結果になると認められる』か否かを，専ら経済的，実質的見地において当該行為又は計算が純粋経済人の行為として不合理，不自然なものと認められるか否かを基準として判定し，このような客観的，合理的基準に従って同族会社の行為又は計算を否認する権限を税務署長に与えているものと解するのが相当である（最高裁昭和53年判決参照）。」

　【争点1のうち本件各譲渡を容認して法人税の負担を減少させることが法人税法132条1項にいう「不当」なものと評価されるべきであるとしてYが主張する評価根拠事実について】

　「Yは，本件において，本件各譲渡を容認して法人税の負担を減少させることは法人税法132条1項にいう『不当』なものと評価されるべきである旨主張し，その評価根拠事実として，①X社をあえて日本IBMの中間持株会社としたことに正当な理由ないし事業目的があったとはいい難いこと，②本件一連の行為を構成する本件融資は，独立した当事者間の通常の取引とは異なるものであること及び③本件各譲渡を含む本件一連の行為に租税回避の意図が認められることを挙げるから，順次検討を加えるこ

ととする。」

【評価根拠事実①　X社をあえて日本 IBM の中間持株会社としたことに正当な理由ないし事業目的があったとはいい難いこと】

「X社は，①米国 IBM が主導的にした日本における IBM グループを成す会社に係る組織の再編における持株会社又は企業を買収した複数の案件における受皿会社としてそれぞれ一定の役割を果たしたとはいえないとまではいい難いし，②資金を柔軟に移動させることを可能としたり IBM グループに係る租税の負担を減少させたりすることを通じて IBM グループが必要とする資金をより効率的に使用することを可能とするような一定の金融上の機能（金融仲介機能）を果たしていないともいい難い上，③上記の企業を買収した複数の案件以外の企業を買収する案件における受皿会社としての一定の役割を果たすことも期待されていたことも一概に否定し難いと認められる。上記①ないし③を前提とすれば，X社に持株会社としての固有の存在意義がないとまでは認め難いというべきである上，企業グループにおける組織の在り方の選択が基本的に私的自治に委ねられるべきものであることや，法令上，外国にある持株会社と我が国にある事業会社との間に有限会社である持株会社を置くことができる事由を限定する規定が見当たらないことも考慮すると，米国 WT 社と日本 IBM との間に中間持株会社としてのX社を置いたことに税負担の軽減以外の事業上の目的が見いだせないともいい難いというべきである。

以上によれば，X社を日本における IBM グループを成す会社に係る中間持株会社として置いたことに正当な理由ないし事業目的がなかったとはいい難いというべきであり，他にX社が中間持株会社として置かれることの正当な理由又は事業目的があったとはいい難いことを裏付ける証拠ないし事情等は見当たらない。」

【評価根拠事実②　本件一連の行為を構成する本件融資は，独立した当事者間の通常の取引とは異なるものであること】

「X社は，本件融資のされた当時，日本 IBM 等 4 社の発行済株式の全部を保有していた上，前提事実…によれば，基本的にいずれも IBM グループに属する米国 WT 社及び日本 IBM 以外の者と債権債務関係が発生することが想定されていないことが認められるから，これらの事情を前提とすれば，前提事実…に述べた内容でされた本件融資が，独立した当事者間の通常の取引として到底あり得ないとまでは認め難いというべきである。Yは，本件融資がX社にとって極めて有利な内容である上，当初から約定どおりに返済されることも予定されていなかったとうかがわれる旨を指摘するが，これらの事情はいずれも上記の認定判断を直ちに左右するものとまではいい難く，他に，本件融資が独立した当事者間の通常の取引として到底あり得ないというべきことをうかがわせる証拠ないし事情等も格別見当たらない。」

【評価根拠事実③　本件各譲渡を含む本件一連の行為に租税回避の意図が認められること】

「Yは，本件各譲渡を含む本件一連の行為に租税回避の意図が認められるとして，①本件株式購入及び本件各譲渡は経済的合理性がないこと，②X社に有価証券の譲渡

に係る譲渡損失額が生ずることとなった経緯から米国IBMが税負担の軽減を目的として意図的にX社に有価証券の譲渡損を生じさせるような事業目的のない行為である本件一連の行為をしたことを推認することができること，③X社が中間持株会社として置かれた当初からいわゆる連結納税制度を利用して本件各譲渡によりX社に生ずる有価証券の譲渡に係る譲渡損失額を連結所得の金額の計算上損金の額に算入することが想定されていたことが合理的に推認されること及び④本件につき法人税法の適用のない米国法人が濫用的にその適用を受けて租税回避を企図したものと評価することができることをその評価根拠事実として挙げるから，順次検討を加える。」

【①　本件株式購入及び本件各譲渡は経済的合理性がないか否か】

「日本IBMの株式に係る評価手法及び時価純資産価額が，専門的知識及び経験に基づく適正なものとはいえないことをうかがわせる事情等を認めるに足りる証拠はない〔。〕」

「本件株式購入及び本件各譲渡については，いずれも，経済的合理性のないものであるとまではいい難いというべきであり，他にこれと異なる認定をすべきことをうかがわせる証拠ないし事情等も格別見当たらない。」

【②　X社に有価証券の譲渡に係る譲渡損失額が生ずることとなった経緯から米国IBMが税負担の軽減を目的として意図的にX社に有価証券の譲渡損を生じさせるような事業目的のない行為である本件一連の行為をしたことを推認することができるか否か】

「X社を日本IBMの中間持株会社として置いたことに正当な理由ないし事業目的がないとはいい難く，かつ，本件株式購入及び本件各譲渡が経済的合理性のないものともいい難いことを併せ考慮すると，本件においては，米国IBMが，税負担の軽減を目的として意図的に有価証券の譲渡に係る譲渡損失額を生じさせるような事業目的のない行為（本件一連の行為）をしたとまでは認め難いというべきである。」

【③　X社が中間持株会社として置かれた当初から連結納税制度を利用して本件各譲渡によりX社に生ずる有価証券（日本IBMの株式）の譲渡に係る譲渡損失額を連結所得の金額の計算上損金の額に算入することが想定されていたことが合理的に推認されるか否か】

「米国IBMが，日本再編プロジェクトの実行を承認した当時（遅くとも2001年（平成13年）11月）において，X社について少なくとも近い将来に連結納税の承認を受けて本件各譲渡によりX社に生ずる有価証券（日本IBMの株式）の譲渡に係る譲渡損失額を連結所得の金額の計算上損金の額に算入することを想定した上で同プロジェクトの実行を承認し，その後，米国IBM及びIBMグループが，それを想定して本件各一連の行為をしてきたものとまでは認め難いというべきである。」

【④　本件につき法人税法の適用のない米国法人が濫用的にその適用を受けて租税回避を企図したものと評価することができるか否か】

「米国IBMないしX社が上記に指摘するような法的な枠組みを構築して自己の株式

を取得すること等を禁止する法令上の明文の規定が見当たらないことに加え，Ｙが主張するような事実〔筆者注：Ｘ社が，我が国の法人税法が定める自己の株式の取得に関する課税の計算の制度（同法24条1項5号，23条1項及び61条の2第1項）を濫用して租税回避を企図したとする事実〕が認められるとはいい難い〔。〕」

図表2

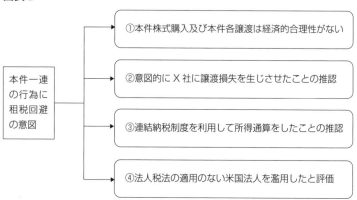

イ　東京高裁平成27年3月25日判決

「ア　法人税法132条1項は，税務署長は，内国法人である同族会社（同項1号）に係る法人税につき更正又は決定をする場合において，その法人の行為又は計算で，これを容認した場合には法人税の負担を不当に減少させる結果となると認められるものがあるときは，その行為又は計算にかかわらず，税務署長の認めるところにより，その法人に係る法人税の課税標準若しくは欠損金額又は法人税の額を計算することができる旨を定めている。

　これは，同族会社が少数の株主又は社員によって支配されているため，当該会社の法人税の税負担を不当に減少させる行為や計算が行われやすいことに鑑み，税負担の公平を維持するため，当該会社の法人税の負担を不当に減少させる結果となると認められる行為又は計算が行われた場合に，これを正常な行為又は計算に引き直して当該会社に係る法人税の更正又は決定を行う権限を税務署長に認めたものである。このような法人税法132条1項の趣旨に照らせば，同族会社の行為又は計算が，同項にいう『これを容認した場合には法人税の負担を不当に減少させる結果となると認められるもの』か否かは，専ら経済的，実質的見地において当該行為又は計算が純粋経済人として不合理，不自然なものと認められるか否かという客観的，合理的基準に従って判断すべきものと解される（最高裁昭和53年4月21日第二小法廷判決・訟務月報24巻8号1694頁（最高裁昭和53年判決），最高裁昭和59年10月25日第一小法廷判決・集民143

号75頁参照)。そして，同項が同族会社と非同族会社の間の税負担の公平を維持する趣旨であることに鑑みれば，当該行為又は計算が，純粋経済人として不合理，不自然なもの，すなわち，経済的合理性を欠く場合には，独立かつ対等で相互に特殊関係のない当事者間で通常行われる取引（独立当事者間の通常の取引）と異なっている場合を含むものと解するのが相当であり，このような取引に当たるかどうかについては，個別具体的な事案に即した検討を要するものというべきである。

イ　Yは，同族会社の行為又は計算が経済的合理性を欠く場合とは，当該行為又は計算が，異常ないし変則的であり，かつ，租税回避以外に正当な理由ないし事業目的が存在しないと認められる場合であることを要する旨主張する。

しかし，法人税法132条1項は，否認の要件として，同族会社の『行為又は計算で，これを容認した場合には法人税の負担を不当に減少させる結果となると認められる』ことを求めているにとどまり，その文理上，否認対象となる同族会社の行為又は計算が，租税回避目的でされたことを要求してはいない。しかも，法人税法における同族会社の行為計算の否認規定については，昭和25年法律第72号による改正前の法人税法34条1項では，『同族会社の行為又は計算で法人税を免れる目的があると認められるものがある場合においては，その行為又は計算にかかわらず，政府の認めるところにより，課税標準を計算することができる。』と規定されていたところ，同改正により，『同族会社の行為又は計算で，これを容認した場合においては法人税の負担を不当に減少させる結果となると認められるものがあるときは，その行為又は計算にかかわらず，政府の認めるところにより，当該法人の課税標準又は欠損金額を計算することができる。』（同改正後の法人税法31条の2）と改められ，これとほぼ同内容の規定が，昭和40年法律第34号による全部改正後の法人税法132条1項にも引き継がれたのであって，法人税を免れる目的があることを適用の要件として文言上明示的に掲げていた点が改められたという改正の経緯もある。そうすると，法人税法132条1項の『不当』か否かを判断する上で，同族会社の行為又は計算の目的ないし意図も考慮される場合があることを否定する理由はないものの，他方で，Yが主張するように，当該行為又は計算が経済的合理性を欠くというためには，租税回避以外に正当な理由ないし事業目的が存在しないと認められること，すなわち，専ら租税回避目的と認められることを常に要求し，当該目的がなければ同項の適用対象とならないと解することは，同項の文理だけでなく上記の改正の経緯にも合致しない。

しかも，法人の諸活動は，様々な目的や理由によって行われ得るのであって，必ずしも単一の目的や理由によって行われるとは限らないから，同族会社の行為又は計算が，租税回避以外に正当な理由ないし事業目的が存在しないと認められるという要件の存否の判断は，極めて複雑で決め手に乏しいものとなり，Y主張のような解釈を採用すれば，税務署長が法人税法132条1項所定の権限を行使することは事実上困難になるものと考えられる。そのような解釈は，同族会社が少数の株主又は社員によって支配されているため，当該会社の法人税の税負担を不当に減少させる行為や計算が行われやすいことに鑑み，同族会社と非同族会社の税負担の公平を図るために設けられた同項の趣旨を損ないかねないものというべきである。』

(4) 解 説

本件は，日本IBMと米国IBMとの間に中間純粋持株会社であるX社を設立したことによって，X社に多額の欠損金を生じさせた事例である。日本IBMの利益配当を直接配当するのではなく，①両者の間にX社を置くことによって間接配当の形式を採ること，②X社における日本IBM株の帳簿価額が時価まで引き上げられていることから，みなし配当の発生に際して当該株式の譲渡損が計上されて欠損金が発生するという構造となっていることから，みなし配当の額が大きければ大きいほどX社における日本IBM株式の譲渡損の額が大きくなるという構図の事例である（朝長英樹「〔インタビュー〕検証・IBM裁判〔第2回〕」T&Amaster556号13頁（2014））。

税制改正によって帳簿価額方式が廃止されたことが，いわば租税の回避的措置には有利に働いた事例であるとみることもできよう。

ア 制度概観

㋐ 自己の株式を取得する取引に係るみなし配当の額に対する課税の概要

法人税法23条《受取配当等の益金不算入》1項は，内国法人が受ける利益の配当又は剰余金の分配の額（配当等の額）のうち，関連法人株式等（旧法人税法23条においては「特定株式等」）に係る配当等の額は，二重課税の排除の観点から，その内国法人の各事業年度の所得の金額の計算上，益金の額に算入しないものとしている。

他方，平成13年法律第6号による改正前の旧法人税法24条《配当等の額とみなす金額》1項においては，みなし配当課税制度として次のような制度が設けられていた。すなわち，法人の株主等が株式の消却等により交付を受けた金銭等の額がその交付の基因となった当該法人の株式の帳簿価額を超える場合に，その超える部分の金額のうち当該株式を発行した法人の資本等の金額から成る部分の金額以外の金額は配当等の額とみなされる金額（みなし配当の額）とするものとされていた。しかし，法人がその活動により稼得した利益を還元したと考えられる部分の金額の有無や多寡は，本来，株主等における株式の帳簿価額とは関係がないと考えられることから，帳簿価額を基準とする取扱いが廃止され，株主等が株式の消却等により交付を受けた金銭の額及び金銭以外の資産の価額の合計額が，当該法人の資本等の金額のうちその交付の基因となった当該法人の株式に対応する部分の金額を超える場合のその超過額をみなし配当の額とす

る（株式の発行会社における資本等の金額と利益積立金額との比によって算出される。）ものとされた（旧法法24①）。

　さらに，平成14年法律第80号により法人税法が改正され，同法24条1項の規定が適用される事由に自己株式の取得が追加された（法法24①五）。これは，法人が，その留保している利益について，利益の配当等としてではなく自己株式を取得すること等によって株主等に実質的に帰属させた場合にも，経済的には利益の配当等と同一と考えられることから，当該帰属させた部分を配当等の額とみなし，受取配当等の益金不算入の規定（法法23）の適用を受けることとしたものである。

　このように，法人税法23条1項の受取配当等の益金不算入規定は，みなし配当の帳簿価額基準方式が廃止され，利益配当のみならず自己株式の取得についても適用されるなどして，拡張してきたところである。すなわち，平成13年改正後の法人税法においては，株式会社が自己株式の取得により株主である法人に対して金銭その他の資産の交付をした場合，みなし配当の額については，受取配当等の益金不算入の規定の適用を受けられることとなったのである。

(イ)　有価証券の譲渡損益

　内国法人が有価証券の譲渡をした場合には，その譲渡に係る譲渡利益額（その有価証券の譲渡に係る対価の額がその有価証券の譲渡に係る原価の額を超える場合におけるその超える部分の金額）又は譲渡損失額（その有価証券の譲渡に係る原価の額がその有価証券の譲渡に係る対価の額を超える場合におけるその超える部分の金額）は，その譲渡に係る契約をした日の属する事業年度の所得の金額の計算上，益金の額又は損金の額に算入するものとされ（法法61の2①），みなし配当の額がある場合におけるその有価証券の譲渡に係る対価の額とは，そのみなし配当の額に相当する金額を控除した金額をいうものとされている。

　上記のとおり，平成13年改正後の法人税法においては，株式会社が自己株式の取得により株主である法人に対して金銭その他の資産の交付をした場合，みなし配当の額については，受取配当等の益金不算入の規定（法法23①）の適用を受け，他方，当該株式会社による自己株式の取得に応じた当該株主である法人にとって，その行為は，有価証券である株式の譲渡であるから，上記みなし配当の額に相当する金額を控除した金額を有価証券の譲渡に係る対価として上記の譲渡損益の計算をすることになる。

イ　同族会社等の行為計算の否認規定の要件解釈

　本件東京地裁は，最高裁昭和53年 4 月21日第二小法廷判決（訟月24巻 8 号1694頁）を引用して，法人税法132条 1 項の適用要件を論じている。もっとも，同最高裁は，原審判断を維持する形での判決であるから，原審を見ておく必要があろう。原審札幌高裁昭和51年 1 月13日判決（訟月22巻 3 号756頁）は，次のように説示している。

> 　「法人税法第132条は『法人税の負担を不当に減少させる結果になると認められるとき』同族会社等の行為計算を否認しうる権限を税務署長に付与しているのであるが，右行為計算否認の規定が，納税者の選択した行為計算が実在し私法上有効なものであっても，いわゆる租税負担公平の原則の見地からこれを否定し，通常あるべき姿を想定し，その想定された別の法律関係に税法を適用しようとするものであることにかんがみれば，右の『法人税の負担を不当に減少させる結果になると認められる』か否かは，もっぱら経済的，実質的見地において当該行為計算が純粋経済人の行為として不合理，不自然なものと認められるか否かを基準として判定すべきものと解される。」

　このように，法人税法132条 1 項にいう「不当」を文理上の表現とはやや距離を置きつつ，原因行為の不当性で判断する考え方が多数説であると思われる。

　しかしながら，本件においても引用されている平和事件東京地裁平成 9 年 4 月25日判決（訟月44巻11号1952頁）[5]は，次のように判示する。

> 　「そして，本件規定は，同族会社の行為又は計算の結果としての所得税の減少について不当性を必要としているのであって，私人たる株主等の行為の合理性でないことはＸの指摘するとおりと解されるが，右の不当性は，同族会社の行為又は計算の不当性でもなければ，株主等の租税回避の不当性でもないのである。」

　すなわち，ここにいう「不当」とは，図表 3 の①に係る不当性をいうのであって，②〜④の不当性を指すものではないと説示しているのである。

図表 3　平和事件東京地裁判決にいう不当性

①	同族会社の行為又は計算の結果としての所得税の減少についての不当性	○
②	私人たる株主等の行為の不当性	×
③	同族会社の行為又は計算の不当性	×
④	株主等の租税回避の不当性	×

図表 4

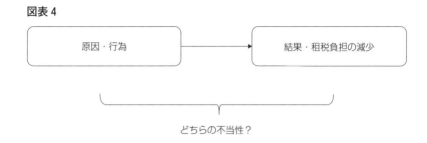

どちらの不当性？

　平和事件東京地裁判決の説示からすれば，同判決は，結果としての租税負担の減少によって判断すべきとする立場であるといえよう。法人税法132条1項が，「その法人の行為又は計算で，これを容認した場合には法人税の負担を不当に減少させる結果となると認められるものがあるときは」と規定していることからすれば，文理上は，不当性とは結果である租税負担の減少についてのそれであるとみる方が素直であるようにも思われるが，これまでの学説・判例は，前述の最高裁昭和53年判決のように，原因行為の不当性を問題としてきたのである。

　本件において，Ｙは，平和事件東京地裁判決を主張の中で引用しているにもかかわらず，法人税法132条の「不当」について，「法人税法132条1項にいう『不当』なものであるか否かは，…専ら経済的・実質的見地において，当該行為又は計算が通常の経済人の行為又は計算として不合理・不自然なものと認められるかどうかを基準として判断すべき」として，平和事件東京地裁判決が否定した上記③の見地から「不当」を判断すべきとしているようである。

　そして，「不当」について，本件東京地裁判決は，平和事件東京地裁判決の判断枠組みにおけるそれを前提としているのではなく，最高裁昭和53年判決にいう「不当」を論じているように思われる。

　これに対して，本件東京高裁判決は，むしろ「不当」をより広いものとして捉えているように思われる。すなわち，本件東京地裁が，「上記の『法人税の負担を不当に減少させる結果になると認められる』か否かを，専ら経済的，実質的見地において当該行為又は計算が純粋経済人の行為として不合理，不自然なものと認められるか否かを基準として判定し，このような客観的，合理的基準

に従って同族会社の行為又は計算を否認する権限を税務署長に与えているもの
と解するのが相当である」としているのに対して，本件東京高裁は，「経済的
合理性を欠く場合には，独立かつ対等で相互に特殊関係のない当事者間で通常
行われる取引（独立当事者間の通常の取引）と異なっている場合を含むものと解す
るのが相当」としているのである。この点について，今村隆教授は，前者を
「狭い経済合理性基準」と呼び，後者を「広い経済合理性基準」と呼ばれている
が（今村・税弘64巻1号75頁（2016）），後者の立場が文理に合致しているのではな
かろうか。

ウ　同族会社等の行為計算の否認規定の射程範囲

(ア)　本件におけるＸ社の主張

　Ｘ社は，法人税法132条1項は租税法上の制度の濫用による租税回避を否認
する根拠規定にはなり得ないとして，「法人税法132条1項が対象としている私
法上の法形式の選択可能性の濫用による租税回避と租税法上の制度の濫用によ
る租税回避とは似て非なるものであって，同条によって制度の濫用による租税
回避行為を否認することはできない。」とする。

　すなわち，Ｘ社は，「租税法上の制度の濫用による租税回避に対しては，当
該制度の規定の目的論的限定解釈によって当該規定の適用を否定される場合が
あるが，それは否認ではないこと」として，「一定の政策目的を実現するため
に税負担を免除ないし軽減している規定に形式的には該当する行為や取引であ
っても，税負担の回避・軽減が主な目的でその規定の本来の政策目的の実現と
は無縁である場合が，租税法上の制度の濫用による租税回避であり，このよう
な場合には，その規定が元々予定している行為や取引には当たらないと考えて，
その規定の縮小解釈ないし限定解釈によって，その適用を否定するという目的
論的限定解釈をすることによりそれを否定することができる場合があると解さ
れ，このような解釈が租税法上の制度の濫用による租税回避に対する否認の根
拠となるところ，これは，結果的には租税回避行為の否認を認めたのと同じこ
とになるが，それは理論上は否認ではなく，規定の本来の趣旨・目的に沿った
縮小解釈ないし限定解釈の結果である点で法人税法132条1項による否認とは
異なると解されるものである…。

　このように，法人税法132条1項が対象とする私法上の法形式の選択可能性
の濫用と租税法上の制度の濫用による租税回避は，租税法理論上，似て非なる

ものである。」とする。

　また，「租税法上の制度の濫用による租税回避に対する目的論的限定解釈と法人税法132条１項による同族会社の行為又は計算の否認は似て非なるものであること」として，「租税回避行為の否認については，①租税回避の否認に関する明文の規定による否認（狭義の租税回避否認）（法人税法132条１項による否認はこの類型に含まれる。），②課税減免規定の目的論的解釈による『否認』，及び③事実認定・私法上の法律構成による『否認』（ただし，この類型は，事実認定そのものの問題である。）の３つの類型に整理することができる…ところ，上記②は，課税減免を規定した租税法規を目的論的に限定解釈することによって課税減免の適用範囲を限定し，当該事案における適用を否定する類型であって，理論的には個別の租税法規の目的論的な限定解釈であるが，それによって結果的に租税回避行為の否認を認めたのと同じことになる…ことから，租税回避行為の否認の一類型として分類することができると解されるが，本来の租税回避行為の否認とは異なることから，本来的な意味での租税回避行為の否認（上記①）とは区別されるべきものである。なお，法制度の濫用に対する目的論的な限定解釈は，当該制度において規定されている課税要件（減免要件）にはない不文の課税要件（減免要件）を付加することにほかならないから，租税法律主義の趣旨からして，この限定解釈の法理の適用については，十分に慎重でなければならず，本来的には，立法によって解決すべき問題である」とする。

　さらに，X社は，「法制度の濫用による租税回避行為を同族会社が行った場合に法人税法132条１項によって否認することができないこと」として，「法人税法132条１項においては合理的経済人が選択する法形式を客観的・合理的基準により判断することが求められるにとどまる（その意味で，同項は，税務署長に包括的，一般的，白地的な課税権限を付与するものではない。）のに対し，法制度の濫用による租税回避について求められる判断（法制度の趣旨・目的がいかなるもので，法制度の趣旨・目的に沿わないと認められる行為が行われた場合に，法制度の適用を排除できるような縮小解釈ないし限定解釈ができるか否かという判断）が同項において判断を求められるものと全く異なるほか，当事者が選択した行為に代えて同じ目的（つまり租税回避目的）のために合理的経済人であれば選択したはずの他の法形式の行為を観念することはできない点においても法制度の濫用による租税回避が同項による否認と全く異なるものであるといえることに加え，法制度の濫用であ

るとして目的論的な限定解釈による制度の適用を否定することは，法令に不文
の要件を付加することにほかならず，その可否の判断が同項によって税務署長
に与えられた権限の外にあることが明白であることにも照らすと，同項を適用
することによって，租税法上の制度の濫用による租税回避を否認することはで
きないというべきである。」と主張している。すなわち，法制度の濫用につい
ては，法人税法132条の適用はないとするのが，本件におけるX社の主張であ
る。

　果たしてこのような解釈は妥当であろうか。

㈠　ヤフー事件との関係

　この点が議論の中心とされたのが，いわゆるヤフー事件（🔍**32**参照）である。
同事件では，法制度の濫用については，法人税法132条の2《組織再編成に係る行
為又は計算の否認》の適用はないとする原告と適用があり得るとする被告国の見
解が対立したのであるが，原告の主張の根拠の一つに，法人税法132条の2は，
同法132条1項の解釈と同様に行うべきであり，同条項は法制度の濫用には適
用できないとすることを前提とした議論であった。また，他方で，被告も，同
法132条と132条の2とは異なる規定であるという主張を展開しているのである。

エ　予測可能性と租税回避の意図

　論者の中には，米国IBMやX社の関心の有無という点に注目をする見解が
ある[6]。平成13年度税制改正が組織再編税制の創設という点で企業には関心が
持たれていたとか，税理士法人や税理士による情報収集が進んでいたなどとい
う当時のムードを論じている見解である。しかしながら，そもそも，法人税法
132条1項の課税要件をどう考えるかという点からして，Yの主張のように周
辺事情をも包摂して「不当」性を判断するというのであれば格別，裁判所がそ
うでない見解に立つ限り，この点について裁判所が事実認定しなければならな
い問題ではないというべきではなかろうか。経済合理性の観点から説明のつか
ない行動を行ったという点の認定素材にもなりにくいように思われる。

　本件は，受取配当等の益金不算入制度による課税所得の減少という制度を活
用しただけのことであって，米国IBMやX社がこの点に関心を持っていたか
どうかが大きな議論になるとは，課税要件法の見地からは考えづらいように思
われる。そこで問題が起こり得るとすれば，そのことが，制度の濫用認定にお
いて作用するかどうかという点であると思われる。

　しかしながら，この制度濫用については，本件東京地裁は「米国IBMない
しX社が…法的な枠組みを構築して自己の株式を取得すること等を禁止する法
令上の明文の規定が見当たらない」とする立場を採用しているのである。

〔注〕
(1)　判例評釈として，高橋祐介・ジュリ1473号8頁（2014），岡村忠生・平成26年度重要
　　判例解説〔ジュリ臨増〕211頁（2015），森稔樹・速報判例解説16号〔法セ増刊〕241頁
　　（2015），田島秀則・税務事例47巻2号1頁（2015），岩品信明・ビジネス法務14巻9号
　　90頁（2014），竹内陽一・税理57巻10号56頁（2014），酒井克彦・会社法務A2Z 103号58
　　頁（2015）など参照。
(2)　判例評釈として，岡村忠生・ジュリ1483号37頁（2015），足立格＝渡邊満久・商事
　　2082号15頁（2015），今村隆・税弘64巻1号73頁（2016），今本啓介・判評691号157頁
　　（2016），北村導人＝黒松昂蔵・ビジネス法務16巻12号140頁（2016）など参照。
(3)　判例評釈として，太田洋・ジュリ1494号10頁（2016），伊藤剛志・ジュリ1496号31頁
　　（2016），今村隆・税弘64巻8号45頁（2016），佐藤修二・NBL1071号68頁（2016）など
　　参照。
(4)　図表1は，竹内・前掲注(1)57頁，朝長英樹「〔インタビュー〕検証・IBM裁判〔第1
　　回〕」T&Amaster554号5頁（2014）の図を筆者が若干の加工を加えたものである。
(5)　判例評釈として，品川芳宣・税研74号53頁（1997），大淵博義・税務事例32巻7号1
　　頁（2000），高野幸大・判評474号187頁（1998），高橋祐介・税法538号147頁（1997）な
　　ど参照。
(6)　朝長英樹氏は，「『何らの関心の対象ではなかった』のか，あるいは最大の関心事項で
　　あったのかは，本件の事実認定の最も重要な点です」とした上で，「IBM事件の事実認
　　定においては，裁判所は，必ずこの『何らの関心の対象ではなかった』という主張に対
　　して明確な評価を下す必要がある，と考えています。」と論じられる（朝長・前掲注(4)
　　10頁）。

あとがき

　お読みいただいたとおり，本書は，戦略的な組織変革に関する解説書として編纂したものである。解説書とは記載したものの，実は意見の分かれ得る課税上の取扱いも所々にあり，そのような点についてもできるだけ踏み込んだコメントをするように心がけたところである。

　組織再編税制を巡っては重要と思われる租税訴訟がいくつもある。それらはいずれも重要な論点を提供するものであるため，重要と思われる租税事件については第7章において別建てで解説を加えることとした。

　租税専門家がリスクをヘッジするには，研鑽や研究を重ねるほかない。近道はないというべきであろう。事業や株式の売り手の側からの視点と買い手の側からの視点を併有してこそ専門家として有するべき知識となる。

　本書が十分な理解を得るためにご活用いだけたら幸甚である。

　令和5年12月

酒井　克彦

事項索引

264

判例・裁決索引

266

《著者紹介》

【編著・監修者】

酒井　克彦（さかい　かつひこ）

中央大学商学部教授（中央大学ロースクール兼担），博士（法学），（一社）アコード租税総合研究所所長，（一社）ファルクラム代表理事。

序論，第7章執筆。

〔主な著書等〕

『レクチャー租税法解釈入門〔第2版〕』（弘文堂2023），『租税正義と国税通則法総則』〔共編〕（信山社2018），『通達のチェックポイント―消費税軽減税率Q&A等の検討と裁判事例精選10―』〔編著〕（2023），『同―相続税・贈与税裁判事例精選20―』〔編著〕（2019），『同―所得税裁判事例精選20―』〔編著〕（2018），『同―法人税裁判事例精選20―』〔編著〕（2017），『アクセス税務通達の読み方』（2016）（以上，第一法規），『プログレッシブ税務会計論Ⅰ〔第2版〕』（2018），『同Ⅱ〔第2版〕』（2018），『同Ⅲ』（2019），『同Ⅳ』（2020）（以上，中央経済社），『裁判例からみる加算税』（2022），『裁判例からみる所得税法〔2訂版〕』（2021），『裁判例からみる保険税務』〔編著〕（2021），『裁判例からみる税務調査』（2020），『裁判例からみる法人税法〔3訂版〕』（2019）（以上，大蔵財務協会），『キャッチアップ企業法務・税務コンプライアンス』〔編著〕（2020），『キャッチアップデジタル情報社会の税務』〔編著〕（2020），『キャッチアップ保険の税務』〔編著〕（2019），『キャッチアップ外国人労働者の税務』〔編著〕（2019），『キャッチアップ改正相続法の税務』〔編著〕（2019），『キャッチアップ仮想通貨の最新税務』〔編著〕（2018）（以上，ぎょうせい），『「正当な理由」をめぐる認定判断と税務解釈』（2015），『「相当性」をめぐる認定判断と税務解釈』（2013）（以上，清文社），『クローズアップ課税要件事実論〔第6版〕』（2023），『スタートアップ租税法〔第4版〕』（2021），『ステップアップ租税法と私法』（2019），『クローズアップ事業承継税制』〔編著〕（2019），『クローズアップ保険税務』〔編著〕（2017），『クローズアップ租税行政法〔第2版〕』（2016），『所得税法の論点研究』（2011）（以上，財経詳報社），ほか多数。

【著者】（50音順）

臼倉　真純（うすくら　ますみ）

税理士，（一社）アコード租税総合研究所主任研究員，（一社）ファルクラム上席主

268

任研究員。

第4章執筆。

〔主な著書等〕

『クローズアップ 事業承継税制』〔共著〕(2019),『同 保険税務』〔共著〕(2017)(以上，財経詳報社),『裁判例からみる保険税務』〔共著〕(大蔵財務協会2021),『キャッチアップ 企業法務・税務コンプライアンス』〔共著〕(2020),『同 保険の税務』〔共著〕(2019),『同 改正相続法の税務』〔共著〕(2019),『同 仮想通貨の最新税務』〔共著〕(2019),『新しい加算税の実務〜税務調査と資料情報への対応』〔共著〕(2016)(以上，ぎょうせい),『通達のチェックポイント―相続税裁判事例精選20―』〔共著〕(2019),『同―所得税裁判事例精選20―』〔共著〕(2018),『同―法人税裁判事例精選20―』〔共著〕(2017)(以上，第一法規),「人生100年時代における年金と税制」アコード・タックス・レビュー13＝14号(2023),「金融商品における雑所得課税：雑所得における内部通算の観点を踏まえて」税理66巻1号(2023),ほか多数。

菅原　英雄 (すがわら　ひでお)

税理士，菅原経理事務所所長，税務会計研究学会会員，日本税務会計学会委員，(一社)アコード租税総合研究所研究顧問，中央大学非常勤講師。

第3章執筆。

〔主な著書等〕

『イチからはじめる法人税実務の基礎〔第5版〕』(2023),『きちんとわかる移転価格の基礎の実務』(2017)(以上，税務経理協会),『合併等の税務』〔共著〕(2018),『裁判例からみる保険税務』〔共著〕(2021)(以上，大蔵財務協会),『キャッチアップ保険の税務』〔共著〕(2019),『キャッチアップ仮装通貨の最新税務』〔共著〕(2019),『キャッチアップデジタル情報社会の税務』〔共著〕(2020),『キャッチアップ企業法務・税務コンプライアンス』〔共著〕(2020)(以上，ぎょうせい),『クローズアップ事業承継税制』〔共著〕(財経詳報社2019),ほか多数。

多賀谷　博康 (たがや　ひろやす)

税理士・米国公認会計士(inactive),あがたグローバル税理士法人代表社員東京事務所長,あがたグローバルコンサルティング株式会社代表取締役常務,(一社)ファルクラム租税法研究会研究員,(一社)アコード租税総合研究所会員。

第1章執筆。

〔主な著書等〕

『税理士業務に活かす！通達のチェックポイント―消費税軽減税率Q&A等の検討

と裁判事例精選10—』〔共著〕(2023),『同—相続税税裁判事例精選20—』〔共著〕(2019),『同—所得税裁判事例精選20—』〔共著〕(2018),『同—法人税裁判事例精選20—』〔共著〕(2017)(以上,第一法規),『裁判例からみる保険税務』〔共著〕(大蔵財務協会2021),『キャッチアップ保険の税務』〔共著〕(2019),『キャッチアップ外国人労働者の税務』〔共著〕(2019)(以上,ぎょうせい),『グループ経営をはじめよう〔第4版〕』〔共著〕(税務経理協会2018),「法人税法132条の2の適用要件とその射程範囲—ヤフー事件最高裁判決を素材にして—」アコード・タックス・レビュー9・10号(2018),ほか多数。

平松　直樹（ひらまつ　なおき）

　税理士,フェアコンサルティンググループ,マレーシア拠点長を経て,現在は株式会社フェアベンチャーサポート所属,(一社)ファルクラム租税法研究会研究員,(一社)アコード租税総合研究所会員。

　第2章執筆。

〔主な著書等〕

　『実践CVC-戦略策定から設立・投資評価まで』〔共著〕(中央経済社2018),『タックスヘイブン対策税制の改正のポイント』KPMG Insight 2017年5月号(Vol.24),『高額特定資産を取得した場合の消費税の納税義務の免除の特例』KPMG Insight 2016年1月号(Vol.22),「非居住者との取引(1)報酬・給与等」税理53巻11号(2010),ほか多数。

松岡　章夫（まつおか　あきお）

　税理士,松岡大江税理士法人代表社員,東京国際大学客員教授,東京地方裁判所所属民事調停委員,早稲田大学大学院会計研究科非常勤講師,(一社)アコード租税総合研究所研究顧問。

　第5章執筆。

〔主な著書等〕

　『図解　事業承継税制〔平成31年2月改訂版〕』〔共著〕(2019),『個人版事業承継税制のポイント』〔共著〕(2019),『相続税　小規模宅地等の特例〔令和3年版〕』〔共著〕(2021),『所得税・個人住民税ガイドブック〔令和4年12月改訂版〕』〔共著〕(2022),(以上,大蔵財務協会),『キャッチアップ保険の税務』〔共著〕(2019),『キャッチアップ改正相続法の税務』〔共著〕(2019),『キャッチアップ仮想通貨の最新税務』〔共著〕(2019)(以上,ぎょうせい),『クローズアップ保険税務』〔共著〕(財経詳報社2017),『取引相場のない株式の評価方法』〔共著〕(税務経理協会2017),ほか多数。

村井　志郎 （むらい　しろう）

エヌエヌ生命保険株式会社

第6章執筆。

〔主な著書等〕

『クローズアップ保険税務』〔共著〕(2017)，『クローズアップ事業承継税制』〔共著〕(2019)，『事業保険の基礎』(2022)，『裁判例からみる保険税務』〔共著〕（大蔵財務協会2021）（以上，財経詳報社），「相続・事業承継と生命保険〜よくある誤解〜」(2017)，「新しい事業承継税制と生命保険」(2018)，「相続法改正と生命保険」(2019)，「相続・事業承継に係る制度改正の変遷と生命保険」(2023)（以上，日本相続学会学会誌），「相続・事業承継へのアプローチ」（新日本保険新聞連載2020.4〜）。

クローズアップ事業・組織戦略と税務—新時代の企業組織を考える—

令和5年12月25日　初版発行

著　者　酒　井　克　彦

発行者　宮　本　弘　明

発行所　株式会社　財経詳報社

〒103-0013　東京都中央区日本橋人形町1-7-10
電　話　03（3661）5266（代）
ＦＡＸ　03（3661）5268
http://www.zaik.jp
振替口座　00170-8-26500

落丁・乱丁はお取り替えいたします。　　　　印刷・製本　創栄図書印刷
©2023　Katsuhiko Sakai　　　　　　　　　　　Printed in Japan

ISBN　978-4-88177-902-6